ENSINO DE ARTE EM ESCOLAS RURAIS
A POÉTICA INTERCULTURAL DE PRÁTICAS EDUCACIONAIS EM NARRATIVAS DE PROFESSORES

Editora Appris Ltda.
1.ª Edição - Copyright© 2025 do autor
Direitos de Edição Reservados à Editora Appris Ltda.

Nenhuma parte desta obra poderá ser utilizada indevidamente, sem estar de acordo com a Lei nº 9.610/98. Se incorreções forem encontradas, serão de exclusiva responsabilidade de seus organizadores. Foi realizado o Depósito Legal na Fundação Biblioteca Nacional, de acordo com as Leis n⁰ˢ 10.994, de 14/12/2004, e 12.192, de 14/01/2010.

Catalogação na Fonte
Elaborado por: Dayanne Leal Souza
Bibliotecária CRB 9/2162

N147e
2025
	Naghettini, Sergio
	   Ensino de arte em escolas rurais: a poética intercultural de práticas educacionais em narrativas de professores / Sergio Naghettini. – 1. ed. – Curitiba: Appris, 2025.
	   239 p. : il. ; 23 cm. – (Coleção Educação, Tecnologias e Transdisciplinaridades).
	
	   Inclui referências.
	   ISBN 978-65-250-7315-6
	
	   1. Ensino de arte. 2. Formação docente. 3. Interculturalidade. I. Naghettini, Sergio. II. Título. III. Série.
	
	                                            CDD – 372.5

Livro de acordo com a normalização técnica da ABNT

Editora e Livraria Appris Ltda.
Av. Manoel Ribas, 2265 – Mercês
Curitiba/PR – CEP: 80810-002
Tel. (41) 3156 - 4731
www.editoraappris.com.br

Printed in Brazil
Impresso no Brasil

Sergio Naghettini

ENSINO DE ARTE EM ESCOLAS RURAIS
A POÉTICA INTERCULTURAL DE PRÁTICAS EDUCACIONAIS EM NARRATIVAS DE PROFESSORES

Appris editora

Curitiba, PR
2025

FICHA TÉCNICA

EDITORIAL
Augusto Coelho
Sara C. de Andrade Coelho

COMITÊ EDITORIAL
Ana El Achkar (Universo/RJ)
Andréa Barbosa Gouveia (UFPR)
Antonio Evangelista de Souza Netto (PUC-SP)
Belinda Cunha (UFPB)
Délton Winter de Carvalho (FMP)
Edson da Silva (UFVJM)
Eliete Correia dos Santos (UEPB)
Erineu Foerste (Ufes)
Fabiano Santos (UERJ-IESP)
Francinete Fernandes de Sousa (UEPB)
Francisco Carlos Duarte (PUCPR)
Francisco de Assis (Fiam-Faam-SP-Brasil)
Gláucia Figueiredo (UNIPAMPA/ UDELAR)
Jacques de Lima Ferreira (UNOESC)
Jean Carlos Gonçalves (UFPR)
José Wálter Nunes (UnB)
Junia de Vilhena (PUC-RIO)
Lucas Mesquita (UNILA)
Márcia Gonçalves (Unitau)
Maria Aparecida Barbosa (USP)
Maria Margarida de Andrade (Umack)
Marilda A. Behrens (PUCPR)
Marília Andrade Torales Campos (UFPR)
Marli Caetano
Patrícia L. Torres (PUCPR)
Paula Costa Mosca Macedo (UNIFESP)
Ramon Blanco (UNILA)
Roberta Ecleide Kelly (NEPE)
Roque Ismael da Costa Güllich (UFFS)
Sergio Gomes (UFRJ)
Tiago Gagliano Pinto Alberto (PUCPR)
Toni Reis (UP)
Valdomiro de Oliveira (UFPR)

SUPERVISORA EDITORIAL Renata C. Lopes
PRODUÇÃO EDITORIAL Bruna Holmen
REVISÃO Ana Carolina de Carvalho Lacerda
DIAGRAMAÇÃO Bruno Ferreira Nascimento
CAPA Kananda Ferreira
REVISÃO DE PROVA Daniela Nazario

COMITÊ CIENTÍFICO DA COLEÇÃO EDUCAÇÃO, TECNOLOGIAS E TRANSDISCIPLINARIDADE

DIREÇÃO CIENTÍFICA Dr.ª Marilda A. Behrens (PUCPR)   Dr.ª Patrícia L. Torres (PUCPR)

CONSULTORES
Dr.ª Ademilde Silveira Sartori (Udesc)
Dr. Ángel H. Facundo (Univ. Externado de Colômbia)
Dr.ª Ariana Maria de Almeida Matos Cosme (Universidade do Porto/Portugal)
Dr. Artieres Estevão Romeiro (Universidade Técnica Particular de Loja-Equador)
Dr. Bento Duarte da Silva (Universidade do Minho/Portugal)
Dr. Claudio Rama (Univ. de la Empresa-Uruguai)
Dr.ª Cristiane de Oliveira Busato Smith (Arizona State University /EUA)
Dr.ª Dulce Márcia Cruz (Ufsc)
Dr.ª Edméa Santos (Uerj)
Dr.ª Eliane Schlemmer (Unisinos)
Dr.ª Ercília Maria Angeli Teixeira de Paula (UEM)
Dr.ª Evelise Maria Labatut Portilho (PUCPR)
Dr.ª Evelyn de Almeida Orlando (PUCPR)
Dr. Francisco Antonio Pereira Fialho (Ufsc)
Dr.ª Fabiane Oliveira (PUCPR)
Dr.ª Iara Cordeiro de Melo Franco (PUC Minas)
Dr. João Augusto Mattar Neto (PUC-SP)
Dr. José Manuel Moran Costas (Universidade Anhembi Morumbi)
Dr.ª Lúcia Amante (Univ. Aberta-Portugal)
Dr.ª Lucia Maria Martins Giraffa (PUCRS)
Dr. Marco Antonio da Silva (Uerj)
Dr.ª Maria Altina da Silva Ramos (Universidade do Minho-Portugal)
Dr.ª Maria Joana Mader Joaquim (HC-UFPR)
Dr. Reginaldo Rodrigues da Costa (PUCPR)
Dr. Ricardo Antunes de Sá (UFPR)
Dr.ª Romilda Teodora Ens (PUCPR)
Dr. Rui Trindade (Univ. do Porto-Portugal)
Dr.ª Sonia Ana Charchut Leszczynski (UTFPR)
Dr.ª Vani Moreira Kenski (USP)

AGRADECIMENTOS

Aos meus pais – sobretudo meu saudoso pai, Oswaldo Naghettini –, que me ensinaram a gostar de arte.

À minha família, exemplo de honestidade e de dignidade.

Aos meus amigos, colegas de trabalho, ex-alunas e alunos, com quem escrevi e continuo a escrever minha história.

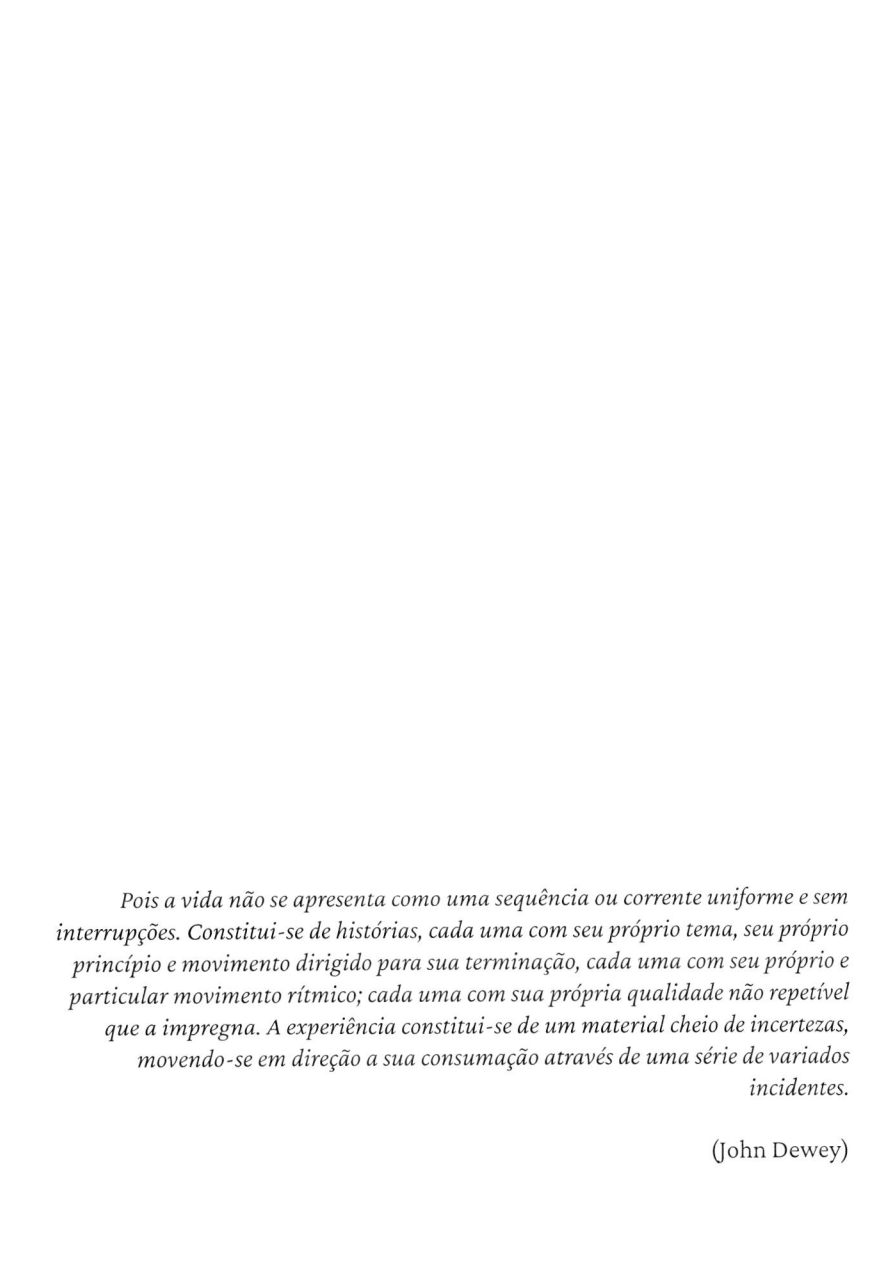

Pois a vida não se apresenta como uma sequência ou corrente uniforme e sem interrupções. Constitui-se de histórias, cada uma com seu próprio tema, seu próprio princípio e movimento dirigido para sua terminação, cada uma com seu próprio e particular movimento rítmico; cada uma com sua própria qualidade não repetível que a impregna. A experiência constitui-se de um material cheio de incertezas, movendo-se em direção a sua consumação através de uma série de variados incidentes.

(John Dewey)

APRESENTAÇÃO

POÉTICA DE SENTIMENTOS ENTRE O PROFISSIONAL E O PESQUISADOR

Nasci em Uberlândia (MG), em 13 de novembro de 1966. Embora fosse mês de chuva, foi um domingo de Sol e de batuque, conforme meus pais me contaram. Foi um dia marcante no calendário da cultura local e da população negra: o dia de sua padroeira, Nossa Senhora do Rosário. Desfiles de grupos vestidos a caráter, tocando instrumentos de percussão e cantando movimentavam as ruas do Centro – ainda movimentam –, fazendo ecoar o som nos corredores do hospital onde minha deu à luz.

Nasci numa família de pais trabalhadores autônomos. Minha mãe fazia bolos para festas e costurava, meu pai era fotógrafo (tinha estúdio no centro de Uberlândia, MG, cujo primeiro fotógrafo foi o pai dele, ou seja, meu avô). Meu pai fotografava casamentos, festas e empresas; nas horas de folga se dedicava a um hobby: fotografar a cidade e suas transformações urbanas. Não por acaso, as imagens fotográficas dele se tornaram parte da memória iconográfica de Uberlândia; são parte do acervo do Arquivo Público Municipal, onde está um dos maiores arquivos de imagens feitas por meu pai. Seu sobrenome – Naghettini – permeia vários estudos acadêmicos de história e sociologia que usam a fotografia como documento de pesquisa sobre Uberlândia, para onde se mudaram membros de uma família italiana que, no fim do século XIX, imigraram para o Brasil fugindo da seca e para trabalhar nas lavouras de café do estado de São Paulo. Eram meus avós paternos.

Vinda de Florença, uma família trouxe meu avô, que tinha um ano de idade quando desembarcou. Já a família de minha avó veio da Calábria, onde ela nasceu e viveu até cerca de 3 anos de idade, quando aqui chegou. As famílias trabalharam pouco tempo nas lavouras de café. Cada uma preferiu procurar destinos diferentes no interior. A família de meu avô se instalou em Uberaba, MG, por pouco tempo; depois se instalou de vez em São Pedro do Uberabinha, futura Uberlândia. A família de minha futura avó foi para a cidade de Conquista, MG. Meu avô se tornou caixeiro-viajante e a conheceu numa visita a Conquista. Enamoraram-se e casaram-se nessa cidade, em 13 de maio de 1910. Depois foram morar em São Pedro de Uberabinha. De família católica, minha avó, devota de Santa Luzia, teve seis filhas e dois filhos, dos quais um era meu pai, Oswaldo. Nessa família, foram muitas as histórias contadas pela *nonna*.

Acostumada com tais histórias, minha mãe se tornou outra contadora de histórias do meu avô materno; por exemplo, dizia que meu avô era um desbravador do sertão que adentrou o interior de Goiás e que, um dia, topou com uma tribo de indígenas. O fato de ele costumar dizer que minha avó materna era muito linda, de cabelos e olhos negros e pele morena, dizia que ficou enfeitiçado ao olhar bem nos olhos dela, pois estava se banhando num riacho. A história que retive é que, quando se conheceram, ele tirou o laço do lombo do cavalo em que estava montado e a laçou, pois ela não teve tempo de correr. Ele disse que minha avó, no começo, esperneou, gritou, chamou pelos outros "índios", mas ninguém voltou e meu avô a levou para uma casa numa fazenda no interior de Goiás, e com ela teve seis filhos, sendo três homens e três mulheres, dentre elas, minha mãe, Noema.

Essas memórias familiares fixam a figura da minha avó paterna, autora de poesias escritas e recitadas, contadora de histórias, que eu ouvia atentamente e que estimulavam imagens fantasiosas e coloridas em minha mente. Também se fixa a memória da minha avó materna: forte contribuição cultural rural, participante das comemorações festivas como folia de reis, dia de santos padroeiros, festas juninas e nascimento de Jesus. Era tudo maravilhoso, tudo onírico.

Após o meu nascimento – sou o último de três filhos –, meu avô paterno pediu para meu pai escolher uma de suas propriedades: ou uma casa, ou um sobradinho. Era um presente. Meu pai escolheu a casa, numa avenida movimentada e que, para acomodar a família, mediana, passou por adequações internas e externas (construção de varanda, garagem e outras reformas). Antes de eu completar 1 ano de idade, mudamo-nos. Então meus pais fizeram uma grande festa para comemorar meu aniversário de 1 ano. No ambiente da casa, que tinha poucos vizinhos, minha infância foi tomada por brincadeiras com meus irmãos. Meus pais não deixavam a gente ir para a rua, com medo de sermos atropelados por carros e caminhões; mas eu fugia de vez em quando para brincar de pique-esconde (esconde-esconde), cobra-cega (cabra-cega), carimbada, jogo de bete e outras brincadeiras de rua.

Com efeito, considero necessário rememorar aqui minha forma de brincar porque era diferente e remonta à maneira como meus dois irmãos brincavam. Mas o que eu gostava, mesmo, era de recolher e juntar latas, garrafas, pedras, tampinhas e qualquer outro material que encontrasse e fosse colecionável. A ideia era fazer todos os tipos de brinquedos e brincadeiras, seguidamente esboçadas em traços, rabiscos, curvas, formas e cores na escola. É uma vivência pessoal que interferiu na minha vida profissional de professor de Arte.

Do dia a dia de brincadeiras, passei ao cotidiano das primeiras responsabilidades: as escolares. Em 1972, iniciei meus estudos de Primeiro Grau, numa escola particular, o Externado Rio Branco. Ali, fui alfabetizado pelo método tradicional – cartilha – e pude ter professores memoráveis. Lembro que as aulas se encaixariam na pedagogia tradicional e que as aulas de Arte eram o desenho de cópia; raramente o desenho era livre. No ensino de Segundo Grau, na década 1980, estudei numa escola pública, a Escola Estadual de Uberlândia, onde fiz curso técnico voltado ao mercado de trabalho. Formei-me como técnico de laboratório de química; mas nunca trabalhei na área. Tempos depois, em reflexões de formação docente, pude compreender que a escola onde me formei era reprodutora do social que faz dela uma espécie de fábrica de manipulação, para que seus discentes atuassem no mercado de trabalho com a eficiência exigida pela produção capitalista.

A evocação dessas lembranças se faz importante aqui com medida de certo substrato de vivências em que me motivei a ser professor profissional e, incentivado pela família, a fazer a licenciatura em Educação Artística/Artes Plásticas na Universidade Federal de Uberlândia. Entrei em julho de 1984, como membro da primeira turma da licenciatura plena. Em julho de 1988, formado e licenciado, iniciei minha carreira docente como professor de Arte na rede escolar municipal local, após ser aprovado em concurso público. Durante a experiência docente, ou seja, a prática pedagógica experimentada, me inquietaram certos traços da pedagogia tradicional presentes nas escolas: as carteiras em fileiras paralelas – criando "corredores" na sala; a lousa – dividindo a sala em "frente" (lugar do professor) e o "fundo", que, em séries mais elevadas, evoluía para o "fundão", onde ficavam alunos "distintos". Havia, ainda, a avaliação com prova, as comemorações obrigatórias e supervisionadas com rigidez. Nesse contexto pedagógico, ou seja, na escola, eu via o ensino de Arte como algo decorativo, acessório, supérfluo.

Em meio a reflexões sobre esses pontos, em 1990 fiz parte do primeiro grupo de encontro de professores de Arte[1] da rede escolar municipal, articulado pelo Centro Municipal de Estudos e Projetos Educacionais Julieta Diniz, instituição da Secretaria Municipal de Educação. O objetivo era lutar pela inclusão da educação artística nos anos iniciais do Primeiro Grau, bem como interagir e trocar experiências com pares.

Esses encontros me ajudaram a direcionar meu trabalho para uma metodologia que pudesse fugir um pouco do tradicional e caminhar para uma abordagem metodológica mais minha (mais autoral), porém planejada e estruturada a fim de se adequar à realidade discente que eu encontrava em sala de aula. Para tanto, continuava a buscar mais conhecimento nos encontros de professores de artes. Aos poucos, as reflexões evoluíam para consensos, acordos e sínteses, que em minha mente se traduziam em inquietações, que passavam de questões e indagações a perguntas formuladas sobre o ensino da Arte: como proporcionar aos discentes desenvolvimentos melhores de sua criatividade em relação à arte? Como docentes do meio rural, poderiam interagir com outras culturas e valorizar a cultura em que imergem profissionalmente?

Entre estudos e perguntas, pude ter contato com a metodologia de ensino chamada Abordagem Triangular para o ensino de arte, concebida por Ana Mae Barbosa. O contato com as possibilidades levantadas por ela – com a lógica do entrecruzamento das ações de fazer arte, ler arte e pensar em arte – me levou a pensar, com cuidado, nos meus estudos sobre arte como continuidade da minha formação profissional. Nesse sentido, empenhei-me no estudo e na reflexão para desdobrar e responder a mim mesmo aquelas perguntas. Fiz pesquisas que se materializaram em publicação (Naghettini; Sampaio; Vasconcellos, 2012) e grupo de estudo acadêmico,[2] que me propiciaram pensar e discutir questões relativas à cultura e à educação nos dias atuais. Esse percurso de estudos e análises propiciou o desenvolvimento e o delineamento de uma forma de interação

---

[1] Neste trabalho de pesquisa, a palavra arte é grafada com inicial maiúscula quando designa um componente Curricular.

[2] Sou membro do Laboratório de Geografia e Educação Popular, grupo de estudos e pesquisa que se reúne semanalmente para estudos e pesquisas na área da educação popular. É integrador por Adriany de Ávila Melo Sampaio e Luiz Gonzaga Falcão Vasconcellos e ligado à Universidade Federal de Uberlândia.

pessoal com o todo: meu percurso profissional como professor de Arte e como professor pesquisador, a história das práticas e reflexões sobre arte e educação e o estudo de rabiscos, traços, curvas, formas e cores por meio das leituras e análises de autores num ato inicial de pesquisa bibliográfica.

Nessa tentativa de desenvolvimento pessoal-profissional, minhas ações me levariam fatalmente a outros estágios da formação acadêmica além da especialização. Minhas incursões acadêmicas até então haviam me ajudado a construir um repertório de saberes afins à pesquisa acadêmica de mais fôlego, ou seja, mestrado e doutorado. Eu havia me envolvido com pesquisa e pude compreender de perto o desenrolar de uma investigação acadêmica envolvendo o trabalho docente de Arte com prática e teoria. Tendo como base minha experiência de professor de Arte no ensino fundamental da rede escolar municipal por mais de três décadas, lecionando em escolas do meio rural e urbano, pude me despertar para um campo de observação e observar atentamente durante vários anos. Notei que o professor de Arte, ao trabalhar com os referenciais culturais, pode explorar a cultura local, a diversidade e a cultura erudita.

Assim, com a intenção de ampliar e aprofundar minhas reflexões e meus conhecimentos de ensino de Arte e academia, empenhei-me para ingressar no mestrado profissional Prof-Artes, da Universidade Federal de Uberlândia. Então pude notar o quanto meus estudos e minhas pesquisas prévios me conduziram ao objetivo de estudo que abordei como pesquisa de mestrado: apreender e ressignificar reflexivamente o planejamento e o ensino de Arte para discentes do meio rural como processo de ensino e aprendizagem centrado na interculturalidade: nas relações estabelecidas entres as culturas que convivem no meio escolar, a cultura escolar: do estudo, do ensino com o professor, da aprendizagem com o aluno; também a cultura que cada um leva para a escola e a sala de aula: o professorado da cidade com suas origens e visões de mundo, seus interesses, suas práticas pessoais e seus modos de ser e agir etc.; o aluno do meio rural com suas origens e visões de mundo, seus interesses, e assim por diante. Eu entendia que esse encontro de culturas na escola era problema, mas era solução.

Com efeito, os problemas a serem enfrentados no ensino da Arte exigem soluções que precisam ser subsidiadas por conhecimentos mais amplos e mais confiáveis dos fatos a serem apreendidos como conhecimento escolar de arte. Assim, um professor ignorante da elasticidade do conceito de cultura tem os requisitos para tornar a disciplina de Arte no meio rural como ação não só infrutífera, mas ainda acessória, superficial, supérflua, ou seja, dispensável. Isso porque parecem ser grandes as possibilidades de a experiência de vida do alunado e seus símbolos não coadunarem com um programa de ensino – um livro didático – centrado na cultura erudito-europeia – os "grandes" artistas – e com um docente que endossa tal programa, ou seja, que ignora a existência, por exemplo, de uma cultura popular e uma cultura rural fora da cultura de prestígio. Ao mesmo tempo, o encontro de culturas cria um ambiente favorável a um trabalho escolar que busque, na convivência cultural, o substrato para construir conhecimentos sobre culturas e culturas artísticas sem hierarquizações, sem valorações que superponham uma cultura/uma arte a outras.

Minha intenção foi explorar esse horizonte de compreensão da minha profissão e atitude como professor, da matéria que leciono e de seu ensino, das possibilidades de sua aprendizagem como conhecimento sistematizado, repertoriado e preparado para aplicação na vida prática. Mas uma pesquisa acadêmica não termina com a assinatura da ata que valida o estudo em que é apresentada. Essa compreensão ficou clara para mim após finalizar o mestrado: defender a dissertação, publicar (Naghettini, 2000) e voltar às práticas e vivências da docência de Arte para constatar que a experiência vivida ajudou a constituir uma investigação acadêmica educativa para mim.

Entrei no mestrado com uma compreensão da docência de Arte para me ver em processo de revisar meus entendimentos. A responsabilidade de ser professor-pesquisador atuante no cotidiano escolar se tornou a responsabilidade de ser professor-aluno, ou seja, de voltar a ver o processo de ensino e aprendizagem na perspectiva do meu alunado: a de aprender e apresentar materializações do meu aprendizado com apoio de professores. Nesse sentido, vislumbrei continuar meu projeto pessoal de pesquisar respaldado na minha experiência de vida e docente e no compromisso com a produção de conhecimentos sistemáticos.

O desejo de ir além foi despertado; e ir além seria contribuir para se desenvolver instrumentais teóricos confiáveis para o desempenho do ensino de Arte no meio rural: um instrumental favorável à tomada de decisões mais acertadas quanto a conteúdos, objetos e objetivos de estudo de Arte na escola elementar para se dissipar a docência tendente a improvisações e modismos que têm guiado muitas ações nas práticas da disciplina escolar de Arte. O passo a ser dado nessa direção era tentar fazer um curso de doutorado. Assim, entrei no programa de Doutorado em Educação da Universidade de Uberaba, MG, com a proposta de dar continuidade à pesquisa rumo a uma compreensão cada vez mais abrangente e aprofundada para minhas inquietações.

A entrada no doutorado em Educação viria selar minha formação de pesquisador profissional e dedicado à pesquisa sobre a docência e discência. Como tentativa de continuidade, não tive muitas atribuições para definir objeto de estudo e apresentá-lo em projeto de pesquisa; mas tive de fazer retomada de retrospecto contextual histórico-profissional. Fazer isso me ajudou a delinear caminhos de abordagem e de análises importantes para fazer a projeção da pesquisa, delineando formas de agir e pensar: retomadas de percurso profissional docente e de pesquisa; retomada de história de práticas e reflexões afins à arte; leituras (num ato inicial de pesquisa bibliográfica), reavivamento de rabiscos, linhas, curvas, formas e cores que marcam o processo de minha formação profissional: de construção, desconstrução e construção com atribuição de novos significados ao meu trabalho docente, a todo momento, em todo ambiente, escolar ou não.

De fato, em mim, creio que o ser pesquisador se imbrica com o ser professor como lógica de construção profissional. Há um processo de ressignificar meu fazer docente que revolve meu passado em buscas de implicações e explicações internas e externas, familiares, escolares, laborais políticas, sobretudo as públicas e a forma como o Estado lida com o professorado. Nesse sentido, recorre em minha lembrança recolher badulaques: tudo que desse para guardar em coleção e para ser usado como brinquedo. Entendo que o gesto era um tipo de germe da atitude de pesquisador que tomou conta de parte da minha vida profissional: a de ir a campo atrás de "coisas" que eu pudesse usar como argumentos e objetos de pesquisa. Sinto que ganhei e estimulei desde logo uma curiosidade inquiridora que vejo na base, nos elementos essenciais da pesquisa; e uma curiosidade adicionada de "registros de campo": esboços com traços e curvas, rabiscos de formas e escolha de cores. Sinto que minha trajetória de vida e escolar discente e docente guia meu percurso de vivências pessoal que desencadearam a vida profissional. Meu envolvimento com rabiscos e cores me leva à memória de desenhos em cadernos escolares, de linhas e formas de roupas costuradas e confeccionadas pela minha mãe, de formas, luzes e cores das fotografias de meu pai. São lembranças que se fixam cada vez como memória clara e completa.

Minha peregrinação pelos ambientes acadêmicos em busca de conhecimento e entendimento foi um *caminho de vida* escolhido para lidar com o futuro – os desígnios do destino. Tal escolha pode ser compreendida, por alguns, como estratégia e, por outros, como tática. Para mim, é uma e é outra, se misturando numa *poiesis* construtiva interminável: a vida do profissional entrelaçada ao do acadêmico na constituição da história pessoal. Ingressar na universidade para cursar a licenciatura em Artes Plásticas me permitiu solidificar uma carreira profissional na educação com uma massa concreta vinda da formação inicial, fundamental para eu não só ingressar na carreira docente via concurso público municipal, mas ainda entrar com uma aprovação que me situou no Ensino Fundamental como professor especialista de Arte.

Nesse processo, minha compreensão do que é ser professor se abriu a autoquestionamentos e ao delineamento do que é, para mim, ser pesquisador. Eu digo: é estar situado numa posição social que incumbe de se contribuir para que o público escolar passe, o quanto antes, do uso intenso e exclusivo da oralidade em sua vida ao uso de outras formas de expressão, sobretudo a escrita; que passe de um senso prático e imediato como orientação de suas atitudes de vida cotidiana para um senso que presuma a reflexão, a compreensão conceitual do mundo, a apreensão das distinções entre o aparente e o essencial e ao reconhecimento do plano simbólico da existência humana em sociedade.

Nessa lógica, o professor é quem ensina conhecimentos *a priori*, aprende conhecimentos para ensiná-los *a posteriori* e domina, por formação e prática, um conjunto de elementos que ajudam os alunos a construírem conhecimentos afins a certas dimensões da vida que eles ainda ignoram, por razões como a (mental) idade. Nesse caso, o professor é a mão que ajuda a cobrir as lacunas entre o domínio pleno da fala e o domínio da leitura e da escrita como extensão aos conhecimentos linguísticos inatos; as lacunas entre o reconhecimento de formas, por exemplo, geométricas e iconográficas no mundo e o domínio de conceitos, técnicas e instrumentos para se representar o mundo por meio de tais formas; seria exaustivo ir além nessa exemplificação de movimentos entre o antes e o depois de uma criança que adentra a sala de aula para o primeiro dia letivo. Mas ela não é um "vazio" a ser preenchido; antes, já detém um significativo da realidade e uma vivência de mundo que devem ser ampliadas pela escola, são seres restritos a certo círculo social que devem ser introduzidos em um círculo mais amplo e, sobretudo, entre pares.

Seguindo essa lógica, embora alguns tenham a vocação como guia-mestra da docência, creio que a compreensão desse universo do ser professor dificilmente caberia em tal categoria. Assim, ser professor, para mim, vai muito além, muito além, porque supõe trabalho e dedicação acima de tudo, mas não sem técnica pedagógica e metodológica, sem competência operacional, técnica e tecnológica; porque supõe estudo contínuo e uma imersão eterna na sociedade e na comunidade para compreendê-las de modo a se poder fazer da educação um fenômeno não só vivo e necessário, mas também íntimo de todos, a ponto de o valorizarem como se valoriza a vida.

Ser professor é ser um profissional legitimado por conhecimentos específicos, exigentes e complexos. Ser professor é ser aberto a transformações impostas pela experiência advinda do decorrer do tempo, a agregar mudanças significativas que possam afetar sua profissão: transformações nos conhecimentos científicos, nos currículos escolares e nas tecnologias. Tudo tende a demandar revisões da função social e escolar do professor e das relações de seu trabalho com a sociedade.

Com efeito, a pandemia de covid-19, entre 2020 e 2022, foi um desses eventos em que a escola precisa rever sua forma de existir, pois provocou um "desarranjo" na conjuntura social cotidiana, na economia e na política, que se tornou arena para a defesa explícita de retrocessos, como a descrença na ciência e a demonização da cultura, da Educação e da Arte (embora esta tenha sido a válvula de escape para uma sociedade que se viu obrigada a não sair de casa). Ao professor coube se adaptar à docência virtual: uma nova realidade laboral, uma nova modalidade de ação por conta de uma nova realidade social: a do isolamento.

Devo dizer que, na pandemia, reforcei ainda mais meu credo como professor de Arte com décadas de experiência: o ensino de Arte se faz fundamental porque a arte é essencial à vida civilizada; quando a realidade assusta, a arte conforta e ajuda a manter e reforçar a esperança por dias melhores sempre, evoca lembranças no ser humano que o situam no mundo. Com tal potência, possibilita ao professor despertar no discente, além da criatividade, a curiosidade e o senso crítico à diversidade cultural e social, global e local. Familiarizado com o meio rural a ponto de vivenciar sua cultura, pude não só saber, com exatidão, das necessidades de formação de indivíduos de uma escola rural; também pude empenhar minhas forças pedagógico-docentes em uma educação popular como imprescindível a quem acessa a escola onde leciono; uma educação com valorizações da vida local: a cultura, o dia o dia, o trabalho, a tradição, as relações familiares e sociais, a interação com a vida urbana. Sempre com respeito ao peculiar do meio rural: seus valores, seus grupos sociais, suas características, suas necessidades etc.

Como disse, sou pesquisador e sou professor, também artista e autor acadêmico, pós-graduado, mestre e doutorando prestes a encerrar o doutorado com experiência docente em Arte e Geografia, articulando ensino, cultura e meio rural. Também sou membro atuante de grupo de pesquisa sobre ensino (de Arte). Desse modo, o contato e as vivências com culturas diferentes no meio rural do município de Uberlândia por longos anos me proporcionaram, profissionalmente, novas atitudes profissionais no ensino de Arte a fim de que as ações artísticas fossem um ato de valorização da identidade cultural discente. Desempenhar a função de professor trabalhador da educação com compromisso e lealdade exige reunir um conjunto de saberes e competências que permitam construir uma educação de qualidade. Isso porque os saberes docentes são construídos, desconstruídos e reconstruídos ao longo de toda a carreira e vida do professor. Diante de diversos desafios, estar se formando para a docência do ensino superior na educação a distância é um desafio para o professor que busca seguir carreira acadêmica, pois alguns não tiveram formação acadêmica e têm nova chance de se diplomarem e especializarem na área de educação. Cresceremos muito mais se professores e alunos se ajudarem.

Inteirar-me dessa identidade cultural e relacioná-la com manifestações artísticas locais me proporcionou reconhecer a cultura rural do meu alunado e situá-la em paralelo com outras culturas, diversas no espaço e no tempo; ou seja, reconhecer nossas experiências: as minhas e as dos discentes, que não podem ser desconsiderados nas instituições de ensino. Alunos são responsáveis por uma parte do processo de ensino e aprendizagem; são sujeitos que se relacionam com outras fontes de aprendizagem informal transmitida pela família e pelas pessoas comuns das comunidades localizadas no espaço-tempo.

Contudo, na escola rural que conheço e nas culturas que a ela se associam, desde as décadas finas do século XX houve transformações consideráveis na educação elementar, em especial a introdução e valorização da disciplina Arte nos anos iniciais e em sua obrigatoriedade no currículo escolar. Desde então, discursos sobre tendências pedagógicas e finalidades de tal matéria em tal nível escolar passaram por revisões e reestruturações que influíram na formação docente. Impôs-se a demanda por aprendizagem mútua de professor e aluno num processo dialógico-cooperativo, em que a escola é o lugar do exercício do pensamento e da criatividade, lugar da produção docente e discente, intelectual e artística, lugar da (re)construção de saberes, tendo a tecnologia como aliada pedagógica.

Devo dizer que desde a formação até a atuação profissional plena em sala de aula, tive o desejo de registrar – e registrei – de algum modo a produção de trabalhos para descrevê-los como vestígios da minha vida pedagógica. Nesse processo de descrição, percebi a necessidade de estudá-los, via pesquisa, como matéria de interesse da educação. Encontrei olhares aguçados que me foram de ajuda para compreender as relações culturais entre cidade e campo e, assim, entender e registrar algo que, talvez dentro alguns anos, não se tenha mais: as escolas rurais – elas correm risco de extinção. Talvez com o passar do tempo haverá só relatos daqueles que as vivenciaram e que, também, podem se perder. Por isso, é necessário registrá-los. Conforme o tempo passa, as memórias se perdem, dissipam-se, como a tinta no papel esmaece, a cor nas fotografias empalidece, os detalhes se perdem na teia das sinapses conforme o tempo vai passando...

SUMÁRIO

1
INTRODUÇÃO 23

2
ESTADO DO CONHECIMENTO COMO MODALIDADE DE PESQUISA .. 37

3
ENTRE O TERRITÓRIO E O RURAL:
A RURALIDADE, A HISTÓRIA, A CULTURA E A ARTE 71
   3.1 TERRITÓRIO E RURALIDADE: ESPAÇO DE (RE)CONSTRUÇÃO DA CULTURA E DO SABER 73
   3.2 EDUCAÇÃO DO CAMPO, EDUCAÇÃO NO CAMPO E EDUCAÇÃO RURAL..... 85
   3.3 ENSINO DE ARTE NAS ESCOLAS BRASILEIRAS 94

4
ENSINO DE ARTE EM COLABORAÇÃO: PROPOSTA METODOLÓGICA PARA PRODUÇÃO DE NARRATIVAS 103
   4.1 O LASTRO TEÓRICO-CONCEITUAL DA PESQUISA 104
   4.2 O ARRANJO METODOLÓGICO DA PESQUISA 113
   4.3 TIPO DE PESQUISA 126
   4.4 CARACTERIZAÇÕES DOS PARTICIPANTES 130
   4.5 LÓCUS DA PESQUISA 131
   4.6 O MÉTODO DA NARRATIVA.. 133

5
POÉTICA DOS RESULTADOS: DAS QUESTÕES INICIAIS À FOCALIZAÇÃO DO OBJETO ... 137

5.1 PROFESSORES DE ARTE E SEU PAPEL ... 138

5.2 FORMAÇÃO DO DOCENTE DE ARTE ... 141

5.3 PONTOS DE PARTIDA E PRIMEIRAS EXPECTATIVAS ... 144

5.4 QUESTÕES-GUIA DO TRABALHO DE CAMPO ... 147

5.5 O MÉTODO FENOMENOLÓGICO: PRIMEIRAS OBSERVAÇÕES E APROXIMAÇÕES ANALÍTICAS ... 149

    5.5.1 Impressões de pesquisa na Escola Algodão-do-cerrado ... 151

    5.5.2 Impressões de pesquisa na Escola Flor de Caliandra ... 152

    5.5.3 Impressões de pesquisa na Escola Flor-de-ipê ... 154

5.6 DEFINIÇÃO DE FOCO E AS PRIMEIRAS ANÁLISES ... 155

    5.6.1 A formação de docentes de Arte ... 172

5.7 ANÁLISE DOS DADOS ... 176

    5.7.1 Categoria "critérios" ... 177

    5.7.2 Categoria "formação inicial" ... 182

    5.7.3 Categoria "objetivos da formação continuada" ... 185

    5.7.4 Categoria "professor e escola" ... 191

5.8 PRÁTICAS DE ENSINO E INTERCULTURALIDADE ... 194

    5.8.1 Critérios ... 195

    5.8.2 Categoria "livro didático e conteúdos de Arte" ... 200

    5.8.3 Categoria "procedimentos pedagógicos" ... 205

    5.8.4 Categoria "práticas pedagógicas na diversidade cultural" ... 210

CONSIDERAÇÕES FINAIS ... 221

REFERÊNCIAS ... 229

1

INTRODUÇÃO

Pensar no ensino de Arte em escolas brasileiras tendo em vista o corpo docente, as condições materiais de ensino e aprendizagem, o currículo, a formação de professores e o lugar da escola é tentar compreender uma realidade educacional, sem dúvida, de importância, mas ainda situada em contexto de desprestígio e desatenção em meio a políticas públicas educacionais e outras. De fato, a introdução do ensino de artes como conteúdo escolar elementar é recente, data de 1971, quando a Lei das Diretrizes e Bases (5.692/71) incluiu a Educação Artística no currículo; mas com o atributo de *atividade educativa*, em vez de disciplina. Desde 1980, tal ensino passa por transformações epistemológicas e metodológicas que visaram promover, nas aulas, a formação de sujeitos críticos e conscientes de seu contexto, refletir sobre a formação docente e debater teóricos da educação. Talvez por consequência do debate, a Lei de Diretrizes e Bases da Educação Nacional de 1996 (9.394/96) instituiria a Arte como componente curricular obrigatório na educação básica. Portanto, desde 1996, o *ensino de arte* (e a aprendizagem) na escola é considerado como parte da construção de conhecimentos com características próprias que o diferenciam da *produção em arte*.

Por meio dessa conquista, tornou-se fundamental a análise de condições que garantissem a consolidação da Arte na condição de componente curricular escolar e refletir sobre a formação de professores que o lecionam. Diante disso, questões que permeiam demandas afins aos conteúdos a serem trabalhados pelos docentes, os campos da Arte a serem definidos para cada etapa do ano escolar, a avaliação do processo de aprendizagem e outros objetos, tudo passou a ser discutido e entrelaçado com a definição dos objetivos do ensino de Arte para cada nível de ensino.

Por outro lado, no início das práticas de Educação Artística durante as décadas de 1970 e 80, a realidade educacional da sala de aula mostrava que muitos professores não eram licenciados em Arte, além de seu contato com artes ter sido só na escola, quando alunos ou cursistas de formação para o magistério; cursos que não possibilitaram, em sua maioria, experiências as quais favorecessem a elaboração de propostas para se superarem as limitações de práticas herdadas, a exemplo da cópia de desenhos para colorir e/ou desenho livre. A própria história do ensino de arte testemunha tendências que se afirmaram no cenário pedagógico desse componente curricular ligado à formação estética e artística na escola.

Segundo Varela (1986) e Barbosa (1984), é possível verificar que a formação dos professores para o ensino de Arte ocorre no Brasil de forma mais sistemática desde meados do século XX; ou seja, em 1950 o processo de formação já acontecia nas chamadas escolinhas de arte do Movimento das Escolas de Arte, normalmente conduzidas pelo município; mas era de maneira sutil. Ofereciam formação inicial e continuada envolvendo, mais particularmente, educadores que atuavam nas escolas de Primeiro Grau. Na década de 1970, após a Lei 5.692/1971, se consolidou na academia o processo de formação dos docentes de Arte com a criação da chamada licenciatura curta em Educação Artística; coerente com a obrigatoriedade do ensino da Arte em escolas e colégios de Primeiro e Segundo Grau.

Todavia, como refletiu a professora Ana Mae Barbosa, uma precursora do movimento de arte-educação no Brasil, houve equívocos na ação de órgãos oficiais como o de desconsiderar a base do ensino: a formação docente. Como disse ela,

> A arte tem sido matéria obrigatória em escolas primárias e secundárias (1º e 2º graus) no Brasil já há 17 anos. Isto não foi uma conquista de arte-educadores brasileiros, mas uma criação ideológica de educadores norte-americanos que, sob um acordo oficial (Acordo MEC-USAID), reformulou a educação brasileira, estabelecendo em 1971 os objetivos e o currículo configurado na Lei Federal n.º 5692 de Diretrizes e Bases da Educação (Barbosa, 1999, p. 9).

Como forma de atender à necessidade imposta pela lei, foram criadas as licenciaturas em Educação Artística para formarem e prepararem educadores em dois anos. Supostamente, egressos estariam aptos a ministrar aulas de música, teatro e artes visuais nos dois níveis educacionais. Para Barbosa (1999, p. 45), teria sido

> [...] um absurdo epistemológico ter a intenção de transformar um jovem estudante (a média de idade de um estudante

ingressante na universidade no Brasil é 18 anos), com um curso de apenas dois anos em um professor de tantas disciplinas artísticas.

No século XXI, e conforme o artigo 62 da Lei 9.394/96, a formação docente para a educação básica se firmou com o mínimo *nível superior* – a ser obtido em licenciatura ou graduação plena – para se exercer o magistério na Educação Infantil e nos quatro primeiros anos escolares. Para atuar no Ensino Fundamental II, faz-se necessária a formação em licenciatura de acordo com a disciplina ou área disciplinar que o profissional vai lecionar.

Por outro lado, em 1997, os parâmetros curriculares nacionais para educação básica apresentaram definições e orientações à elaboração de propostas curriculares e subsidiares da Lei 9.394/96. Nesse sentido, foram eleitas as linguagens que comporiam o ensino de Arte – artes visuais, dança, música e teatro; e em cada uma houve indicação de objetivos, conteúdos de trabalho, orientações didáticas e formas de avaliação. Cabe dizer que os parâmetros eram só orientações, referências curriculares; e não leis a serem seguidas à risca. Além disso, uma nova base nacional comum curricular aprovada em 2019, inclusive para Arte, propôs o desenvolvimento de habilidades e competências importantes em práticas investigativas. A proposta está voltada ao percurso do fazer artístico para se perceber o mundo em sua complexidade e seus contextos mediante a construção de saberes e a interações afins à arte e à cultura; também se favorece tanto o respeito às diferenças quanto o diálogo intercultural: princípios da Lei de Diretrizes e Bases da Educação Nacional de 1996. Assim, reforça-se a importância de se levar em conta o diálogo entre literatura e outras ciências, além de se possibilitarem o contato e a reflexão sobre formas estéticas híbridas: artes circenses, cinema, *performance*[3] etc.

Nesse contexto de definições e afirmações de políticas públicas proporcionadas e defendidas, merece atenção especial a formação docente com foco na aprendizagem discente de Arte. Ao professorado de Arte (e outras disciplinas), as políticas de formação podem lhes proporcionar a possibilidade de serem articuladores de conteúdos da linguagem artística com as aprendizagens para que os discentes, com suas diferenças culturais, se apropriem do ensino adequado à cultura regional e local, sobretudo a cultura urbana e rural.

---

[3] *Performance* é a atuação, o desempenho, o espetáculo em que o artista atua com liberdade e por conta própria, interpretando papéis ou criações de sua autoria.

Com efeito, numa retrospectiva temporal, as primeiras escolas erguidas no Brasil eram rurais e foram unânimes de Norte a Sul, Leste a Oeste, onde deram contribuições significativas. Mas deixaram de ser importantes com o êxodo rural e a urbanização a partir de 1940-50; desde então, sustentaram-se com muita sujeição – como de resto toda a educação elementar – a condições de vulnerabilidade e fragilidade que as deixaram à beira do desaparecimento, como em projetos de nucleação com escolas urbanas, ou por causa de infrequência discente, com a oferta de transporte escolar para alunos do meio rural estudarem na cidade; e até por causa da chegada de avanços tecnológicos ao campo.

Esse cenário se apresentou a mim[4] em minha vida profissional docente. Deparei-me com a diversidade cultural nas ruas da cidade e nas estradas/povoações do campo; no trabalho em sala da aula, com a incorporação da diversidade artístico-cultural nas práticas educativas em artes visuais de fora da escola. Propus-me a ir além dos tratamentos dados à Arte nos currículos escolares, nos planejamentos "engessados" e nos livros didáticos, que conjugam uma noção de cultura de feição monocultural com conhecimentos de prestígio na educação escolar. Assim, impõe-se uma hegemonia à noção de Arte: a europeia, com suas divisões: arte greco-romana, arte medieval, arte renascentista, arte romântica, arte realista e outras modalidades; impressionismo, cubismo, fauvismo, expressionismo e outros ismos. Isso em detrimento de quase nada de arte do continente africano, de arte indígena, de arte do meio rural e da cidade e outras tipologias. O desprestígio se estende ainda – e expressivamente – às culturas regionais que os discentes trazem para sala de aula e suas relações de interculturalidade de vivência e convivências. Não se fala em congado, folia de reis, festa junina e outras culturas da vivência dos discentes nos grupos familiares e sociais do meio rural.

Por outro lado, há o problema da formação de professores de Arte, ou seja, da oferta de cursos e do preparo para um ensino de Arte crítico e integrado à vida do alunado. Embora muito já tenha sido escrito sobre tal formação, não se tem detectado a existência de estudos que tomem a formação artística como movimento atrelado às relações e experiências artísticas e culturais vivenciadas dentro e fora dos espaços acadêmicos – se é que realmente acontecem.

---

[4] Ao longo da tese, usei a primeira pessoa do singular e a primeira do plural, além de recursos de impessoalização.

A vivência de retratar essa realidade vivida ganha contornos próprios no contexto da pesquisa aqui descrita. Artística ou não, entende-se que qualquer formação se assenta em conhecimentos constitutivos dos saberes docentes e que estes são significativos como fontes de ideias. A concepção de que a palavra "formação designa a atividade de se formar em seu desenvolvimento temporal e o respectivo resultado [...] desse percurso" (Coutinho, 2004, p. 150) presume pensar nos conteúdos da formação artística de professores. Assim, considerando a experiência como fundamento, é preciso que

> [...] o que "decoramos" ou simplesmente copiamos mecanicamente não fica em nós. É um conteúdo momentâneo, por isso conhecimento vazio que no decorrer do tempo é esquecido. Não faz parte de nossa experiência. Só aprendemos aquilo que, na nossa experiência, se torna significativo para nós (Martins; Picosque; Guerra, 1998, p. 128).

A experiência, como disse Dewey (2010, p. 89), aparece

> [...] com frequência, entretanto, a experiência que se tem é incompleta. [...]. Em contraste com tal experiência, temos uma experiência quando o material experienciado segue seu curso até sua realização. Então, e só então, ela é integrada e delimitada, dentro da corrente geral da experiência, de outras experiências.

Para tal pensador, experiência significa integração e interação, enquanto ideias e fatos não existem fora da experiência. Mas esta, para ter função educacional, tem de "conduzir a um mundo expansivo de matérias de estudo, constituídas por fatos ou informações"; e satisfazer essa condição supõe um professor que considere o "processo contínuo de reconstrução da experiência" (Dewey, 1958, p. 18).

Esse autor via a educação como fenômeno social pelo qual as conquistas da civilização são deixadas de uma geração a outra e em que a escola como "instituição pela qual a sociedade transmite a experiência adulta à criança" como forma de conhecimento. Tal experiência não seria adquirida exclusivamente pela atividade espontânea do aluno; mas também por meio da orientação e do estímulo proporcionados pelo docente, desde que fossem contínuos no processo de ensino e aprendizagem. O autor via a noção de experiência como fase da natureza em que ocorre a interação entre o ser e o ambiente, modificados constantemente; pensava na educação como processo para reconstruirmos e reorganizarmos nossa experiência a fim de percebermos, com mais agudeza, o sentido e, assim, habilitarmo-nos a conduzir o curso de experiências futuras com consciência, segurança e convicção. Logo, a educação não seria um processo de preparo para a vida; seria uma reconstrução e reorganização contínua da experiência com o intuito de torná-la educativa, ou seja, de buscar aumentar a qualidade das interações no ambiente e fazê-las servirem de base para interações ainda mais amplas no futuro; numa palavra, para proporcionar novas experiências.

Nesse sentido, as experiências profissionais adquiridas são realizadas experimentalmente no decorrer das vivências. Ao menos foi assim na minha trajetória de formação e ação profissional. Vivenciei a sala de aula numa época quando a disciplina Educação Artística era oferecida por educadores da rede municipal — anos 1990. Havia *um* professor contratado e *três* docentes efetivos em todas as escolas municipais de quinta e oitava séries, no campo e na cidade; ou seja, quatro profissionais era um corpo profissional reduzido demais para cumprir a Lei de Diretrizes e Bases (5.692/71), que prescreveu tal disciplina no currículo.

Não por acaso, pesquisas acadêmicas sobre o ensino de Arte e formação docente surgiram aqui e ali. São apresentadas em artigos, dissertações, teses, relatórios, livros e outros. Provocam debates diversos sobre o ensino escolar de Arte que podem ser úteis à área; ou seja, têm importância ao contexto educacional. É nesse terreno que se situa essa tese, fruto de uma pesquisa de doutorado sobre as relações entre ensino e aprendizagem de Arte no nível Fundamental. Tendo em vista tal cenário – desvelado em parte no mestrado – o contato com um grupo de professores de Arte, com instituições e com manifestações artísticas e culturais da região onde leciono, motivou a construção de um projeto de pesquisa de doutorado tendo como lócus a escola municipal rural.

As motivações da pesquisa partiram de vivências na docência de Arte no Ensino Fundamental de escola rural; mas abrangeram leituras e a pesquisa realizada. Foram motivações, ainda, a continuidade da formação pós-graduada, de reflexões oriundas de disciplinas cursadas no doutorado e de conversas, estudos e pesquisas com a orientadora. Fui influenciado por contextos externos como seminários, grupos de pesquisas e outros que proporcionaram experiências diversas. Além de dúvidas e reflexões, começaram a surgir dificuldades com a continuidade de um tema que abrange Arte e Educação nos aspectos da pesquisa em escola e sala de aula. Por ser o curso doutorado em educação, era preciso abranger as duas temáticas numa perspectiva delimitada.

Esse esforço de compreensão temática e de sistematização a fim de delinear o tema da tese convergiu para a ideia de abordar o ensino da cultura local em sala da aula como ponto de partida. Fiz algumas reflexões com base em minha atuação de professor de Arte do Ensino Fundamental I e II e em minha formação docente na área como gesto de *poiesis* de reflexões e pesquisa. Por *poiesis* neste estudo se entende a vontade pessoal e os processos criativos; como diz Lelis (2004, p. 23), a *poiesis* artística desvela "a produção, a ação, a *práxis* em Arte com técnicas, métodos e elementos da linguagem das Artes Visuais em diferentes ambientes e contextos"; retrata aspectos pessoais plásticos da criação artística e cultural e deslinda a criação de cada ser dedicado ao fazer artístico. Mas aqui se aplica ao fazer profissional no ensino de Arte, ou seja, à produção, a ação e às práticas de docentes de Arte em seu trabalho com alunos. O contexto da *poiesis* está no fazer, no confeccionar, na criação proporcionada pelo educador com base na formação acadêmica e na apreensão de técnicas para aplicação na sala de aula: lugar onde se manifestam as culturas dos sujeitos discentes.

Assim, foi se formando um propósito de compreender o ensino e a aprendizagem de Arte tendo em vista os meus 32 anos de magistério e os quatro de direção escolar (após ser eleito pelo voto de professores e da comunidade escolar). Minha compreensão partiu de recorte em torno da aprendizagem e da interculturalidade no ensino de Arte, bem como da formação docente; também partiu de observações e da autorreflexão sobre o lugar que hoje ocupo como educador com pé fincado no chão da sala de aula. Foi um revolver de memórias e percursos como escritor e pesquisador na área de Artes Visuais, também como membro do grupo "Professor artista".[5] À luz de experiências profissionais, observações e anotações, pesquisei e analisei a fim de compreender as complexidades concernentes a uma metodologia para abordar a prática da docência de Arte pela lógica da relação teoria-prática; bem como para averiguar a cultura regional – restrita ao local – e avaliar proposições e objetivos desejáveis à pesquisa. Ficou claro que a cultura e as expressões artísticas com as quais

---

[5] Sou membro desde 2019 do grupo "Professor artista", surgido em 2013, com objetivo de formar um agrupamento de docentes de Arte atuantes que têm, também, trabalho artístico-autoral. Em 2022, chegou a 18 professores-artistas.

o discente mantém contato ao longo de sua trajetória de vida poderiam fornecer subsídios à sua formação escolar. Assim, essa questão mereceu aprofundamento como contributo aos estudos no campo da formação discente mediante o fazer profissional.

O caminho percorrido na configuração da tese foi permeado pela articulação de saberes entre educação, arte, ética e processos de subjetivação, numa concepção poético-artística existencial. Como professor-artista, entendo que partilho de ambos os fazeres. Assim, refletir sobre a educação tendo como recorte o ensino de Arte é pensar na importância de defendê-lo num sistema neoliberal, que vê a Arte como ilustração, decoração, adorno no currículo, em vez de ser vista como linguagem aliada a elementos que vão do visual ao gráfico, passando pelo vídeo, pelo movimento, pelo canto, pela interpretação dramática e musical, tudo em espaços e contextos diferentes.

Nesse sentido, delineou-se o *objeto de estudo* a ser desenvolvido na pesquisa subjacente a esta tese. Trata-se do ensino de Arte segundo a concepção de professoras sobre práticas escolares, planejamento, relação professor–aluno, avaliação, conteúdo e formação docente; tudo articulado segundo a lógica da interculturalidade. A proposta de investigação almejou compreender as relações entre cultura urbana e cultura rural no contexto das práticas de ensino e aprendizagem de Arte, ou seja, de educadores dentro da escola, na sala de aula e fora dela. Essa compreensão inclui saber o que pensam da ideia de cultura: como a veem, definem, reconhecem e exemplificam; como a relacionam com sua realidade particular íntima (na família e em seu meio), particular pública (na vida social e no lazer) e profissional estudantil (na docência e no estudo escolar). Importa saber que relevância e papel atribuem à cultura em suas vidas e como se relacionam com a realidade escolar tendo em vista a cultura como experiência que singulariza as pessoas.

A pesquisa incidiu na análise do ensino de Arte praticado em escolas rurais de Uberlândia, MG, tendo por base relatos de docentes sobre práticas pedagógicas de Arte e sobre sua formação. A pesquisa se guiou por este argumento de tese: as culturas familiar, local e regional que alunos levam à escola/sala de aula precisam ser exploradas como matéria educacional numa relação intercultural com eles e de modo a se conciliarem com o universo dos livros didáticos e o pensar dominante da escola; a premissa é a de que o professor é agente formador e gerenciador que pode direcionar o ensino de Arte em sala de aula.

Tal argumento foi desdobrado e problematizado com base nestas indagações: quais sentidos os docentes de Arte atribuem às suas práticas educacionais e como as inter-relacionam com seus alunos e a contextualização do ensino? Como podem discutir cultura com uma percepção reflexiva do ambiente dos alunos e tendo em vista o trabalho com a ideia de cultura local e estética? De que modo abordam e (re)conhecem a cultura dos estudantes do ensino fundamental na escola de área rural e estabelece relações plurais de cultura? Como professores de Arte do meio rural podem trabalhar com fronteiras culturais ressignificadas para que o ensino seja um processo de negociação cultural permanente com alunos e as aulas sejam significativas à formação da identidade cultural do alunado? De que maneira se efetiva o ensino de Arte em escolas municipais do meio rural na dimensão da interculturalidade considerando a importância/relevância/significância desta à formação da identidade cultural do aluno? Portanto, a pesquisa pretendeu não só coletar informações para gerar dados de análise relativos ao professorado municipal de Arte que trabalha ou não com diversidade cultural na sala de aula; mas ainda reconhecer, descrever e compreender possíveis mudanças na formação discente com a Arte e na formação do professor de Arte.

Dado esse conjunto de questionamentos, a pesquisa se guiou pelo objetivo geral de analisar numa compreensão crítica do ensino de Arte no meio rural, tendo em vista a dimensão intercultural: a presença das culturas que envolvem escolas municipais rurais do município de Uberlândia como conteúdo útil ao trabalho disciplinar de Arte e à prática de ensino (pedagógica). Para o horizonte de compreensão aberto por tal finalidade, convergiram os objetivos específicos a seguir.

- Compreender descritivo-analiticamente o estado atual dos estudos sobre docência, ensino de Arte e interculturalidade na educação básica.
- Sistematizar experiências de formação pessoal de professores de escolas rurais de Uberlândia, MG, tendo em vista sua relação com o processo de ensino e aprendizagem no Ensino Fundamental.
- Caracterizar práticas de professores de Arte como construção reflexivo-teórica útil à fundamentação, abordagem, à percep-

ção e ao conhecimento da interculturalidade no espaço escolar rural e seus desdobramentos possíveis em meio aos discentes e à sua cultura.

- Descrever a concepção de docentes de Arte sobre proposições para se ensinar tal disciplina na educação básica.
- Delinear expectativas, dificuldades, conquistas e realidades da prática de professores de Arte em relação à abordagem da cultura entre docentes e discentes do meio rural de Uberlândia.
- Propor contribuições teórico-reflexivas/didático-pedagógicas para a prática do ensino de Artes no meio rural.

Desenvolver tais quesitos com a intenção de delinear respostas reflexivas exigiu alguns passos iniciais: leituras de pesquisas afins que aqui se apresentam; contatos com grupos de estudos que instigaram o pensamento de que é preciso mais discussão sobre cultura e educação; uma pesquisa de campo que envolvesse contato direto com professores de Arte; enfim, contato pessoal com grupos culturais presentes no meio rural de Uberlândia e com expressões artísticas e culturais diversas. Esses passos me permitiram fazer sondagens, mapeamentos e inferências que se tornaram importantes para tomar medidas posteriores na execução da pesquisa.

Como passo central, foi necessário um levantamento de estudos acadêmicos a fim de se compor uma compreensão do tipo *Estado do Conhecimento* para efeito de fundamentação investigativo-teórica. A busca por produções acadêmicas foi feita em base de dados da Coordenação de Aperfeiçoamento de Pessoal de Nível Superior (Capes). A esse material se agrupou a leitura de conteúdos curriculares, livros didáticos e trabalhos que exploram a realidade educacional municipal, em particular as escolas do meio rural.

A metodologia de pesquisa abrangeu princípios da abordagem qualitativa para compreensão de fenômenos e práticas narrativas de ensino de Artes (Severino; Pimenta, 2008). Tal abordagem subsidia a visão subjetivista ou fenomenológica do mundo, de modo a se valorizar o entendimento da realidade que tem o indivíduo (André, 1995) – aqui, o professorado de Arte. A apresentação, descrição e análise dos dados assumem uma síntese narrativa tendo a interpretação como meio de discussão em diálogo com referenciais teóricos e com o desafio de se delinearem proposições de ensino mais coerentes com os referenciais culturais a que o alunado atribui sentidos.

Não por acaso, tal intencionalidade fundante do processo de pesquisa constitui o postulado básico da fenomenologia:[6] toda consciência é intencional; é consciência de alguma coisa; visa a algo fora de si. Nesse sentido, como método de pesquisa, a metodologia se valeu da fenomenologia, pois se enfatiza a experiência de vida dos docentes de Arte na condição de fonte privilegiada de informações. Com efeito, vinculando o sentido de intencionalidade ao método fenomenológico e ao sentido de intencionalidade do professor, Rojas, Baruki-Fonseca e Souza (2006, p. 4) enfatizam o que se segue.

> [...] a intencionalidade, enquanto consciência ativa, faz o indivíduo interagir no mundo, com autonomia de pensamento: é a consciência de um querer intenso, objetivo e seguro. O educador, ao incorporar para si a intencionalidade, redobra de sentido o seu fazer e retorna de maneira significativa a intensidade da realização nas ações pedagógicas.

Na pesquisa aqui relatada, o método fenomenológico ajudou a analisar e interpretar as experiências vividas na sala de aula, direcionando a investigação para se compreender o fenômeno que ocorre na prática pedagógica de ensino de Arte fundada em metodologia e planejamento, bem como nas memórias de professoras de Arte. Nesse caso, "a interpretação dos fenômenos que se apresentam numa sala de aula oferece a possibilidade de esclarecer alguns elementos culturais, como valores, que caracterizam o mundo vivido pelos sujeitos" (Triviños, 1987, p. 48). Convém atenção à descrição direta da experiência, mas isso de acordo com a apreciação do pesquisador, pois a realidade não é única, logo não serão únicas suas interpretações e comunicações. "O sujeito/ator é reconhecidamente importante no processo de construção do conhecimento" (Gil, 2010, p. 39).

Assim, fazer diagnóstico de problemas da educação e refletir sobre soluções é atividade científico-pedagógica e abstrata, mas pretendida como unilateral entre sujeito e objeto do conhecimento e pensada como movimento interno e subjetivo, ante dúvidas sobre o saber e sobre o saber

---

[6] A fenomenologia foi um movimento filosófico desdobrado no século XX e que, desde o início, teve ligações estreitas com a Psicologia, que serviu de meio para disponibilizar o método fenomenológico a outras disciplinas das Ciências Sociais.

relativo ao objeto do conhecer. Foi preciso ter em vista que a experiência deve ser dialética e crítica, ou seja, com a ciência de que a consciência questiona incessantemente o próprio saber para evitar ilusões derivadas da aparência das "verdades" educacionais e de sua "universalidade".

A metodologia de pesquisa pressupôs recorrer a um método complementar para lastrear mais a investigação: o uso da memória docente (Meihy, 1994, 2017; Alberti, 2004), da qual foram extraídas informações sobre relações com o ensino e os conteúdos de Arte em escolas do meio rural. A análise almejou entender a formação que se associa à dada cultura, a exemplo de um professor cuja infância ocorreu no meio rural e que, como profissional, foi lecionar em uma escola desse meio, ainda que more na cidade. As relações interculturais são aspectos afins analisados aqui.

O diálogo com os dados de pesquisa, com pesquisadores e com teóricos foi feito de modo a se convergir sempre para as questões e os objetivos de pesquisa. A trajetória de leituras e análises propiciou desenvolver uma forma de interação pessoal com o todo: meu percurso profissional de professor de Arte e de pesquisador, a história das práticas e reflexões sobre arte, rabiscos, linhas, curvas, formas e cores por meio de leituras e análises de escritores, enfim, partes da minha vida pessoal que me ajudam a compreender como cheguei a este estudo doutoral.

No contexto das relações entre teoria e prática no âmbito da reflexão e das práticas associadas à disciplina Arte em escola rural, a pesquisa feita pôde (re)significar relações interculturais em meio a alunos e professores e relativamente à construção da prática pedagógica escolar de Arte e ao desenho de uma prática ideal: a que aborda e reconhece a cultura local a fim de obter a sensibilização do olhar discente para suas culturas como espaços em transformação e transição. Também foi possível perceber que a cultura está presente na vida e no meio social e escolar; pensar que, no decorrer da prática profissional, os modelos educacionais tradicionais vinculam ensinamentos ultrapassados[7] às expectativas dos discentes; notar que não se possibilita uma aprendizagem significativa, que revele o que ocorre dentro e em torno das escolas. O que fica é uma defasagem de conteúdos que se relacionam com experiências a serem vivenciadas e apreendidas pelos estudantes; é uma lacuna que tende a dificultar mudanças nas práticas docentes cotidianas.

---

[7] Ensinamentos ultrapassados são aqueles teóricos e práticos do professor que se preocupa não com o aluno, mas com o conteúdo repassado.

Contudo, não foi pretensão aqui negar a articulação entre saberes que provêm de fontes diferentes nem postular a supremacia de dado saber. O que se quis foi entender como cada saber se apresenta e que resultados podem suscitar. Dentre outros pontos, é o que se tentou mostrar ao longo desta tese, estruturada em quatro capítulos, mais fechamento.

O *Capítulo 1* é uma lente ou um campo de visão que norteia e auxilia a leitura do todo. Teve a finalidade de verificar o que foi produzido sobre o tema em questão. Nessa perspectiva, retomaram-se a formação do professor de Arte, seus percursos e espaços.

No *Capítulo 2*, Estado do conhecimento, manifesta-se como uma lente ou um campo de visão que norteia e auxilia o pesquisador na pesquisa, com finalidade de verificar o que foi produzido sobre um determinado tema em questão.

O *Capítulo 3* versa sobre as contribuições que o referencial teórico forneceu à pesquisa: territorialidade e ruralidade nas relações da educação, cultura e arte; educação *no* campo e educação *do* campo; história do ensino da Arte no contexto educacional; as relações entre ensino de Arte e educação e entre educação e formação; o caráter do ensino de Arte na sociedade contemporânea.

O *Capítulo 4* expõe o campo teórico-metodológico da pesquisa, os instrumentos de análise e os tipos de pesquisas; a caracterização dos participantes; os lócus da pesquisa; e o delineamento do método. Tal sistematização foi demandada pela orientação geral do referencial teórico adotado: a teoria crítica.[8] À luz do que disseram professoras de Arte, o *Capítulo 5* apresenta as docentes participantes da pesquisa, as escolas municipais estudadas, as categorias de análise e a análise dos dados:

---

[8] Sobre a teoria crítica, convém a explicação de Horkheimer (1968, p. 163): "Em meu ensaio 'Teoria Tradicional e Teoria Crítica' apontei a diferença entre dois métodos gnosiológicos. Um foi fundamentado no *Discours de la Méthode* [Discurso sobre o Método], cujo jubileu de publicação se comemorou neste ano, e o outro, na crítica da economia política. A teoria em sentido tradicional, cartesiano, como a que se encontra em vigor em todas as ciências especializadas, organiza a experiência à base da formulação de questões que surgem em conexão com a reprodução da vida dentro da sociedade atual. Os sistemas das disciplinas contêm os conhecimentos de tal forma que, sob circunstâncias dadas, são aplicáveis ao maior número possível de ocasiões. A gênese social dos problemas, as situações reais nas quais a ciência é empregada e os fins perseguidos em sua aplicação, são por ela mesma consideradas exteriores. – A teoria crítica da sociedade, ao contrário, tem como objeto os homens como produtores de todas as suas formas históricas de vida. As situações efetivas, nas quais a ciência se baseia, não são para ela uma coisa dada, cujo único problema estaria na mera constatação e previsão segundo as leis da probabilidade. O que é dado não depende apenas da natureza, mas também do poder do homem sobre ele. Os objetos e a espécie de percepção, a formulação de questões e o sentido da resposta dão provas da atividade humana e do grau de seu poder".

constatações e associações a referências teóricas e práticas e a outras afins ao ensino de Arte.

As *Considerações Finais* retomam pontos estruturantes da pesquisa numa tentativa de síntese compreensiva da experiência e dos conhecimentos apreendidos e construídos; os quais se espera que possam tanto se agregarem ao corpus de estudos acadêmicos sobre o ensino de Arte no Brasil quanto contribuírem para espelhar o Estado do Conhecimento sobre o ensino escolar de Arte.

2

ESTADO DO CONHECIMENTO COMO MODALIDADE DE PESQUISA

A pesquisa é a imersão do pesquisador em inquietações e indagações, em hipóteses e objetivos, em fatos e no fluxo da documentação destes, também em formas variadas de publicação e disseminação de achados, resultados, constatações, conclusões, informações. Cabe ao pesquisador acompanhar os movimentos científicos de sua área de atuação e se manter atualizado de dados e conhecimentos que surgem a cada dia; o que se torna complexo ante as tecnologias digitais da comunicação e informação que permeiam a sociedade do século XXI. Diante disso, ao escolher seu tema de estudo, o pesquisador deve se especializar cada vez, e mais profundamente, sobre seu objeto de estudo, a ponto de saber palavras-chave que descrevem e situam seus interesses antes mesmo de estudar a teoria e pesquisar a realidade.

O levantamento bibliográfico guiado por certas palavras-conceito permite averiguar a evolução da pesquisa na área de interesse e, assim, conceber uma análise que possa de fato se acrescer, contributivamente, para o corpus da produção científica sobre o tema. A busca se processa à medida que tal contribuição dessa pode compor um *Estado do Conhecimento*, ou seja, até onde foi a pesquisa, quais foram os achados centrais, quais problemas foram compreendidos e quais perguntas restam, quais vertentes de abordagem foram exploradas, e assim por diante. A busca e a identificação sistemática de produções científicas afins à determinada área de estudo têm como finalidade verificar o que foi produzido sobre determinado tema — neste caso, o ensino de Arte na perspectiva das práticas narrativas como método nas práticas pedagógicas da formação docente.

Com efeito, o interesse em realizar o Estado do Conhecimento reside na necessidade de conhecermos mais de avanços na sistematização de saberes afins ao objeto da pesquisa. Também interessou à pesquisa a possibilidade de delinear subsídios teóricos passíveis de ajudarem não só a compreender mais do objeto de pesquisa como também a encontrarem fundamento para decisões metodológicas necessárias à construção desta tese – referencial teórico a ser adotado – e à construção do instrumento de coleta de dados.

A revisão da literatura sobre as principais teorias que norteiam o trabalho científico é parte importante de qualquer pesquisa científica. É fundamentação teórica no qual o pesquisador baseará sua pesquisa e o grau de conhecimento do assunto em pesquisa. O levantamento do Estado do Conhecimento deve ser um dos primeiros atos do pesquisador numa pesquisa. Romanowski e Ens (2006) afirmam que o Estado do Conhecimento objetiva à sistematização da produção em certa área da ciência cujo processo passa a ser fundamental à familiarização e ao conhecimento do que vem sendo produzido. Essa linha de pensamento é endossada por Morosini (2015, p. 102), para quem tal tipo de pesquisa:

> [...] é identificação, registro, categorização que levem à reflexão e síntese sobre a produção científica de uma determinada área, em um determinado espaço de tempo, congregando periódicos, teses, dissertações e livros sobre uma temática específica.

De extrema relevância o uso de certos descritores para se analisar o *Estado do Conhecimento* de estudos de pós-graduação lato sensu. Isso porque o conhecimento neles gerado nem sempre alcança a todos os que se interessam pela temática. De acordo com Soares (1989), trata-se de procedimento relevante porque permite conhecer a amplitude dos temas estudados em dado momento na academia.

Convém dizer que definimos a pesquisa subjacente a esta tese como *Estado do Conhecimento*, e não um *estado da arte*. Isso porque *Estado do Conhecimento* é o estudo descritivo de abordagem quantitativa e qualitativa da produção científica sobre um determinado objeto de investigação, que no nosso caso mapeamos dissertações de mestrado e teses de doutorado com critérios de escolhas e análises que contenham e se limitam ao método de pesquisa fenomenológico e/ou práticas narrativas de pesquisa pela similaridade ao trabalho de pesquisa em questão, em detrimento de outras produções acadêmicas (artigos, anais, relatórios...).

O Estado da Arte e o *Estado do Conhecimento* são denominações de levantamentos sistemáticos ou balanço sobre algum conhecimento, produzido durante um determinado período e área de abrangência, e têm em comum o objetivo de "olhar para trás", favorecer a sistematização, a organização e o acesso às produções científicas.

No Brasil, as terminologias *Estado da Arte* e *Estado do Conhecimento* têm sido utilizadas por alguns pesquisadores como sinônimos em diversas pesquisas, que na verdade não é consenso de todos pesquisadores, existindo diferença entre elas.

Para estabelecer a diferença entre as terminologias utilizadas nesse tipo de levantamento e análise, Soares e Maciel (2000) defendem que o *Estado do Conhecimento* é uma metodologia mais restrita, definindo-a como um estudo que aborda apenas um setor das publicações sobre uma determinada área selecionada, uma revisão crítica da literatura específica, com a identificação dos aspectos que têm sido valorizados e os referenciais teóricos que vêm subsidiando as pesquisas nos últimos anos. Enfatizando, de acordo com Romanowski e Ens (2006), estudos sobre o *Estado do Conhecimento*:

> [...] podem significar uma contribuição importante na constituição do campo teórico de uma área de conhecimento, pois procuram identificar os aportes significativos da construção da teoria e prática pedagógica, apontar as restrições sobre o campo em que se move a pesquisa, as suas lacunas de disseminação, identificar experiências inovadoras investigadas que apontem alternativas de solução para os problemas da prática e reconhecer as contribuições da pesquisa na constituição de propostas na área focalizada (Romanowski; Ens, 2006, p. 39).

As possibilidades de aprofundamento da análise é fundamental segundo autores para definir o campo investigativo em tempos atuais de grandes mudanças associadas aos avanços da ciência e tecnologia nos últimos anos.

Entretanto, para Ferreira (2002, p. 258), o *Estado da Arte* é um estudo de pesquisa mais detalhada e complexa que o *Estado do Conhecimento*, pois propõe:

> [...] o desafio de ir além do mapeamento das produções científicas em diferentes campos do conhecimento, épocas e territórios, essa metodologia de caráter inventariante

e descritiva busca conhecer em que condições as teses, dissertações, publicações em periódicos, comunicações em anais de congressos e seminários têm sido produzidas.

Diante dessas diferenças, porém, o levantamento bibliográfico realizado nessa pesquisa é *Estado do Conhecimento* no setor das publicações da Coordenação de Aperfeiçoamento de Pessoal de Nível Superior (Capes) sobre uma determinada grande área do conhecimento ciências humanas, área da educação, numa revisão crítica da literatura específica, identificando os referenciais teóricos/metodológicos e as poéticas de práticas narrativas que vêm subsidiando as pesquisas nos últimos anos, entre 2015 a maio de 2023.

À luz de tais concepções de *Estado do Conhecimento*, houve uma pesquisa on-line voltada a teses e dissertações acadêmicas contidas no banco de dados da (Capes) relativo ao período de janeiro de 1995 até maio de 2023.[9]

Com o objetivo de sintetizar a produção acadêmica, foi feito um recorte de oito anos para averiguar publicações mais recentes, mais atuais no contexto dos dados obtidos. Nesse período, houve mudanças desencadeadas pela Base Nacional Curricular Comum (BNCC), formalizada em 22 de dezembro de 2017, via resolução 2 do Conselho Nacional de Educação/Conselho Pleno, a qual institui e orienta a implantação de tal base curricular, a ser respeitada obrigatoriamente ao longo das etapas e respectivas modalidades da Educação Básica.

Diante disso, este estudo de *estado de conhecimento* teve estes objetivos: verificar produções acadêmicas sobre o tema ensino de arte em nível nacional; observar analiticamente referenciais métodos fenomenológico e/ou práticas narrativas de pesquisa pela similaridade ao trabalho aplicados nas pesquisas com esta temática; identificar possibilidades de integrar perspectivas diferentes de pesquisas científicas.

A construção do *estado de conhecimento* fornece um mapeamento de ideias em circulação com base na presença de certas palavras – os descritores – que dão segurança sobre as fontes de estudo e ajudam a compreender "silêncios" relativos aos descritores de estudo. A escolha do site da Capes para realizar a busca se justificou por ser da instituição oficial central de pesquisa universitária de trabalhos acadêmicos de pós-graduação *stricto*

---

[9] No banco de teses da Coordenação de Aperfeiçoamento de Pessoal de Nível Superior, a data das produções acadêmicas disponíveis remonta a 1987.

sensu – mestrado e doutorado acadêmico ou profissional; noutros termos, é mais confiável.

> [O] Portal de Periódicos oferece acesso a textos completos disponíveis em mais de 38 mil publicações periódicas, internacionais e nacionais, e a diversas bases de dados que reúnem desde referências e resumos de trabalhos acadêmicos e científicos até normas técnicas, patentes, teses e dissertações dentre outros tipos de materiais, cobrindo todas as áreas do conhecimento (Capes, p.1, 2017).

A busca consistiu em várias visitas à base on-line, com variações no uso de descritores para campos como "título", "assunto" ou em qualquer parte do texto publicado, com o intuito de ampliar, ao máximo, as possibilidades de se encontrarem resultados que abordassem os descritores selecionados. A seleção de descritores para pesquisa deve ser feita pelo pesquisador com base na sua formação acadêmica e no tema de investigação a ser realizada. Portanto, os dois fatos devem caminhar juntos para que a pesquisa seja bem-sucedida.

Para este Estado do Conhecimento, como descritores foram escolhidas as palavras e expressões a seguir: (a) *ensino de arte; (b) intercultural, (c) intercultural e escolar, (d) intercultural e ruralidade, (e) ensino AND arte, (f) intercultural AND escolar, (g) intercultural AND ruralidade, (h) ensino AND arte AND escolar, (i) ensino AND arte AND ruralidade, (j) ensino AND intercultural AND escolar AND ruralidade, e (k) ensino AND arte AND intercultural AND escolar AND ruralidade.*

A escolha de análise de pesquisa seguiu o critério por envolver produções acadêmicas sobre ensino de arte, do tipo de pesquisa de trabalhos com o mesmo método – fenomenologia e/ou mesmo tipo de pesquisa narrativa, para que proporcionasse novos olhares de pesquisa. Após a definição dos descritores, veio a etapa de busca, levantamento bibliográfico, com recorte da grande área de conhecimento Humanas e área de conhecimento Educação, com os descritores: ensino de arte e "*ensino de arte*" que, ao vocabulário de busca, foram acrescidas aspas (ver Quadro 1).

Quadro 1 – Pesquisas acadêmicas no Brasil sobre *ensino de arte* e *"ensino de arte"* produzidas de 1995 a 2023

Descritores utilizados	Dissertação	Tese
"ensino de arte"	152	65
ensino de arte	403.635	177.267

Fonte: dados da Capes (2023). Elaboração: Sérgio Naghettini

Com efeito, o Quadro 1 (também 3, 4 e 5) diz do número de produções selecionadas, que cai de acordo com "corte" realizado e os objetivos e o objeto da pesquisa subjacente a esta tese. Dito de outro modo, uma média 96% não foi utilizada como fonte de pesquisa por não ser da área de educação. Ainda assim, na perspectiva delineada até aqui, é importante expor e frisar a importância da pesquisa bibliográfica como procedimento metodológico; ou seja, que incide na escolha de procedimentos para classificar material e delinear percursos de análise. Assim, o desenvolvimento da pesquisa bibliográfica em bases de dados on-line (dissertações e teses) direciona as formas de se apresentarem e se analisarem os dados obtidos.

O uso de descritores entre aspas se justifica porque melhora o grau de exatidão e coerência dos resultados a serem emanados das buscas, isto é, justifica se o emprego das expressões *"ensino arte"* para filtrar os resultados derivados da busca com tais palavras, pois tendem a ser volumosos. Os dados resultantes ficam mais específicos, são afunilados; o contrário ocorre na ausência delas, quando o número dos resultados tende a ser elevado. Ao buscar dados com a forma *"ensino de arte"*, foram encontrados 104 títulos dissertações e teses, das quais 152 dissertações e 65 trabalhos consubstanciados em teses[10] no período 1995–2023. Por essa razão, a opção foi utilizar o termo "ensino de arte" como limitação do descritor na base da Capes.

---

[10] No Brasil, os cursos de pós-graduação são divididos em dois grupos: *lato sensu*, que são os cursos de extensão, especialização e aperfeiçoamento; e *stricto sensu*, que são os cursos de mestrado profissionalizante, mestrado e doutorado. O mestrado profissional se caracteriza por ser menos teórico que o acadêmico. No fim do curso, o aluno tem que apresentar uma dissertação, artigo etc. com viés de pesquisa profissionalizante para obter do título. Já o mestrado acadêmico tem por característica ser uma pós-graduação voltada ao ensino e à pesquisa. Ao fim do curso, o aluno deve apresentar uma dissertação para obter o título de mestre em certo campo de saber. O doutorado, voltado à formação de pesquisadores que se aprofundam em dado campo de saber, é para a obtenção do título de doutor; ao fim, o aluno deve defender uma tese.

Em tal banco de dados, o uso da forma *ensino de arte* como descritor para dissertações e teses resultaram em resultados com estes números: 580.902 total de títulos acadêmicos, com 403.635 dissertações e 177.267 teses; ou seja, são números muito elevado para o universo da pesquisa. A explicação para o grande número de publicações é que estão distribuídas em programas de pós-graduação diferentes: não só em educação, mas em outros cursos nas grandes áreas de conhecimentos diversos, entre 2015 em 2023.

Na busca por trabalhos de teses e dissertações acadêmicas na base da Capes com a expressão *ensino de arte*, foram encontrados trabalhos acadêmicos não só nessa área, mas ainda em áreas da educação, como: Educação Física, Matemática, Geometria, História, Sociologia e Direito; além de áreas de saúde, como Enfermagem, Psicologia e Medicina, que tenha pesquisas correlacionadas ao *ensino de arte*. Por outro lado, mesmo com o surgimento da plataforma Sucupira, em 2014, para receber trabalhos acadêmicos destinados a acesso via internet, há dissertações e teses não disponíveis a acesso e análise porque o pesquisador não autorizou sua publicação integral (só resumo), ou não realizou o depósito nos anos 2015-23.

Uma das causas relativas à produção baixa sobre educação e arte pode ser a emergência da área de conhecimento *ensino de arte* no Brasil só nas últimas décadas. Por exemplo, o primeiro curso específico de pós-graduação lato sensu (mestrado e doutorado) surgiu só em 1985.[11] Mas em que pese a existência de poucas pesquisas, é notório o aumento no número de cursos de pós-graduação no Brasil (ver Tabela 1), o que pode favorecer o aumento de linhas de pesquisas e projetos envolvendo a relação Arte–Educação.

---

[11] O primeiro curso de pós-graduação lato sensu surgiu no curso de Artes Visuais da Escola de Comunicações e Artes na Universidade de São Paulo. Esse programa é composto por duas áreas de concentração: Poéticas Visuais e Teoria, Ensino e Aprendizagem da Arte. Este último desenvolve estudos e pesquisas sobre teoria, história, crítica da arte e fundamentos da aprendizagem artística, visando à compreensão do fenômeno artístico em seus níveis de produção, percepção e veiculação. Destaca-se que essa área de concentração é subdividida em duas linhas de pesquisa: História, Crítica e Teoria da Arte e Fundamentos do Ensino e Aprendizagem da Arte.

Tabela 1 – Números de cursos avaliados e reconhecidos pelo Inep

Região	Total de programas de pós-graduação							Totais de cursos de pós-graduação				
	TOTAL	ME	DO	MP	DP	ME DO	MP DP	TOTAL	ME	DO	MP	DP
CE	397	147	7	64	1	176	2	573	322	182	66	3
NE	960	384	16	162	1	387	10	1356	770	403	172	11
N	283	127	7	54	0	89	6	378	216	96	60	6
SE	1979	370	36	374	1	1175	23	3171	1541	1210	396	24
SUL	974	278	11	145	0	526	14	1505	799	534	158	14
Total	4593	1306	77	799	3	2353	55	6983	3648	2425	852	58

ME: Mestrado Acadêmico
DO: Doutorado Acadêmico
MP: Mestrado Profissional
DP: Doutorado Profissional
ME/DO: Mestrado Acadêmico e Doutorado Acadêmico
MP/DP: Mestrado Profissional e Doutorado Profissional
Fonte: Inep (maio/2023)

Outro fato inegável é a noção de Arte como conhecimento. Embora o ensino de Arte ainda seja pouco valorizado em relação a outras áreas de conhecimento, essa visão está mudando: o ensino da Arte trilha seu próprio caminho e se impõe como disciplina *sine qua non*[12] no currículo.

Ana Mae Barbosa (2010, p. 98) afirma que "Ensino da Arte é compromisso com continuidade e/ou com currículo quer seja formal ou informal". Na atualidade, os profissionais do ensino de arte buscam apresentar manifestações culturais para os alunos por meio do conhecimento das artes, incluindo recepção crítica e produção. No dizer da autora,

> Através da arte, é possível desenvolver a percepção e a imaginação para aprender a realidade do meio ambiente, desenvolvendo capacidade crítica, permitindo analisar a realidade

---

[12] *Sine qua non* é uma locução adjetiva, do latim, que significa "sem a qual não". É uma expressão frequentemente usada no nosso vocabulário e faz referência a uma ação ou condição que é indispensável, que é imprescindível ou que é essencial. Disponível em: https://www.significados.com.br/sine-qua-non/

percebida e desenvolver a capacidade criadora de maneira a mudar a realidade que foi analisada (Barbosa, 2010, p. 100).

Nota-se que os trabalhos acadêmicos voltados ao *ensino de arte* em si são poucos; em geral, os enfoques incidem em áreas variadas de conhecimento científico-acadêmico, sejam Educação, Direito e Sociologia, sejam Odontologia, Psicologia e outros. Na base on-line da Capes, os resultados encontrados por meio do descritor "ensino de arte" apresentaram trabalhos que endossam outras buscas, ou seja, são afins à Educação, ao Direito e à Sociologia, assim como à Psicologia, mas houve outras áreas da saúde, como a Enfermagem e a Medicina.

A fim de verificar as pesquisas já publicadas no período delimitado, complementou-se o levantamento bibliográfico sem recortes das áreas de conhecimento, com o descritor *ensino AND arte, intercultural AND escolar, intercultural AND ruralidade, ensino AND arte AND escolar, ensino AND arte AND ruralidade, ensino AND intercultural AND escolar AND ruralidade e Ensino AND arte AND intercultural AND escolar AND ruralidade* (ver Quadro 3). Ao se usar a palavra *and* (inglês equivalente à conjunção *e* do português), o objetivo foi delinear temas mais pesquisados e compreender o tratamento dado à discussão sobre a relação Arte–Educação. O Quadro 2, a seguir, apresenta os dados de maneira sintética, sem recortes de áreas afins.

Quadro 2 – Número de estudos acadêmicos sobre ensino de arte base de dados da Capes, **sem recorte de áreas de conhecimento, sem recorte de anos,** com uso dos descritores

Descritores utilizados	Dissertação	Tese
Ensino AND arte	2882	831
Intercultural AND escolar	208	66
Intercultural AND ruralidade	0	0
Ensino AND arte AND escolar	551	118
Ensino AND arte AND ruralidade	0	1*
Ensino AND intercultural AND escolar AND ruralidade	0	0
Ensino AND arte AND intercultural AND escolar AND ruralidade	0	0

* apenas Mestrado profissional

Fonte: Capes – dados da pesquisa. Elaboração: Sergio Naghettini, 2023

Os resultados da busca permitiram selecionar com descritor *ensino AND arte*, 4.544 títulos acadêmicos sem recortes das áreas de conhecimento, entre dissertações e teses; 2882 dissertações e 831 teses. Referente ao resultado do descritor *intercultural* AND *escolar*, 274 títulos acadêmicos sem recortes das áreas de conhecimento, com 208 dissertações e 66 teses. Com o descritor *ensino AND arte AND escolar* totaliza 669 títulos acadêmicos sem recortes das áreas de conhecimento, com 551 dissertações e 118 teses.

Entretanto, ao buscar resultados com descritores: *intercultural AND ruralidade, Ensino AND arte AND ruralidade, ensino AND intercultural AND escolar AND ruralidade e Ensino AND arte AND intercultural AND escolar AND ruralidade* não apresentaram nenhum título acadêmico, tanto de dissertações e teses. Com exceção do descritor *ensino AND arte AND ruralidade* com apenas uma dissertação do mestrado profissional (Naghettini, 2018).

Nota-se, então, que a pesquisa em questão "Ensino de arte em escolas rurais: a poética intercultural de práticas educacionais em narrativas de professores" que envolve descritor *ensino AND arte AND ruralidade, ensino AND intercultural AND escolar AND ruralidade* e *Ensino AND arte AND intercultural AND escolar AND ruralidade* é inédita e original, ou seja, não existe nenhum trabalho de pesquisa acadêmica nessa área do conhecimento específico.

Ao verificar as pesquisas já publicadas no período delimitado, complementou-se o levantamento bibliográfico, sem recorte de áreas de conhecimento Humanas e área de conhecimento Educação, entre 2015-23, com o descritor *ensino AND arte, intercultural AND escolar, intercultural AND ruralidade, ensino AND arte AND escolar, ensino AND arte AND ruralidade, ensino AND intercultural AND escolar AND ruralidade* e *Ensino AND arte AND intercultural AND escolar AND ruralidade* (ver Quadro 3).

Quadro 3 – Número de estudos acadêmicos sobre ensino de arte base de dados da Capes, sem recorte de áreas de conhecimento, entre 2015-23, com uso dos descritores

Descritores utilizados	Dissertação	Tese
Ensino AND arte	1125	**355**
Intercultural AND escolar	132	41
Intercultural AND ruralidade	0	0
Ensino AND arte AND escolar	342	79
Ensino AND arte AND ruralidade	0	0
Ensino AND intercultural AND escolar AND ruralidade	0	0
Ensino AND arte AND intercultural AND escolar AND ruralidade	0	0

Fonte: Capes – dados da pesquisa. Elaboração: Sergio Naghettini, 2023

Os resultados da busca permitiram selecionar com descritor *ensino AND arte*, 1,480 títulos acadêmicos sem recortes das áreas de conhecimento, entre dissertações e teses; 1125 dissertações e 355 teses. Referente ao resultado do descritor *intercultural AND escolar*, 173 títulos acadêmicos sem recortes das áreas de conhecimento, com 132 dissertações e 41 teses. Com o descritor *ensino AND arte AND escolar,* totaliza 421 títulos acadêmicos sem recortes das áreas de conhecimento, com 342 dissertações e 79 teses. Comparando os Quadros 3 e 4, nota-se um crescimento dos títulos acadêmicos, tanto dissertações e teses entre os anos 2015 a 2023 e anos anteriores a esses anos.

A fim de verificar as pesquisas já publicadas no período delimitado, complementou-se o levantamento bibliográfico, com recorte de áreas de conhecimento humanas e área de conhecimento educação, entre um com o descritor *ensino AND arte, intercultural AND escolar, intercultural AND ruralidade, ensino AND arte AND escolar, ensino AND arte AND ruralidade, ensino AND intercultural AND escolar AND ruralidade e ensino AND arte AND intercultural AND escolar AND ruralidade* (ver Quadro 4).

Quadro 4 – Número de estudos acadêmicos sobre ensino de arte (2015–2023); base de dados da Capes, **com recorte de áreas de conhecimento humanas e área de conhecimento educação,** com uso dos descritores

Descritores utilizados	Dissertação	Tese
Ensino AND arte	268	124
Intercultural AND escolar (não tem 2023)	34	13
Intercultural AND ruralidade	0	0
Ensino AND arte AND escolar	49	18
Ensino AND arte AND ruralidade	0	0
Ensino AND intercultural AND escolar AND ruralidade	0	0
Ensino AND arte AND intercultural AND escolar AND ruralidade	0	0

Fonte: Capes – dados da pesquisa. Elaboração: Sergio Naghettini, 2023

Os resultados da busca permitiram selecionar com descritor *ensino AND arte* 392 títulos, entre dissertações e teses; 268 dissertações e 124 teses que estão situadas nas áreas de conhecimento humanas e área de conhecimento Educação, enquanto as outras estão áreas diversas. Ao verificarmos as dissertações e teses afins à palavra "intercultural", vemos que estão relacionadas mais com as outras áreas da Educação do que com ao ensino de Arte em si. Tomando como referência o uso de descritores *intercultural AND escolar* (não tem 2023), resultou num total em 47 títulos entre dissertações e teses, 34 dissertações e 13 teses. Constatamos com o descritor *ensino AND arte AND escolar* 67 títulos acadêmicos, 49 dissertações de mestrado e 18 teses.

Entretanto, com descritor: *intercultural AND ruralidade; ensino AND arte AND ruralidade; ensino AND intercultural AND escolar AND ruralidade,* e e*nsino AND arte AND intercultural AND escolar AND ruralidade,* nenhum resultado. Em geral, teses e dissertações levantadas e consideradas apontam que a procura bibliográfica on-line com a expressão *intercultural AND ruralidade* pode ser útil a pesquisadores da área da Educação, quando constatamos a existência de nenhuma pesquisa específica. Não por acaso, muitos pesquisadores acadêmicos usam o descritor *ruralidade* como sinônimo de zona rural e rural, quando são realidades conceituais diferentes. Convém entender o conceito de ruralidade com significado afim à delineação do rural, pois envolve o lugar do agrário, o ambiente, a população, a cultura e a educação, dentre outras dimensões.

Com essas observações sobre pesquisas levantadas e as impressões da leitura de trabalhos acadêmicos, fica claro que o descritor *ensino de arte* permeia várias áreas do conhecimento. Diferentemente do que se pode pensar de imediato quando lemos ou ouvimos tal termo, *ensino de arte* tem sentidos que excedem à área da Educação, isto é, chega à saúde e suas relações com a Psicologia, a exemplo de arteterapia ocupacional e desenvolvimentista, como o uso de cores sensitivas, entre outros pontos que escapolem ao escopo temático, conceitual e de pesquisa subjacente a este estudo.

Percebem-se, então, as várias abrangências do *ensino de Arte*; e como esta tese tem "o pé no chão da escola" – afinal, sou professor de Arte com uma metodologia –, foi intenção tentar apontar caminhos para se ver a cultura de discentes que moram no meio rural e defender que está entre os conteúdos a serem desenvolvidos em sala de aula de tais escolas, em vez de serem adotados e consumidos os "enlatados de cultura" presentes nos livros didáticos. Nestes, não falta certa publicidade passível de impor certa cultura urbana ao meio rural sem que os alunos possam ter expressão nos conhecimentos sistemáticos a serem construídos.

A escolha de títulos acadêmicos para análise do descritor *intercultural AND escolar* e *ensino AND arte AND escolar* adveio da necessidade de averiguar métodos fenomenológicos e/ou poéticas de práticas narrativas de pesquisa pela similaridade ao trabalho de pesquisa em questão, em estudos das áreas de Ciências Humanas e da Educação.

O estudo é de natureza qualitativa, e o *corpus* de análise foi composto por 12 produções acadêmicas, sendo nove dissertações de mestrado e três teses de doutorado da área de Educação. Para a análise das informações presentes nesses documentos, empregamos a técnica de Análise de Conteúdo Temática, isto é, que contenham e se limitem ao método de pesquisa fenomenológico e/ou poéticas de práticas narrativas de pesquisa pela similaridade ao trabalho de estudo da pesquisa. Dos resultados obtidos, podemos identificar as instituições públicas como principais fomentadoras dessas pesquisas e, também, como o campo de investigação mais escolhido para o estudo dos saberes docentes (ver Quadro 5). Exceções sejam feitas a títulos acadêmicos de dissertações de mestrados e a teses de doutorado não disponíveis publicamente[13] que não forem possíveis de análise de estudo.

---

[13] Com efeito, além de algumas teses e dissertações não estarem disponíveis para consulta, outras não tiveram a autorização de seus autores para serem publicadas on-line.

Quadro 5 – Dissertações e teses selecionadas para comporem um retrato da pesquisa acadêmica (Estado do Conhecimento) 2015–23

	Autor	Título	Título Acadêmico, área	Instituição	Local/ano.
1	HEIDEL, Ângela Rafaela Tonetto	Entrelaçamentos e significações interculturais: um diálogo entre a cultura das crianças e a cultura escolar.	Dissertação (Mestrado), Educação.	Universidade Regional do Noroeste do Estado do Rio Grande do Sul	Rio Grande do Sul, 2016.
2	WANPURA, André de Paula.	Escola Apyãwa: da vivência e convivência da educação indígena à educação escolar intercultural.	Dissertação (Mestrado), Educação.	Universidade Federal de Mato Grosso.	Cuiabá ´ (Mato Grosso), 2018.
3	SOUZA, Mary Jane Barreto de.	Deslocamentos de mulheres makuxi e wapichana: apropriação dos conhecimentos escolares e relações de gênero, analisa os significados dos deslocamentos.	Dissertação (Mestrado), Educação.	Universidade Estadual de Roraima.	Roraima, 2021.
4	CARVALHO, Ronaldo.	Crianças Indígenas em Escolas não Indígenas: um estudo a partir da percepção de docentes e pais de alunos indígenas em novo progresso -Pará.	Dissertação (Mestrado), Educação.	Universidade Católica Dom Bosco.	Pará, 2021.
5	SOUZA, Ilma Regina Castro Saramago de.	Práticas Pedagógicas e Diálogos Interculturais no Cotidiano da Educação Escolar Indígena dos Guarani e Kaiowá em Dourados/MS.	Tese (doutorado), Educação.	Universidade Federal da Grande Dourados.	Grande Dourado, 2019.

	Autor	Título	Título Acadêmico, área	Instituição	Local/ano.
6	ALMEIDA, Marlene de Brito Kling.	A Educação Intercultural e Bilíngue entre os Terena da Aldeia Argola na Região de Miranda em Mato Grosso do Sul.	Tese (doutorado), Educação.	Universidade Católica Dom Bosco.	Campo Grande, 2021.
7	SOARES, Célia Aparecida.	O Ensino de Arte na Escola Brasileira: fundamentos e tendências.	Dissertação (Mestrado), Educação.	Universidade de Uberaba.	Uberaba, 2016.
8	ALBUQUERQUE, Fernanda Maria Santos.	Infância, experiência estética e arte na escola: (des)encontros (im)possíveis nos anos iniciais do ensino fundamental no município de Sairé.	Dissertação (Mestrado), Educação	Universidade Federal de Pernambuco.	Pernambuco, 2019.
9	PESTANA, Guiomar Gomes Pimentel dos Santos.	Apesar de tudo: indústria cultural, ensino de arte e suas interseções no processo de (semi) formação docente para a educação infantil e anos iniciais.	Dissertação (Mestrado), Educação	Universidade Estadual de Londrina.	Londrina, 2019.
10	CAMPOS, Andressa Tatielle.	Artefatos digitais no livro didático do ensino de Arte: dicotomias entre quem faz e quem usa	Dissertação (Mestrado), Educação	Universidade Estadual de Londrina	Londrina, 2021.
11	SIQUEIRA, Isabella Ferreira.	Ensino da Arte e as Tecnologias da Informação e Comunicação Presentes na BNCC em um Contexto Escolar.	Dissertação (Mestrado), Educação	Universidade Estácio de Sá.	Rio de Janeiro, 2022.
12	VALENÇA, Kelly Bianca Cliffotd	Ensino de Arte Visual Contemporânea: desafios e implicações no contexto escolar.	Tese (doutorado), Educação.	Universidade Federal de Goiás.	Goiânia, 2015.

Fonte: dados da pesquisa. Elaboração: Sergio Naghettini, 2022

Após o Quadro 5, realizamos uma análise da revisão integrativa, dissertações de mestrados e teses com descritor *intercultural AND escolar*, consiste na construção de uma análise ampla do estudo, contribuindo para discussões sobre métodos e resultados de pesquisas, que contenham e se limitam ao método de pesquisa fenomenológico e/ou poéticas e práticas narrativas de pesquisa pela similaridade ao trabalho de pesquisa, assim como reflexões que possam contribuir para discussões e reflexões de relevância deste estudo.

A pesquisa da dissertação de mestrado que contribui para discussão deste estudo de Heidel (2016), "Entrelaçamentos e significações interculturais: um diálogo entre a cultura das crianças e a cultura escolar", debate questões pertinentes aos entrelaçamentos e significação interculturais a partir de diálogos entre as narrativas orais e práticas educativas entre a cultura das crianças e o currículo escolar, apresentando episódios de aprendizagem vivenciados com uma turma de crianças do terceiro ano do ensino fundamental. A pesquisa compreendeu as relações interculturais que se dão no espaço escolar, as culturas infantis e escolares entrelaçam-se cotidianamente em sala de aula, pois as crianças são sujeitos protagonistas na constituição da cultura escolar. A metodologia de pesquisa e de cunho etnográfica e a pesquisa em participação.

Segundo Heidel (2016), a mediação do adulto assume importante função no contexto escolar ao buscar a compreensão das interações entre as crianças e os conhecimentos e aprofundar questões relativas à interculturalidade no espaço escolar, por meio do cruzamento das culturas infantis com a cultura escolar. As experiências narrativas repletas de significados e sentidos para as crianças e pelos professores poderão propor um próprio acontecer do currículo, isto é, mudanças no currículo escolar. A ação das crianças, suas falas narrativas e movimentos ganham legitimidade junto com o conhecimento que, elaborado e significado, torna-se elemento fundante nas aprendizagens.

Essa compreensão possibilita pensar a criança como sujeito social, reconhecendo que suas constituições culturais advêm do social, cultural, escolar e diferentes outras vias. Portanto, a escola cumpre a regras formais das políticas públicas e reassume, a cada dia, sua responsabilidade enquanto instituição social e cultural responsável pela construção formal do conhecimento e pela formação integral do ser humano. Por isso, faz-se necessário repensar seu currículo, sua cultura escolar.

Outra dissertação de mestrado que contribui para discussões deste estudo é Wanpura (2018), "Escola Apyãwa: da vivência e convivência da educação indígena à educação escolar intercultural", que faz uma reflexão acerca da realidade dos povos indígenas focalizando a Escola Apyãwa como uma experiência que propôs uma ruptura com os modelos seculares de educação escolar indígena. A metodologia utilizada para o desenvolvimento da pesquisa é de natureza qualitativa focando, de modo especial, o significado que as pessoas dão às coisas, buscando captar a perspectiva dos participantes com entrevistas abertas, coletando as narrativas, além da pesquisa documental e fotográfica, com o objetivo de investigar o processo de implantação da instituição escolar entre os Apyãwa (Tapirapé). Os povos indígenas possuem processos educativos próprios que possibilitaram a manutenção de suas sociedades desde os tempos ancestrais. Fazem parte desses processos um conjunto de conhecimentos acumulados durante milênios e que são apropriados pelas novas gerações por meio das narrativas orais e das práticas do cotidiano.

Os resultados da pesquisa Wanpura (2018) evidenciaram aspectos da pedagogia indígena presentes na vida da Escola, o registro das tradições orais, como as narrativas míticas e os cantos rituais (escrita na língua materna), identificaram os desafios enfrentados na relação com o Estado para que se mantenha a especificidade sociocultural desejada para as escolas indígenas. Portanto, concluiu que por meio da análise das narrativas indígenas verifica uma educação escolar indígena cada vez mais identificada com os valores, conhecimentos e modo de vida de cada povo, conforme se vem tentando construir nos últimos 50 anos, tem se mostrado como uma eficiente ferramenta capaz de interferir em favor dos povos originários nessa correlação de forças.

Outra dissertação de mestrado de importância para discussões deste estudo é a de Souza (2021), "Deslocamentos de mulheres makuxi e wapichana: apropriação dos conhecimentos escolares e relações de gênero", que analisa os significados dos deslocamentos, o processo de construção e reconstrução das identidades étnicas e de gênero, no sentido de discutir o papel da escola nesse processo de construção e reconstruções da identidade étnica e de gênero, ou seja, como as relações de gênero se reposicionam nesse ambiente, o que mudou na vida dessas mulheres indígenas. A fonte da pesquisa advém principalmente da História Oral, a partir de narrativas de sete mulheres indígenas discentes da educação de jovens e adultos (EJA), feita por meio de um roteiro de entrevista semiestruturada em forma de trajetórias. A pesquisa verificou que por meio das narrativas das mulheres anunciam necessidade de ações educativas na comunidade, inclusive no currículo escolar. De um lado, as conquistas e as realizações das mulheres estudantes, do outro, clamores por relações com igualdade de gênero, questão recorrente nas falas das mulheres. Também nessas narrativas das mulheres indígenas discentes, elas afirmam a dificuldade em aprender os conteúdos na escola por não saberem falar a língua portuguesa, e, ao mesmo tempo, estar na escola para aprender a falar o português significou um alicerce para a conquista da liberdade, autonomia e principalmente do seu espaço na comunidade.

Souza (2021) declara que as narrativas das mulheres resultaram na necessidade de ações educativas na comunidade, inclusive no currículo escolar, é a importância de provocar reflexões e a devida atenção sobre a desigualdade de gênero na educação escolar indígena, de maneira que possibilite contribuir com o avanço das investigações acerca da temática em outras pesquisas cientificas.

A dissertação de mestrado de Carvalho (2021), "Crianças Indígenas em Escolas não Indígenas: um estudo a partir da percepção de docentes e pais de alunos indígenas em novo progresso – Pará", identifica as dificuldades e as tensões pedagógicas que os professores das escolas urbanas do município de Novo Progresso/PA enfrentam com a presença dos estudantes indígenas matriculados no ensino fundamental/anos iniciais, em 2019 e 2020. A metodologia utilizada e de cunho qualitativo, em que produziram dados por meio de entrevistas, com um roteiro semiestruturado, com narrativas de pais de alunos indígenas e docentes da educação infantil e das séries iniciais, de quatro escolas públicas nesse município e por meio de análise documental do Projeto Político Pedagógico (PPP) dessas escolas.

Carvalho (2021) declara que a construção conceitual de *interculturalidade* tem fundamentado importantes ações referentes a políticas públicas, possibilitando novas visões no desenvolvimento de currículos e na formação docente. Mediante a pesquisa no presente *lócus* investigado por meio de seus sujeitos, sendo identidades multiculturais que buscam dialogar, que possuem objetivos e enfrentam suas dificuldades, podendo se chocar em seus interesses, e construir hibridizações, esta averiguação se torna válida do ponto de vista da educação intercultural. É por meio das narrativas das professoras que é possível captar o conhecimento da realidade na qual desenvolve seu trabalho, bem como os conflitos da docência nesse contexto amazônico.

A partir das narrativas coletadas, Carvalho (2021) apreendeu que é de relevância para os leitores compreenderem as relações entre os sujeitos e o ambiente dessa pesquisa, o desenvolvimento histórico que os cerca e como eles interagem. Sendo assim, mostra que a multiculturalidade representada na realidade do município, por vezes desemboca na realidade escolar, também pelo grande número de imigrantes; assim, os indígenas que estudam em contexto urbano têm suas vidas perpassadas pela diferença e o choque de interesses (culturais e financeiros) pode acontecer. É demonstrado na pesquisa ainda que os docentes apresentam interesse em propiciar uma educação de qualidade para esses alunos, mas tendem a produzir pedagogias embasadas em um currículo homogêneo que os pressiona a produzir resultados uniformes.

A tese de doutorado que contribui para este trabalho de pesquisa, de Souza (2019), "Práticas Pedagógicas e Diálogos Interculturais no Cotidiano da Educação Escolar Indígena dos Guarani e Kaiowá em Dourados/MS", demonstra o discurso de professores indígenas Guarani e Kaiowá referentes às suas práticas pedagógicas, a partir da educação diferenciada e intercultural, bem como analisa de que forma são articulados os diferentes conhecimentos tradicionais que circulam no cotidiano da escola. A pesquisa é de cunho teórico-metodológico pós-críticos, como os Estudos Culturais, a etnografia educacional, bem como a análise do discurso na perspectiva foucaultiana. Os procedimentos da etnografia pós-moderna utilizados são: narrativas, entrevistas com os professores, análise de documentos, textos, livros, projetos.

Souza (2019), nas análises descritas das narrativas dos professores, verifica que os professores indígenas se sentem orgulhosos de sua profissão, e apontam algumas dificuldades para a ação pedagógica, entre elas a falta de contextualização específica quanto aos livros didáticos, pois nenhum deles trazem referências sobre a sua língua ou a sua cultura, a escassez de material didático para a preparação das aulas e a indiferença governamental para com a escola indígena. Para além das dificuldades encontradas, os professores têm buscado ressignificar as práticas pedagógicas, articulando-as com os conhecimentos culturais do seu povo, a partir de uma perspectiva intercultural.

Diante da pesquisa, Souza (2019) elege alguns recortes importantes das narrativas que considera mais significativos para atender ao objeto do estudo. Entretanto, as narrativas indicam que as formações continuadas oferecidas para os docentes precisam ser repensadas, a fim de que atendam às necessidades, nas contribuições para os planejamentos das aulas e nas demandas pela falta de materiais didáticos adequados à língua materna, que atravessam a educação escolar indígena.

A tese de doutorado de Almeida (2021), "A Educação Intercultural e Bilíngue entre os Terena da Aldeia Argola na Região de Miranda em Mato Grosso do Sul", debate o processo de construção do modelo de educação intercultural e bilingue entre os Terena da Terra Indígena. A tese discute o processo histórico de desenvolvimento da educação intercultural e bilíngue indígena Terena, que ocorreu desde a colonização do Chaco e a educação intercultural e bilíngue dos Terena praticada dentro da aldeia Argola, em Miranda/MS. A metodologia aplicada é pesquisa bibliográfica; observação; roda de conversa, descrição dos dados aproximando as percepções e os olhares sobre o uso da língua Terena e do Português nos espaços da aldeia Argola.

Almeida (2021), por meio da pesquisa, observou que ao longo da história, a educação intercultural e bilingue dos Terena foi marcada pelos modelos de educação adotados pelas agências educacionais, o que teve início no modelo de educação jesuítica até a missão evangélica, bem como a luta e resistência desses indígenas em manter sua cultura e língua materna. O uso da língua está presente em Terena, e envolve a medicina natural, a culinária, as artes, as narrativas e o conhecimento tradicional, pois a língua carrega a identidade do povo.

A pesquisa concluiu que a língua indígena constitui o sujeito, cujas identidades são construídas pelo ato linguístico, como as narrativas e a luta e a resistência desses indígenas em manter sua cultura e língua materna. Daí a importância da presença dos mestres tradicionais em sala de aula, para reafirmar por meio da língua as narrativas históricas da identidade de seu povo. Para que nem a língua, nem as epistemologias se percam dentro dessa "metanarrativa" colonial de alteridade. Contudo, eles ainda lutam por uma política educacional diferenciada, junto aos órgãos educacionais municipais, estaduais e federais na esperança de conquistarem o direito a um currículo específico e diferenciado para escolas nas aldeias Terena.

Outra análise da revisão integrativa dissertações de mestrados e teses com descritor *ensino AND arte AND escolar* que possam contribuir para estudo nas discussões sobre métodos e resultados de pesquisas, que contenham e se limitam ao método de pesquisa fenomenológico e/ou práticas narrativas de pesquisa pela similaridade ao trabalho de pesquisa é a dissertação de mestrado de Soares (2016), "O Ensino de Arte na Escola Brasileira: fundamentos e tendências", descreve e analisa os fundamentos e as tendências conceituais desse ensino no Brasil e propostas do ensino de Arte na contemporaneidade, tendo como marco temporal para o estudo das tendências abrange os períodos Pré-Modernista, Modernista e Pós--Modernista. Como método de pesquisa, optou-se por uma aproximação ao método fenomenológico, por meio de uma investigação teórica e descritiva, e em uma abordagem qualitativa.

A partir dos dados alcançados nas obras selecionadas por Soares (2016), e com aporte no referencial teórico da pesquisa, realizou uma síntese do conhecimento desvelado e do resultado derivaram diferentes concepções de Arte e do ensino de Arte no Brasil, e que as políticas públicas pertinentes expressam uma grande influência do movimento dos arte-educadores e culminam na atualidade pelo entendimento da Arte como conhecimento e de seu ensino obrigatório, embora cercado de críticas, sobretudo à proposta, em discussão, de uma base curricular comum.

A dissertação do mestrado de Albuquerque (2019) analisa as experiências estéticas e a arte nos anos iniciais do ensino fundamental como componente curricular de Arte, com as narrativas de um grupo de 41 crianças e seis professoras de Sairé, município do Brejo Pernambucano, da Mesorregião do Agreste do estado de Pernambuco. Albuquerque (2019) utiliza cartografia como inspiração metodológica, portanto não busca caminhar a partir de uma meta, mas traçar metas à medida que se caminha junto às crianças.

Com as análises feitas por meio de narrativas das crianças sobre os projetos didáticos desenvolvidos nas escolas, percebe-se uma variação de experiências e vivências dos professores e todas as escolas. Tal transformação valida o processo de pesquisa de Albuquerque (2019), pois evidencia o acesso à experiência, à consistência cartográfica e à produção de efeitos.

Os resultados da pesquisa advindos da experiência estética envolvem sobretudo a Arte e seu ensino na escola e Arte parece saltar nos anos iniciais do ensino fundamental, mesmo com todo desfavor institucionalizaçãolizado. A Arte insiste e resiste a seus desafios: à (quase) ausência de aulas, à desvalorização enquanto componente curricular, à concorrência e à distância instaurada entre os seus sentires e a formação profissional. Com (re)criações provocadas, sobretudo pelas crianças e pelos professores, a Arte invade e evade as salas de aula, a própria escola. Os (im)possíveis da Arte na escola encontram com a experiência estética e, do mesmo modo, com a infância.

A dissertação de mestrado de Pestana (2019), "Apesar de tudo: indústria cultural, ensino de arte e suas interseções no processo de (semi) formação docente para a educação infantil e anos iniciais", analisa e reflete a respeito das imagens geradas pela indústria cultural e da degradação da formação cultural instauradas na sociedade e no ambiente escolar, reconhecendo a necessidade do ensino de Arte voltado para a reflexão crítica tanto na formação do professor da educação infantil e nos anos iniciais do ensino fundamental quanto na prática docente emancipatória do ensino. A metodologia da pesquisa teve fundamentação teórica conduzida pela Teoria Crítica, com uma pesquisa de campo qualitativa realizada com graduandos de Pedagogia e professores da educação infantil e anos iniciais do ensino fundamental do município de Londrina e arredores.

A pesquisa de investigação tem fundamentação teórica baseada em experiências de vida e formação dos professores, na qual a produção de dados da pesquisa ocorreu por meio da narrativa de autorreflexão crítica sobre as experiências artísticas, estéticas e de formação em Arte dos professores e com um questionário com perguntas abertas respondidas.

Diante disso, o resultado da pesquisa constatou a fragilidade na formação de professores da educação infantil e anos iniciais, mas também verifica que essa vulnerabilidade tem percurso histórico, e o ensino de Arte que tenha o propósito de restaurar a sensibilidade comprometida com a educação dos sentidos sem perder de vista seu potencial crítico e reflexivo, que proporcione experiências estéticas além de promover resistência, tanto na educação de crianças quanto na formação cultural de professores de Arte.

Outra dissertação de mestrado de interesse é a de Campos (2021), "Artefatos digitais no livro didático do ensino de Arte: dicotomias entre quem faz e quem usa", numa análise das concepções de artefatos digitais presentes nos Livros Didáticos no ensino de arte e como os professores fazem uso dos materiais propostos. A triangulação metodológica utilizada é pesquisa bibliográfica, documental e realização de entrevistas semiestruturadas. Os dados levantados resultaram no uso de perspectivas epistemológicas e teóricas com a utilização de estratégias que não são supressivas entre si, e de caráter qualitativo, tipo de pesquisa que tem suas bases nos princípios da fenomenologia, levando em consideração as experiências dos indivíduos pesquisados para a construção da análise.

Campos (2021), em suas análises, encontra dificuldades no âmbito da infraestrutura das escolas necessária para o uso dos artefatos digitais, tanto nas unidades escolares quanto no cotidiano dos alunos. As editoras dos livros didáticos não podem e nem devem ignorar a presença dos artefatos digitais no cotidiano. Outros fatos, diante das narrativas dos professores, utilizam de diferentes maneiras o livro, adaptando os conteúdos e as atividades propostas à realidade escolar ou à sua forma de abordagem, bem como realizam atividades com uso dos artefatos digitais, quando tem, para além das proposições do livro didático, associadas ao seu percurso formativo.

Diante dos resultados abordados da pesquisa, Campos (2021) propõe que por meio da Arte é possível uma reflexão crítica acerca das imagens midiáticas frente aos fenômenos contemporâneos, estabelecendo um diálogo entre produções consideradas eruditas e os saberes populares por instrumentos de uma leitura crítica, motivada pela associação entre a cultura midiática e o cotidiano do aluno.

A dissertação de mestrado de Siqueira (2022), "Ensino da Arte e as Tecnologias da Informação e Comunicação Presentes na BNCC em um Contexto Escolar", identifica as indicações de uso para as TIC por meio da análise da BNCC/Arte e os modos de atuação dos professores com as TIC nas suas práticas docentes como professor de Arte da Rede Municipal Pública Educação Niterói, Rio de Janeiro. A metodologia adotada foi qualitativa e os dados foram produzidos via aplicação de um questionário elaborado na ferramenta *Google Forms* e respondido pelos professores de Arte da Rede Municipal Pública de Educação de Niterói.

Nos resultados da pesquisa de Siqueira (2022), advindos das análises dos dados, ficou visível que a maior parte dos professores de Arte revela adesão ao uso das TIC, no entanto há professores que não utilizam ou utilizam com impasse. Nas narrativas, os professores confirmam que o uso das tecnologias digitais na educação antes da pandemia apresentava cenários abertos e com necessidade de ações por parte dos atores educacionais, de modo que estes fossem se envolvendo efetivamente no processo de introdução das tecnologias nas escolas, porém não adianta oferecer as ferramentas tecnológicas, é fundamental capacitar esses atores. Entretanto, os professores almejam a intenção de interagir com as TIC, no intuito de ocasionar avanço para a Educação.

Na tese de doutorado de Valença (2015), "Ensino de Arte Visual Contemporânea: desafios e implicações no contexto escolar", é analisada a relação do ensino de artes visuais com a produção contemporânea de Arte. A tese tem o estado da arte como método de investigação qualitativa e fenomenológica envolvendo uma pesquisa bibliográfica, em que o ensino da arte visual contemporânea compõe o universo de trabalho frente ao número escasso de teses e dissertações empenhadas no estudo da arte visual contemporânea no contexto escolar do Brasil.

A relação do ensino de artes visuais com a produção contemporânea de Arte pouco utilizada nas salas de aulas pelos professores implica diversos problemas na educação. Segundo Valença (2015), uma vez que a condição humana e o fenômeno da percepção estão em foco nessa pesquisa, os resultados foram analisados em diálogo com a perspectiva de autores filósofos e fenomenólogos. Declara, ainda, que o conceito base que sustenta a fenomenologia implica um método de redução fenomenológica pelo qual a essência das coisas é atingida e compreendida, isto é, a suspensão provisória do conhecimento objetivando compreender os fenômenos da maneira como eles se revelam, e não do modo como possíveis discursos já consolidados o apresentam.

Ao perceber os fenômenos nas salas de aulas, Valença (2015) propõe que cabe ao professor de Artes Visuais o exercício constante de suspender o seu lado docente e vestir o aluno para perceber a Arte do presente e, só então, voltar professor. Este trânsito é o que posiciona professores, alunos e artes visuais como partes de um todo integrado, num processo de deslocamento constante.

Após a leitura e as descrições das dissertações e teses selecionadas, foi feita a apreciação a partir dos descritores: *intercultural AND escolar* e *ensino AND arte AND escolar*. Essas dissertações e teses subsidiam a análise neste estudo ao apontarem falhas no processo de pesquisa, como a desatenção aos títulos. Algumas têm títulos não condizentes com os objetivos que os autores propuseram; a mesma afirmação vale para as palavras-chave. No fim, o pesquisador se depara com certo risco ao sucesso de suas tentativas de encontrar referenciais teóricos e metodológicos, pois às vezes estes não batem quando se considera a proposição de pesquisa e seu desenvolvimento. Sobre as palavras-chave de dada produção acadêmica, Miguéis *et al.* (2013, p. 115) afirmam o que se segue.

> O uso das palavras-chave potência o acesso ao conteúdo dos documentos além da informação que é representada pelo título e resumo; traduz o pensamento dos autores, e mantém o contacto com a realidade da prática quotidiana, acompanhando a evolução científica e tecnológica, que é refletida pelos documentos.

Também Garcia, Gattaz e Gattaz (2019, p. 6) se referem à importância das palavras-chave: "[...] visam facilitar a recuperação eficiente do conteúdo de um texto para os leitores"; mais que isso, visto "[...] serem ferramentas fundamentais para a indexação nas bases de dados, elas atuam como porta de acesso ao texto". Eis por que propus uma busca por palavras-chave nas 12 teses selecionadas. O Quadro 6, a seguir, apresenta números resultantes desse trabalho de procura.

Quadro 6 – Títulos e palavras-chave (de resumo) de 20 teses sobre ensino de Arte selecionadas para estudo

	Tese	Palavras-chave
1	Entrelaçamentos e significações interculturais: um diálogo entre a cultura das crianças e a cultura escolar.	Anos Iniciais. Culturas, Cultura Escolar. Diálogos Interculturais. Infâncias.
2	Escola Apyãwa: da vivência e convivência da educação indígena à educação escolar intercultural.	Educação Indígena. Escola Apyãwa. Povo Tapirapé. Educação Intercultural. Mato Grosso.
3	Deslocamentos de mulheres makuxi e wapichana: apropriação dos conhecimentos escolares e relações de gênero, analisa os significados dos deslocamentos.	Educação escolar indígena. Cultura. Deslocamentos. Interculturalidade. Gênero.
4	Crianças Indígenas em Escolas não Indígenas: um estudo a partir da percepção de docentes e pais de alunos indígenas em novo progresso -Pará.	Cultura. Educação intercultural. Pedagogia intercultural.

	Tese	Palavras-chave
5	Práticas Pedagógicas e Diálogos Interculturais no Cotidiano da Educação Escolar Indígena dos Guarani e Kaiowá em Dourados/MS.	Professores Indígenas. Práticas Pedagógicas. Educação Intercultural; Indígenas Guarani e Kaiowá. Educação Inclusiva.
6	A Educação Intercultural e Bilíngue entre os Terena da Aldeia Argola na Região de Miranda em Mato Grosso do Sul.	Educação Intercultural. Bilíngue. Cultura. Lutas e resistências.
7	O Ensino de Arte na Escola Brasileira: fundamentos e tendências.	Arte. Ensino de Arte. Educação escolar. Fundamentos e tendências. Interdisciplinaridade.
8	Infância, experiência estética e arte na escola: (des)encontros (im)possíveis nos anos iniciais do ensino fundamental no município de Sairé.	Infância. Experiência estética. Arte. Anos iniciais do Ensino Fundamental.
9	Apesar de tudo: indústria cultural, ensino de arte e suas interseções no processo de (semi) formação docente para a educação infantil e anos iniciais.	Indústria cultural. Ensino de arte. Formação do professor. Teoria estética. Emancipação.
10	Artefatos digitais no livro didático do ensino de Arte: dicotomias entre quem faz e quem usa	Livro didático. PNLD. Artefatos digitais. Ensino de Arte.
11	Ensino da Arte e as Tecnologias da Informação e Comunicação Presentes na BNCC em um Contexto Escolar.	TIC. BNCC/Arte. Professor do Ensino Fundamental.
12	Ensino de Arte Visual Contemporânea: desafios e implicações no contexto escolar.	Arte visual contemporânea. Fenomenologia. Educação.

Fonte: dados da pesquisa. Elaboração: Sergio Naghettini, 2022

Dada a importância das palavras-chave, podemos observar que, de 12 títulos acadêmicos, algumas merecem destaque por terem sido mais citadas, como mostra o Gráfico 1, a seguir.

Gráfico 1 – Palavras-chave mais citadas em teses sobre ensino de Arte selecionadas para análise

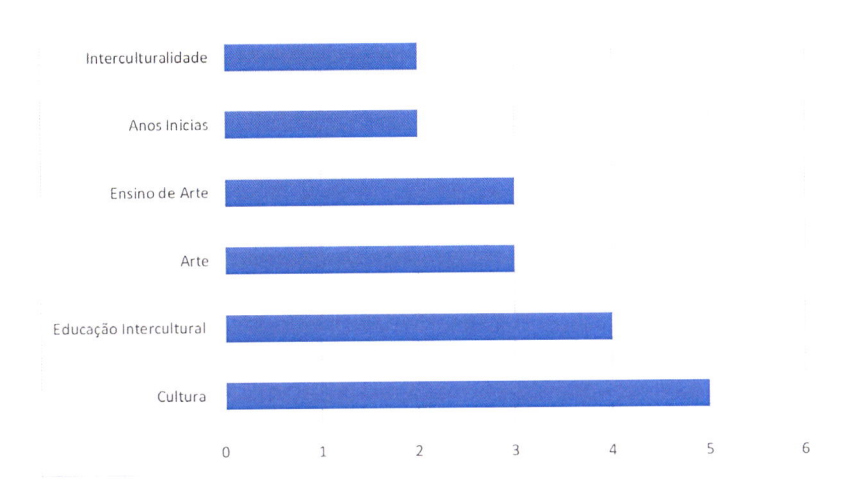

Palavra-chave	Citações
Interculturalidade	2
Anos Inicias	2
Ensino de Arte	3
Arte	3
Educação Intercultural	4
Cultura	5

Fonte: dados da pesquisa. Elaboração: Sergio Naghettini, 2023

Os dados do Gráfico 1 permitem inferir que o conjunto de produções selecionadas toma como palavras-chave "cultura" (objeto de pesquisa da maioria dos estudos), "educação intercultural", "arte", "ensino de arte", "anos iniciais" e "interculturalidade". Essas foram as mais citadas, ou seja, seriam as palavras facilitadoras da "[...] recuperação eficiente do conteúdo de um texto para os leitores" (Garcia; Gattaz; Gattaz, 2019, p. 6). Percebem-se, então, variações em que cultura abrange vários campos de atuação/performance. Para os pesquisadores, então, seus estudos discutem a cultura com vistas à compreensão da educação, do ensino de Arte, das práticas pedagógicas, da História da Arte e do currículo.

Se assim o for, práticas pedagógicas com trajetórias estudantis e relações interculturais têm de contribuir para uma reflexão dentro do contexto escolar rural. Afinal, "[...] a vida cotidiana dos homens continua a ser produzida a partir de dados culturais, como lugar de produção e de reprodução dos ritmos socioculturais" (Tedesco, 2004, p. 44). É importante o momento do olhar, do escutar e do vivenciar para a reflexão sobre o cotidiano escolar e a sala aula no que se refere a apontar caminhos possíveis. Nesse contexto, a cultura dentro do ambiente escolar se transforma a cada momento.

O processo em que o professor de Arte investiga a si – sua própria prática de ensino – na perspectiva etnográfica envolve uma relação dinâmica de autorreflexão no processo de apreender sua cultura, seus significados na concepção e no desenvolvimento de práticas de ensino de Arte. Cabe esclarecer que o método fenomenológico aqui se presta a compreender e interpretar *minha* experiência vivida na sala de aula e direcionando a investigação à prática e à metodologia de ensino de Arte de acordo com o plano de aula.

À luz da análise de conteúdo de Bardin (2011), foi possível desenvolver a pré-análise, a exploração do material e o tratamento dos resultados em torno de autores mais citados nas teses, tendo em vista as análises dos resultados. Destaca-se o levantamento bibliográfico das dissertações de mestrado e teses de doutorado analisadas, que permitiu delinear, de modo mais evidente, a contribuição deste estudo ao tema da cultura no ensino de Arte em escola rural e tendo em vista a poética intercultural das práticas educacionais em narrativas de professores e o método fenomenológico. Ou seja, o ensino de Arte mediante um referencial teórico pouco utilizado no campo da Arte e da Educação e que visa relacionar a parte com o todo pelo prisma dos determinantes histórico-sociais.

A fim de se verificarem as referências teóricas mais recorrentes nas 20 teses sobre ensino de Arte selecionadas para estudo, cada uma foi lida com a intenção de se reconhecerem referenciais teórico-conceituais (as referências bibliográficas). Assim, constatou-se que são recorrentes os seguintes nomes: Ana Mae Barbosa, David Thistlewood, Edmund Feldman, Elliot Eisner, Ernest Gombrich, Georges Luquet, Herbert Read, John Dewey, Maria Heloisa Ferraz, Maria Felisminda de Rezende Fusari, Ralph Smith, Robert William Ott, Rudolf Arnheim, Viktor Lowenfeld, Vincent Lanier e Theodor W. Adorno. Em sua maioria, seguem e divulgam métodos de ensino e aprendizagem que orientaram o ensino de Arte nos Estados Unidos e na Inglaterra desde os anos 1980. Também a maioria se contrapõe ao pensamento que concebe a Arte unicamente como expressão individual e relação emocional; ou seja, defendem que a Arte advém de outras concepções do conhecimento.

Os estudos daqueles autores (e de outros) consideram, prioritariamente, a originalidade dos processos cognitivos envolvidos na criatividade do discente; entendem que criatividade e originalidade cognitiva não são premissas do fazer artístico, e sim resultados de hábitos culturais da experiência, ou seja, objeto de ensino e aprendizagem. Assim, se a arte faz parte da vida de todos, para os teóricos a Arte não se caracteriza apenas como meio de expressão individual; é também veículo de cultura (coletiva). Isso significa que a Arte se torna elemento de ensino e aprendizagem muito mais que meio de expressão individual espontânea. Talvez por isso os autores apontem a necessidade de o ensino e a aprendizagem da História da Arte e de elementos simbólicos e pictóricos do universo artístico serem condição para que crianças, adolescentes e adultos possam decodificar signos e elementos constituintes das imagens das obras de Arte conforme seu tempo histórico e seus meios de produção.

Por meio de estudos e análises, Barbosa (1978; 1999; 2002) – autora brasileira mais citada em todos os trabalhos acadêmicos – e Ferraz e Fusari (2001) buscam compreender o fenômeno do ensino de Arte no Brasil analisando elementos históricos e influências pedagógico-teóricas.

Com efeito, Barbosa (1999) procura propor procedimentos pedagógicos que visem à eficiência maior do ensino de Arte para o contexto da educação brasileira. Não por acaso, criou e difunde a metodologia Abordagem Triangular, que inter-relaciona a produção artística com a releitura das obras, a leitura da imagem (interpretação) e a contextualização histórica (quando a obra foi produzida). Esse método foi difundido no Brasil em projetos propostos pela autora, como os do Museu de Arte Contemporânea de São Paulo e o projeto Arte na Escola da Fundação Iochpe.

A seu turno, Ferraz e Fusari (2001) partem da interpretação das obras de arte via observação da técnica utilizada pelo artista, de figuras presentes e de cores mais utilizadas. São obras realizadas pelos alunos, num processo em que os professores ajudam fazendo contextualização histórica (a vida do artista, quando a obra foi produzida etc.). Seria "um exercício de construção perceptiva na qual os elementos selecionados e o percurso visual podem ser educados" (Ferraz; Fusari, 2001, p. 78).

O exercício de observar e pensar criticamente a obra de arte pode ser desenvolvido na escola, na possibilidade de complementar o museu. Quem trabalha com a reprodução da imagem na sala de aula poderá reconhecer o original no museu, o que cria condições para a produção de novos significados para o original e a reprodução. Com efeito, esse momento tem vários desdobramentos, e dentre eles está uma discussão central: diferenças entre original e reprodução.

Contudo, na condição de prática difundida no Brasil, convém que tal método não seja visto como receita para docentes, porém em prática; se assim o for, então pode haver problemas, como o professor pedir ao aluno que observe as obras pelo ponto de vista técnico – o que tende a ocorrer. Nos objetos artísticos, deve-se ressaltar, também, as cores e texturas, o volume e outros aspectos. A técnica importa, sim, para a execução da obra; mas é meio, e não fim.

Por último, e ainda tendo em vista os autores citados, há uma defesa do ensino de Arte com base nas seguintes etapas: descrição, análise, interpretação e julgamento das imagens de obra de arte. Advogam eles um ensino de História da Arte voltado à interpretação da obra via *releitura*[14] como prática de sala de aula.

Outro estudioso e analista dos fenômenos do ensino de Arte foi o alemão Adorno (1995). Ele propôs a seleção prévia das imagens das obras dos artistas pelos docentes e que apresentassem a história de quem as criou. Caberia, então, ao professor decidir o repertório que merecesse apreciação discente. Essa pré-seleção se faz central em vista da enxurrada de imagens em circulação nos meios de comunicação de massa, grandes e pequenos, analógicos e digitais.

Cabe frisar que os autores nomeados até aqui têm convergências em suas posições sobre o ensino de Arte; mas aparecem muitas divergências nas concepções sobre a relação da Arte com a educação na formação de indivíduos e cidadãos críticos. O que existe de comum nos seus estudos é a preocupação com a compreensão das funções da Arte na educação de crianças e adolescentes (adultos também) para, então, analisarem métodos e proporem os mais adequados e eficientes ao ensino de Arte. Veem o currículo de artes visuais *estruturado e baseado na experiência* como instância para se desenvolverem a percepção visual e estética e a ação criativa dos envolvidos no processo de ensino e aprendizagem.

Portanto, são evidentes a importância e as contribuições teóricas desses autores para a formação do campo da Arte e da educação, tanto no exterior como no Brasil. Além de tentarem legitimar a disciplina de Arte dentro do currículo escolar, pensaram e pensam em formas de ensino

---

[14] A releitura da obra de arte é uma prática pedagógica muito difundida no Brasil que visa à produção de trabalhos de arte realizados pelas crianças a fim de propiciar o desenvolvimento de um percurso de criação pessoal, com base em imagens de obras de arte consagradas, ou como dizem a maioria dos pedagogos ou arte-educadores, imagens de qualidade.

mais eficientes a fim de se estimular e se auxiliar o desenvolvimento da percepção estético-visual e da criatividade.

Além disso, as contribuições desses teóricos ao ensino de Arte mostram que se faz necessário clarear certa confusão entre pesquisa bibliográfica (investigação que tem como fontes estudos publicados) e revisão de literatura/revisão bibliográfica (procedimento de familiarização com enfoques dados ao objeto de estudo). Dito de outro modo, a muitos pesquisadores falta a compreensão de que a revisão de literatura é pré-requisito de toda e qualquer pesquisa e pesquisa bibliográfica, não. Esta é uma investigação sistemática que supõe um conjunto ordenado de procedimentos de busca por soluções (ordenamentos), é atenta ao objeto de estudo e que, por isso, não pode ser aleatória.

Não por acaso, o tratamento analítico pode variar muito entre pesquisa bibliográfica e revisão bibliográfica. Exemplo disso é o uso de certas ferramentas de tratamento, tais como softwares de análise. Nesse sentido, a este estudo foi conveniente analisar dados derivados das 20 teses selecionadas com auxílio do programa Iramuteq.[15] Tal ferramenta permite, por exemplo, fazer uma "nuvem de palavras" de modo a destacar as que mais aparecem nos contextos das teses; e vai além, pois permite a análise de dados textuais segundo critérios como lexicografia básica (cálculo de frequência de palavras) e análises de similitude; neste estudo, utilizamos as últimas.

Com efeito, o recurso "nuvem de palavras" permite agrupar vocábulos e termos e organizá-los graficamente em função da frequência. É uma análise lexical mais simples, porém graficamente interessante, porque possibilita "[...] rápida identificação das palavras-chave de um corpus" (Camargo; Justo, 2013, p. 516). Ao utilizar o Iramuteq, vi que a primeira imagem resultante da "nuvem de palavras" ficou poluída, dado o excesso de palavras não legíveis; daí, recorri aos cortes de vocábulos com frequência menor ou que não formavam uma categoria representativa. Convém alertar quanto ao cuidado necessário no corte de palavras nos textos das teses, pois eles contêm palavras organizadas segundo regras e estratégias de expressão das intenções de sentido do enunciador, ou seja, do pesquisador. Essa intenção precisa ser preservada ao máximo; não se pode descaracterizar traços da significação pretendida para o texto.

---

[15] Iramuteq é um software de um programa informático viabiliza diferentes tipos de análise de dados textuais, desde aquelas bem simples, como a lexicografia básica (cálculo de frequência de palavras), até análises multivariadas (classificação hierárquica descendente, análises de similitude).

Figura 1 – Recurso da "nuvem de palavras" gerada por software para visualizar a ocorrência de palavras e expressos em textos (20 teses)

Fonte: dados da pesquisa. Elaboração: Sergio Naghettini, 2023

Na imagem gerada pelo software – estruturação em forma de "nuvem" – salta aos olhos o tamanho da letra das palavras do centro, o que lhes dá destaque visual. Palavras vazadas em letra maior foram mais recorrentes (as verticais e as horizontais). Mas isso não supõe, necessariamente, que palavras com letra em tamanho menor sejam menos importantes nos textos analisados; só aparecem em quantidade menor.

Ao se analisarem as palavras mais citadas no contexto em que aparecem no texto, deve-se buscar compreender os resultados das pesquisas selecionadas para o Estado do Conhecimento. Nesse sentido, a palavra "arte" foi a mais citada pelos autores para expressarem resultados de pesquisas sobre o ensino de Arte. Outras palavras de magnitude nos textos se abrem a uma visão de ensino e aprendizagem nas instituições com foco em Arte; são elas: "ensino", "professor", "didática", "escola", "BNCC", "indígena", "conhecimento" e "profissional".

Com o mapeamento vocabular e o levantamento de dados on-line, foi possível ver palavras-chave que ajudam na indexação de dados, palavras mais citadas nas produções acadêmicas e repetições vocabulares em forma de "nuvem de palavra". Tal visão pode facilitar o desbravar dos caminhos de pesquisa; ou seja, pesquisas do tipo *Estado do Conhecimento* podem proporcionar à pesquisa em geral condições para solidificar a construção e os direcionamentos da produção de conhecimentos.

Dito isso, a totalidade das dissertações e teses pesquisadas em nome de uma compreensão do *Estado do Conhecimento* aponta o predomínio temático central do ensino de Arte associado à cultura, à interculturalidade e à formação de professores que considera as relações interculturais na escola e se preocupa com a melhoria do desempenho da qualidade educacional. Logo, formação docente e relações interculturais passam a ser nortes à pesquisa maior.

3

ENTRE O TERRITÓRIO E O RURAL: A RURALIDADE, A HISTÓRIA, A CULTURA E A ARTE

A escola pode ser um lugar privilegiado de formação, de conhecimento e cultura, valores e identidades das crianças, jovens e adultos.

Miguel Arroyo

Neste capítulo, apresento a abordagem teórica da pesquisa e exploro o conceito de território rural até chegar ao de ruralidade, permeando uma relação com educação do campo[16] que se processa na escola, na comunidade e no entorno. Na análise de tal lugar, o enfoque é na noção de territorialidade, que oferece sustentação à discussão sobre o desenvolvimento do meio rural. Para contextualizar a fundamentação, trago as histórias do ensino de Arte, um histórico das escolas rurais desde a década de 1950 e as perspectivas de tal ensino associado à cultura e ao currículo; sobretudo em escolas do município de Uberlândia, MG.

Com efeito, entre a ideia de território e a de ruralidade, esta última emerge na condição de conceito significado aqui com o sentido de "delinear o rural", o lugar a ser pesquisado. Por isso, faz-se necessária uma análise aprimorada de tal lugar e da forma que desafia a análise do mundo contemporâneo, por causa da rapidez e intensidade das mudanças socioespaciais na sociedade. Rapidez essa que advém dos avanços tecnológicos, da necessidade do uso de recursos metodológicos e técnicos que presumam os modos de apropriação do lugar.

As relações da cidade com o meio rural delineiam várias relações que permeiam esse vasto território que é o Brasil; muitas vezes, tem de se

---

[16] "A Educação do Campo nasceu como mobilização/pressão de movimentos sociais por uma política educacional para comunidades camponesas: nasceu da combinação das lutas dos Sem Terra pela implantação de escolas públicas nas áreas de Reforma Agrária com as lutas de resistência de inúmeras organizações e comunidades camponesas para não perder suas escolas, suas experiências de educação, suas comunidades, seu território, sua identidade" (Caldart, 2012, p. 15).

olhar com ousadia para se perceberem as redes que se constroem, não só nos meios de comunicações, mas ainda noutras formas de comunicação como os caminhos, as estradas e as rodovias. Em que pese a condição de as vias serem basicamente aquáticas em áreas ribeirinhas e entre certas regiões do Amazonas e do Pará, as vias de locomoção marcam o meio rural tal qual espaço que parte de sua constituição cuja dinâmica vem apresentando transformações significantes. O rural não pode se esquivar de seu destino fatalístico: a urbanização preconizada pela industrialização e a tomada de espaços por construções típicas do meio urbano.

A ruralidade que abarca um delinear do território rural passa por transformações econômicas, ambientais, socioculturais e educacionais resultantes de problemas sociais derivados de reestruturação do capitalismo contemporâneo, o neoliberalismo. Singulares no atual contexto de globalização, essas mudanças têm desafiado pesquisadores afeitos a linhas de pesquisa variadas. Por esse motivo, estão buscando, no enfoque da abordagem territorial, uma alternativa para compreenderem o rural via estudo sistemático de sua especificidade: a ruralidade, palavra de entrada recente no vocabulário.

Nesse sentido, de modo a se revisar o posicionamento analítico para entender o território e a ruralidade, o ponto de partida mais pertinente foram discussões teóricas envolvendo autores como Sack (1986), Saquet (2003; 2004) e Santos (1993; 1999). Em um segundo momento, foi abordado o tema *território* em tendências de educação local, segundo autores como Caldart (2004), Wanderley (2001), Freire (1977) e Bezerra Neto (1999). Enfim, propõe-se abordagem para o tema à luz da conceituação e utilização do conceito de ruralidade, conforme o entendem autores com Biazzo (2008), Mota e Schmitz (2002), Villa Verde (2004) e Carneiro (1998).

Na condição de conceito fundamental da pesquisa, alinho a noção de educação rural na de educação do campo, mas diferenciando educação *do* campo de educação *no* campo. A discussão se apoia em autores como Simões e Torres (2011), Antônio e Lucini (2007), Leite (1999), Bezerra Neto (2010). Todos ajudam a esclarecer a trajetória da educação rural – por muito tempo traduzida na ideia de escola rural — para a educação do campo – uma concepção sociopolítica de educação, uma modalidade educacional. Por um longo tempo, a educação rural se encarregou de escassez de políticas específicas ao contexto do povo que vive no campo, ao mesmo tempo, currículos e práticas pedagógicas em escolas rurais derivaram do modelo aplicado na escola urbana. Pude compreender de perto essa mudança, tal qual deixo entrever em uma descrição pontual de minha trajetória acadêmica e profissional para entender o ponto central do argumento de pesquisa subjacente a esta tese. Importa fazer esse retrospecto para ressaltar o desenvolvimento da proposta de abordagem aqui apresentada – bases teóricas utilizadas e observação de seus limites de aplicação; isso porque se compreende que entender esses fundamentos é imprescindível ao sucesso efetivo da proposição apresentada nesta tese.

3.1 TERRITÓRIO E RURALIDADE: ESPAÇO DE (RE)CONSTRUÇÃO DA CULTURA E DO SABER

Compreender e conhecer a realidade das escolas rurais do município de Uberlândia é relevante para que se possa entender suas histórias, as complexidades culturais, as dificuldades e, talvez, se proporem meios de superação de problemas pedagógicos, profissionais e de desenvolvimento do meio rural. Entende-se como necessária uma aprendizagem da realidade capaz de gerar conhecimentos úteis para se se voltar a ela no futuro com intenções de conhecimento. Daí a importância de ampliar aqui a compreensão das categorias território e ruralidade, base do pensamento central deste estudo.

Algumas questões suscetíveis são abertas: quais territórios compreendem o espaço rural? De que modo definir o meio rural de maneira a considerar sua especificidade, isto é, sem encarar seu desenvolvimento como sinônimo de urbanização?

Com efeito, ruralidade é palavra de uso e semântica mais dinâmicos do que no caso do vocábulo rural; por exemplo, a associação a sentidos do tipo precariedade e carência é quase imediata quando se pensam sobre os sentidos da palavra rural. Diferentemente, quando se pensa no vocábulo ruralidade, tais sentidos não parecem ser tão imediatos; ou seja, não uma associação quase imediata. De fato, o que há são dúvidas sobre o sentido de ruralidade, pois é uma palavra difundida ainda insuficientemente para que sua semântica seja de domínio geral dos falantes e usuários da língua portuguesa.

O Brasil é um país de tradição extrativista, rural e agrário desde a colonização. Não por acaso, a primeira exploração econômica foi o extrativismo vegetal – o pau-brasil (do século XIV em diante). Posteriormente,

Portugal resolveu abandonar o regime de colonização de ocupação e iniciou o povoamento e o cultivo do solo, utilizando como mão de obra índios escravizados. Visto que estes não se adaptaram ao regime, os portugueses recorreram ao tráfico de africanos para serem escravizados na então América portuguesa. Assim, seria desenvolvida a indústria do açúcar, base econômica da colônia até a primeira metade do século XVIII (Abreu, 1998).

Nesse contexto, as primeiras escolas erguidas estavam no interior, ou seja, nas missões jesuítas. Porém, de acordo com Ribeiro (2000, p. 19–20), "[...] a educação escolar, oferecida pela Companhia de Jesus desde 1549, só era conveniente e interessante para a camada dirigente", uma pequena nobreza. Na sociedade escravista e de economia agrário-exportadora, a educação da mão de obra não era valorizada nem aplicada no território. Até o século XIX, segundo Bittar (2007, p. 25), "[...] aparecia como privilégio para os filhos dos grandes senhores da agricultura". Quem podia pagar por uma educação refinada, ia estudar na Europa. Com isso, o Brasil ingressou no século XX com bases societárias rurais e resquícios do sistema de relações escravistas; ou seja, com uma educação voltada à elite e uma para a população em geral, quando havia onde estudar. Segundo Bittar (2007, p. 32), era um "quadro que começaria a mudar apenas após 1930, com as reformas na educação".

A negligência do poder público pela educação da população do campo atravessaria o século XIX e quase todo o XX; ou seja, é problema histórico. Contudo, nos anos 1990 a questão não resolvida voltou às pautas do debate governamental graças à luta de movimentos sociais do campo, que insistiram na relação lógica entre vida no campo e educação; isto é, persistem numa educação diferenciada à população rural, uma educação concebida em função de sua realidade e a esta voltada.

Continuam as lutas sociais pela educação voltada ao campo. Ainda permanece a heterogeneidade na condição de traço do meio rural; os que o habitam têm interesses distintos entre si; quando não são antagônicos. De um lado, agricultores habitam várias regiões por décadas e até centenas de anos; e recentemente passaram a ocupar o campo as grandes indústrias de agronegócio, que não têm relação com os movimentos sociais; de outro lado, têm-se movimentos sociais que se relacionam fundamentalmente com assentados da reforma agrária e outros tipos (porque no campo há trabalhadores remanescentes de quilombolas e pequenos proprietários advindos do processo migratório ao longo dos séculos XIX e XX, tais quais italianos, alemães e poloneses).

Nesse sentido, trabalhadores rurais, agricultores, quilombolas, assentados, camponeses, parentes de camponês, boias-frias, arrendatários, parceiros ou posseiros e outros semelhantes e seus familiares, todos são sujeitos do campo que permanecem nesses espaços envolvidos no tempo-espaço, que vivem no território e que, aí, devem demarcar sua territorialidade. Nesse sentido, a abordagem de território é uma forma de compreender a atuação por meio de ações em meio aos sujeitos do campo no seu território.

Desse modo, são complementares alguns conceitos de autores distintos para se compreenderem território e territorialidade. Destaco o estudo de Sack (1986), que compreende o território, sobretudo pelo aspecto político; ou seja, feito área de fronteiras onde uma pessoa (ou mais de uma) influencia outras. A territorialidade é a estratégia de dominação por meio de alguma autoridade que controla atividades, recursos e indivíduos; o que aponta esse tipo de abordagem na condição de auxiliar para se compreenderem forças dominadoras na dinâmica política. Com efeito, Sack (1986) entende a territorialidade como tentativa, de um indivíduo ou grupo social, de influenciar e controlar pessoas, recursos, fenômenos e relações; de delimitar e efetivar controle sobre dada área.

O entendimento de território permeia dois estudos de Saquet (2003; 2004), que aborda a formação do território tal qual fruto de relações econômicas, políticas e culturais efetivadas por um grupo social. Seu ponto de partida é a ideia de território como espaço geográfico onde o território, visto como lugar ou espaço no meio rural, se caracteriza por ter especificidades próprias nas relações sociais afins a tal ideia. Sabe-se que um território é apropriado e ordenado por relações econômicas, políticas e culturais. São relações internas e externas a cada lugar, pois se associam a relações de territorialidades na sociedade, tais quais aquelas entre o lugar de viver e a natureza que lhe é exterior.

Nesse entendimento, tem-se territorialidade mais completa como conceito importante no entendimento do planejamento urbano. Diante disso, destaca-se a definição conceitual de territorialidade como

> [...] processo no qual os setores populares, através da ação coletiva, exercem um poder sobre o território, produzindo e transformando o dito território em seu lugar. Ao mesmo tempo, eles se apropriam simbolicamente daquele lugar (Carvajal-Capacho, 2018, p. 123, tradução nossa).

De modo geral, o conceito de territorialidade enfatiza mais aspectos físicos do território, porém sempre leva à possibilidade de ocupação, uso, controle geográfico e identificação mediante ação de um grupo social. O controle exercido pode ocorrer de modo formal, legitimado por instituições sobre o uso dos espaços, ou de modo informal. Mas envolve sempre posse sobre algum espaço e a necessidade de ações coletivas para organização do acesso, da defesa e da proteção. Esses fatores devem ser considerados no planejamento urbano e nas ocupações dos espaços rurais.

No cotidiano, grande parte das pessoas estabelece ou participa, direta ou indiretamente, das relações entre campo e cidade. São as ligações e conexões que formam as chamadas redes geográficas. Estas podem ser econômicas – a exemplo das feitas por indústrias de grande porte; políticas – entre partidos e/ou grupos políticos; e culturais – vide a presença em instituições religiosas e manifestações culturais como os festejos. Já o processo de territorialização é um movimento historicamente determinado pela expansão do capitalismo e seus aspectos culturais; envolve lugares, setores e pessoas.

Evidentemente, um território é apropriado e ordenado por relações econômicas, políticas e culturais, que são internas e externas a cada lugar; ou seja, são fruto das relações (territorialidades) na sociedade. São relações de poder e dominação que compõem um jogo contínuo de submissão e controle de recursos e pessoas nos espaços rural e urbano e em suas articulações com os campos econômico, social e educacional. Nesse sentido, o conceito de território aqui abordado supõe o espaço de vida do sujeito do campo na condição de local de residência familiar, lugar de produção e instância do processo de ensino e aprendizagem. Delineia-se, então, um olhar extrageográfico.

Com efeito, entende-se o território como espaço heterogêneo, ou seja, lugar onde é notória a mescla de saberes diferentes: tradicionais com tecnológicos e científicos, e todos influem na condição de ferramenta de desenvolvimento da comunidade e seus atores. No campo, a heterogeneidade é visível na escola como lugar de encontro de etnias, culturas e saberes; o que pode, e deve, ser usado como proposta de construção de uma pedagogia voltada para os sujeitos ali inseridos e que vise à identidade e autonomia das populações, centrais à emancipação social e à evolução humana. O ponto de partida é este pressuposto: o campo é lugar de formas múltiplas de manifestar a vida; e nele relações sociais e territórios "são construídos e produzidos mediante a resistência, por uma infinidade de culturas camponesas" e em um "processo de enfrentamento permanente" do que se conhece por "relações capitalistas" (Fernandes, 2004, p. 744).

As relações capitalistas são perversas em suas complexidades ao imporem ideias e culturas padronizadas, globais, que massacram culturas regionais. A relação do sujeito com a terra – isto é, a relação do indivíduo com espaço/território onde habita – não pode ser negada na construção de saberes desse sujeito; a ele deve se atribuir mais condições e instrumentos materiais e intelectuais para averiguar sua existência no seu lugar, no seu meio, no seu entorno. Tal concepção parte do pressuposto de que quem vive da terra necessita ser educado na terra; de que deve ter a possibilidade de participar da reflexão como é a "educação vista de seu lugar de inserção social" (Caldart, 2004, p. 149). Dito de outro modo, sujeitos trabalhadores e moradores do campo têm o direito de pensarem em sua educação partindo de suas vivências imediatas e cotidianas.

Contudo, a realidade parece apontar condições para entendimento diverso quando a realidade objetiva é considerada com mais atenção. Por exemplo, muitas políticas públicas educacionais não consideraram a educação do campo tal qual empreendimento nacional. Não se pode afirmar, categórica e orgulhosamente, que presumem em seus objetos *todas* as características envolvidas nas relações de vizinhança e parentesco, na valorização da cultura popular rural – a exemplo de festas comunitárias e da celebração da colheita; dos vínculos com uma rotina laboral cujo expediente se relaciona, não com o relógio mecânico, e sim com a passagem natural do tempo no lugar; enfim, das características que delineiam os traços de autenticidade dos sujeitos do campo, cientes de seus direitos e imbuídos de fazer que justifica o existir no meio campesino.

Caldart (2004) afirma que o sujeito que vive da terra necessita ser educado em seu local de origem e ter possibilidades de participar do pensamento sobre o que seja educar para a vida em seu lugar geográfico e social. Para a autora, trabalhadores e trabalhadoras rurais têm o direito de pensar em sua própria educação. Supõe-se que, ao entender o real e o necessário pela apropriação do conhecimento, podem se fortalecer para a tarefa de suprirem necessidades de autonomia e de convívio coletivo na tentativa de superarem desafios. São seres que, ao se apropriarem do espaço, desenvolvem uma linguagem para designar o mundo associado a tal apropriação.

As diversidades espaciais, ambientais, populacionais e culturais são variáveis constantes que, segundo Santos (1993; 1999), ganham forma e função no espaço-tempo, traduzíveis pela palavra *território*. No território, o espaço rural é compreendido no tempo, porque este lhe dá sentido de espaço, que entendemos conforme Santos (1993, p. 19): o tempo seria "grosseiramente o transcurso, a sucessão dos eventos e sua trama"; e espaço seria "o meio, o lugar material da possibilidade dos eventos". Isso significa que a cada momento mudam o tempo, o espaço e o mundo; daí ser preciso ficar atento às modificações e à "nossa grande tarefa [que] é a de apreender e definir o Presente, segundo essa ótica" (Santos, 1993, p. 19).

A ideia de espaço rural envolve os contextos espacial, agrário, ambiental, populacional, cultural e educacional, dentre outras dimensões. Cada elemento comporta análises que ultrapassariam o escopo da pesquisa aqui descrita – os limites da discussão e os enfoques; mas se faz necessário um entendimento mínimo do que se entende por rural. Nesse sentido, o vocábulo rural tende a se associar ao sentido de agrário e de terra; mas, com o sentido de meio, a palavra amplia a semântica porque envolve todo espaço não constituído por cidades[17] nem por atividades sociais (pode haver ou não interações de práticas agrárias).

Com efeito, práticas econômicas e sociais eminentemente relacionadas ao setor primário – agrícolas, pecuárias ou extrativistas – realizam-se no meio agrário. Daí que reconhecer esse mundo como repositório de um modo de ser é reconhecer que, "mais do que instrumentos da produção agrícola", quem vive no campo – as "populações rurais" – são pessoas "autoras e consumadoras de um modo de vida que é também um poderoso referencial de compreensão das irracionalidades e contradições que há fora do mundo real" (Martins, 2000, p. 10). Isso porque a dimensão territorial abrange aspectos sociais que Fernandes (2005, p. 2) nomeia, conforme a passagem a seguir.

> Educação, cultura, produção, trabalho, infra-estrutura, organização política, mercado etc., são relações sociais constituintes das dimensões territoriais. São concomitan-

---

[17] O conceito de cidade seria para Milton Santos (1979, p. 71) uma região e um lugar. Na cidade, "se encontra com a dialética do global e do local, com a totalidade das relações socioespaciais construída no movimento que não omite a relevância das particularidades do lugar ou da região". Em 1990 o urbanista Francesco Indovina propôs "'o conceito de cidade difusa, caracterizada por uma massa consistente de população, serviços e atividades produtivas; dispersão em um território muito vasto; e alta conexão entre os distintos pontos do território'" (Santos, 2004, p. 55).

> temente interativas e completivas. Elas não existem em separado. A educação não existe fora do território, assim como a cultura, a economia e todas as outras dimensões. A análise separada das relações sociais e dos territórios é uma forma de construir dicotomias. E também é uma forma de dominação, porque na dicotomia as relações sociais aparecem como totalidade e o território apenas como elemento secundário, como palco onde as relações sociais se realizam.

Nesse contexto, as relações sociais de produção e trabalho, a infraestrutura, a organização política, a educação, o mercado e a cultura, tudo constitui as dimensões territoriais. Ao mesmo tempo, interagem-se mutuamente e se completam, numa atuação combinada. Não há correlações de separações no entender do espaço rural. Dessa forma, a educação não existe fora do território, tanto quanto não existem a cultura, a economia, a política etc. As relações não se desenvolvem no vácuo; antes, são construídas para transformarem os territórios. Como têm a mesma importância, as relações sociais e os territórios devem ser analisados segundo sua complementaridade, sua vinculação, sua imbricação etc.

Compreender e tentar entender o desenvolvimento de um território supõe considerar a totalidade da realidade, ou seja, compreender o particular na realidade local – aqui, o meio rural – e sem se esquecer da existência de um espaço próximo aos centros urbanos onde, aos poucos, se mesclam espaços urbanos e rurais. É o denominado espaço periurbano,[18] onde se convive com o mundo globalizado. Conhecer o espaço rural globalizado interessa aqui tal qual forma de saber das influências de abordagens e relações advindas do urbano e do rural numa relação dicotômica entre tempo e espaço, que se expressa na citação a seguir.

> Quando estou falando do mundo rural, refiro-me a um universo socialmente integrado ao conjunto de sociedade brasileira e ao contexto atual das relações internacionais [...] considero que este mundo rural mantém particularidades históricas, sociais, culturais e ecológicas, que recortam com uma realidade própria, da qual fazem parte, inclusive, as próprias formas de inserção na sociedade que engloba (Wanderley, 2001, p. 32).

---

[18] Periurbano designa extensão cada vez mais marcada de aglomerações urbanas nem tanto sob a forma de uma "mancha de óleo" contínua, mas sim, e sobretudo, como "pele de leopardo", na qual os organismos do tipo urbano se disseminam em um meio rural mais ou menos preservado (Steinberg, 2003, p. 76).

Para o Instituto Brasileiro de Geografia e Estatística (IBGE), a definição de rural deriva do urbano. É rural o que estiver fora da sede urbana ou do seu espaço urbano. Por sua vez, quem define o perímetro urbano é o município, por meio da Câmara de Vereadores e segundo critérios políticos e econômicos do local. Em um país de territórios vastos como o Brasil, a desigualdade e os interesses conflitantes permeiam a sociedade. Assim, não surpreende que conflitos apareçam no conceito de rural e urbano debatido no meio acadêmico. A partir dos anos 1990, as questões foram recolocadas e reavaliadas intensamente no debate acadêmico, nas instituições estatais, nos organismos de pesquisa e nas organizações não governamentais. A obsessão pela discussão de critérios definidos para se delinearem os espaços urbano e rural advém da ocupação territorial intensa nesses meios nos últimos anos; ocupações desordenadas de terras devolutas por pessoas e empresas para exploração territorial do meio ambiente com extrativismo, plantações agrícolas, pecuárias e, é claro, a corrida pelo registro das terras.

No dizer de Biazzo (2008, p. 145), "o rural" e "o urbano" são:

> Nada mais do que construções simbólicas, manifestações ou criações culturais concebidas, sim, a partir de hábitos, costumes. Ao contrário do campo e da cidade, ou melhor, de espaços campestres e citadinos, urbano e rural não podem ser mensurados ou delimitados, sequer analisados, porque não são substantivos. O uso das expressões ruralidades e urbanidades parecem mais adequados do que "rural" e "urbano", pois expressam maior dinamismo através de identidades sociais que se reconstroem.

Ao tratarem de transformações recentes no meio rural com ocupações de terras, Mota e Schmitz (2002) ressaltam a importância dos seguintes aspectos: novas políticas públicas voltadas para os habitantes rurais, procura pelo campo na condição de moradia pelo citadino (pela qualidade de vida) e resgate de representações do mundo campesino (música caipira, vaquejadas etc.). Por isso se prefere a palavra ruralidade quando se trata da realidade nacional.

> Falar do rural não é reportar-se apenas a um espaço geográfico, mas às relações que são desenvolvidas ali e como estão inseridas em um todo envolvente. Falar do rural é pensar em "rurais", colcha de retalhos que constitui o

mundo agrário brasileiro sujeito às tensões crescentes da competitividade e da urgência de preservação dos recursos naturais. Mas falar do rural é também apontar as pistas que nos conduzam à melhor compreensão do mesmo (Mota; Schmitz, 2002, p. 397).

Com efeito, Santos (1996, p. 68) adverte que a distinção entre urbano e rural não está mais na "simples distinção entre espaços rurais e urbanos ou entre cidades grandes e pequenas"; isso porque, "nas regiões agrícolas, o campo é quem comanda a vida econômica e social da cidade, enquanto que nas regiões urbanas este comando é representado pelas atividades secundárias e terciárias". Eis, então, elementos da complexidade do espaço geográfico brasileiro, ou seja, do meio urbano e do meio rural. Este último é denominado de *espaço rural* que permeia o território. O modo de ser rural se faz presente no campo e na cidade e passa a ser denominado ruralidade, conceito novo, em processo de construção, por isso aceita usos sintonizados com pressupostos do desenvolvimento.

Acredita-se que tão importante quanto elencar as características do espaço rural, é definir o conceito de ruralidade. Em Saraceno (1996 *apud* Villa Verde, 2004, p. 19), lê-se que se trata de:

> [...] um conceito territorial que pressupõe a homogeneidade dos territórios agregados sob essa categoria analítica, e isto naturalmente vale também para o conceito de urbano. Ainda que não contíguos, os territórios rurais compartem, de fato, algumas características comuns que, no entanto não foram definidas de maneira clara nem no que concerne aos indicadores que devem ser utilizados, nem no que ao limite que deveria distinguir o rural do urbano. Na maior parte dos casos, o que é rural e o que urbano vem intuitivamente reconhecido e depois medido. Com freqüência tem-se sustentado que a diferença entre é de natureza social e relativa ao modo de como estão distribuídos as populações e as cidades no território, ou francamente cultural, tanto que nenhum órgão oficial empenhado nessa tarefa (Nações Unidas, OCDE, U. E., Escritórios de Estatísticas) tem conseguido encontrar uma definição que satisfaça a todos, ainda que por tempo limitado.

O que se pode inferir do que dizem esses autores supracitados, propor um conceito de ruralidade – ainda em construção – é ousar e ter precauções necessárias teoricamente. Visto que o território, a ruralidade oportuniza a ideia de incluir, ampliar, absorver o que tem se mantido fora, de alargar horizontes, não naturalmente, mas dependentemente da decisão política a que está a ser submetida.

As questões sobre o meio rural no Brasil convergiram para um entendimento de que mudar a maneira de concebê-lo tem implicações, sobretudo para as políticas públicas de desenvolvimento do campo e para as políticas governamentais voltadas às sedes de municípios rurais, onde cidade e campo se mesclam. Verifica-se um olhar para a dimensão territorial do rural que tomou dimensões significativas nas políticas públicas dos governantes. No Brasil, o rural emerge na discussão não de um fato isolado, e sim de uma conjuntura economicamente recessiva e de acirramento das lutas sociais.[19] Percebe-se, então, que o rural não é imutável, tampouco isolado do urbano: um e outro se interconectam.

Entretanto, reportar-se ao rural no Brasil supõe compreender que sua definição está relacionada à definição de cidade, conforme argumenta Wanderley (2001, p. 31–2):

> Aqui, toda sede municipal, independentemente da dimensão de sua população e dos equipamentos coletivos de que dispõe, é considerada cidade e sua população é contada como urbana. O meio rural corresponde ao entorno da cidade, espaço de habitat disperso onde predominam as paisagens naturais e os usos atribuídos às terras apropriadas, tradicionalmente à produção ou os espaços improdutivos. Em conseqüência, o "rural" está sempre referido à cidade como sua periferia espacial precária e a vida da sua população depende, direta e indiretamente, do núcleo urbano que a congrega. Seu habitante deve sempre se deslocar para a cidade se quer ter acesso ao posto médico, ao banco, ao Poder Judiciário e até mesmo à Igreja paroquial.

É notório que a vida no meio rural nunca foi fácil. A luta pela sobrevivência do homem, muitas vezes, é influenciada pelo intemperismo e pela inconstância do clima e de outras adjacências que favorecem o êxodo campo–cidade. Ficam para trás familiares, culturas e memórias. Os centros urbanos são "chamarizes" para quem mora no campo. Deixam

---

[19] No início dos anos 1990, a sociedade se mobiliza para a redemocratização gradual do país. No campo, a luta pela terra se acirra contra os latifundiários. Diante disso, em 1984, surge o Movimento Sem Terra, enquanto em Cascavel (PR), a resposta a esse movimento vem com a formação da União Democrática Ruralista.

esse espaço à procura de uma vida melhor, com emprego, alimentação, saúde e educação.[20]

Na condição de território rural, porém, a ruralidade tem de ser vista com mais amplitude, ou seja, algo maior que o meio rural. Ruralidade é um conceito de natureza territorial e não setorial. Ela ultrapassa o espaço rural, pois interage de mão dupla com o espaço urbano. Ou seja, nela ocorre o intercâmbio das integrações e interações de valores sociais e culturais.

Nesse contexto de espaço e território, também ocorrem transformações por pessoas que necessitam de infraestrutura para ter condições dignas de vida (saneamento, educação, transporte e outros). Assim, a construção de escolas e rodovias, por exemplo, provoca mudanças no cotidiano de quem reside no campo. Não se mexe somente com a mudança física do local; também com as interações culturais entre o rural e o urbano.

Se assim o for – se essas mudanças no meio rural provocam interações culturais entre as pessoas que residem neste local –, a escola pode ser o local e o meio de integrações dessas culturas amenizarem conflitos da sobreposição da cultura urbana às culturas rurais, de não criar conflitos de valores passados de geração a geração; valores enraizados nas famílias e nas comunidades rurais onde os alunos residem.

Com efeito, Carneiro (1998, p. 60) diz da importância de se reelaborarem conceitos que respondam de maneira satisfatória à realidade a qual se propôs a pesquisa aqui descrita. Em suas palavras, as "noções de 'rural' e de 'urbano'", tanto quanto a de "ruralidade" e a dualidade que lhes é intrínseca, são representações sociais que expressam visões de mundo e valores distintos de acordo com o universo simbólico a que estão referidas; portanto, estão sujeitas a reelaborações e apropriações diversas.

Dito isso, o conceito de ruralidade é importante para se entenderem o espaço rural e seu entorno na sua complexidade. A ruralidade é termo contextual nas relações territoriais, contexto em que as relações sociais de produção e trabalho, a infraestrutura, a organização política, a educação, o mercado e a cultura, tudo se constitui das dimensões da ruralidade, que são territoriais. Ao mesmo tempo, interagem mutuamente e se completam; ou seja, atuam combinadas. Nessa interação e integração, a educação deve estar integrada à realidade local e regional.

---

[20] As populações do campo estão nomeadas no Decreto 7.352, de 4/11/2010, no parágrafo 1º de seu artigo 1º. Seriam agricultores familiares, extrativistas, pescadores artesanais, ribeirinhos, assentados e acampados da reforma agrária, trabalhadores assalariados rurais, quilombolas, caiçaras, povos da floresta, caboclos e outros que produzam condições materiais de existência pelo trabalho no meio rural (Brasil, 2010).

Para Freire (1977), ensinar exige apreensão da realidade local. Se for cumprida a exigência, então será possível ao educador reconstruir um mau aprendizado. Pensar assim é se atentar ao proceder pedagógico que parte de onde for possível, mas sempre com foco na "dialogicidade" para que o educador possa ressignificar conteúdos num fazer–refazer eterno. Por sua vez, Bezerra Neto (1999) registra que a prática educativa no contexto da escola do campo é um princípio norteador de formação integral do sujeito, que envolve a relação teoria–prática.

Faz muito sentido aqui o que ambos os autores disseram, pois em tal relação não existe separação das partes. Exemplo da premissa é a valorização simultânea do homem e da mulher do campo; é a centralidade da relação entre escola e trabalho de modo que uma seja espelho da outra, numa práxis pedagógica que não seja fragmentada nem conceba a educação como totalidade do social; antes, que aponte caminhos de percurso e não um resultado ou produto final a ser alcançado.

A educação envolve todo o aspecto social da sociedade, pois abrange políticas públicas que ditam diretrizes educacionais e políticas públicas sociais que se vinculam à educação. Assim, pensar na educação é pensar numa realidade objetiva e abstrata permeada pela política, à qual se alia a economia, porque pode promover condições essenciais de desenvolvimento nacional. Desse modo, ao desenvolvimento do território, em particular o do camponês, é necessária uma política público-educacional que presuma a diversidade e amplitude da população camponesa na condição de protagonista propositiva de ações, projetos, iniciativas, ou seja, como beneficiários que são, também, agentes definidores da natureza e extensão dos benefícios.

Relacionado ao espaço campo, o rural é formado por territórios diferentes que exigem políticas econômicas e sociais diversas, sobretudo educação. Esta é ação social de importância econômica porque ajuda a criar condições políticas essenciais ao desenvolvimento. Nesse sentido, ao desenvolvimento do território é preciso uma política local ao sujeito ruralista residente no campo em prol de uma educação que espelhe a diversidade e amplitude do meio rural, que espelhe a população rural como protagonista do objeto e fim último da educação do campo. Da mesma forma, torna-se imprescindível a pesquisa em educação do campo na condição de contributo ao desenvolvimento de tal realidade.

Penso em contributos porque a educação do campo – nome dado pelo governo – é construída por lutas sociais, políticas educacionais voltadas ao desenvolvimento do território camponês na condição de parte do campo brasileiro. Esse território é um campo específico e diverso que tem singularidade na sua organização por meio do trabalho familiar e econômico e da educação. Portanto, não se trata de um campo genérico; antes, trata-se de um território rural na condição de território camponês.

3.2 EDUCAÇÃO DO CAMPO, EDUCAÇÃO NO CAMPO E EDUCAÇÃO RURAL

No debate de questões afins a relações territoriais e educação, é notório que a discussão gire em torno da ideia de educação rural e de educação *do* campo ou de uma educação *no* campo. Esse debate se instaurou entre autores diversos que pesquisam o assunto, de modo que passou a existir confusão de conceituação entre educação *no* campo e *do* campo. Primeiramente, então, convém objetivar o conceito de educação rural na tentativa de elucidar a importância da concepção de escola e dos educadores na trajetória histórica do termo. A mudança de conceito é, também, curricular. Deixa-se o currículo de uma educação rural (ensino rural) em favor da educação do campo conectada a acontecimentos e transformações sociais e políticas que afetam o Brasil e, por consequência, o meio rural.

Discutir a ideia de educação rural supõe compreender que esta não foi continuada como educação do campo, que tem características e peculiaridades próprias em sua construção. A abordagem da educação rural pode se valer muito da compreensão de eventos históricos importantes para a construção de sua identidade e sua extinção; por exemplo, a história vai mostrar que o ensino rural foi muito mais uma mobilização governamental para levar escolas a populações rurais na República (1889–1929). Foi com a proclamação que se teve o registro do conceito do ensino rural; o governo criou o Ministério da Agricultura, Comércio e Indústria, com o qual procurou atender estudantes das áreas rurais. Mas o órgão foi extinto em 1906, após 12 anos de operação.

A mobilização da educação rural tinha características próprias, como a criação de escolas de uma sala e no máximo duas salas, pequenas e com pouca estrutura pedagógica. Ou seja, eram as "salas multisseriadas", regidas por docentes que atendiam alunos "de séries e idades diferentes";

em geral não tinham formação adequada. No fim, o que se tinha era uma educação fundamentada na alfabetização e no aprendizado das operações matemáticas elementares (Simões; Torres, 2011, p. 2–3).

Em 1909, voltou a ser discutida a educação para a população rural, mas com instituição escolar para formar agrônomos. A escola não vingou, por falta de interesse e investimentos públicos (Simões; Torres, 2011). Com a migração campo-cidade no fim dos anos 1920, passa-se a ter um problema para governantes: aglomerações de analfabetos nos centros urbanos, acompanhadas da formação de favelas e palafitas, com consequências sociais severas: passaram a ser vistos como empecilhos ao desenvolvimento. Assim, o governo adota a educação rural como meio de impedir migrações, ou seja, forçar a permanência do povo do campo em seu meio. Com tal política, a escola para essas populações passa a ser planejada, sobremaneira, segundo moldes da escola urbana, inclusive no currículo.

Caso se possa dizer de um planejamento igual, na hora de se criarem as escolas rurais iguais às do meio urbano as distinções afloravam, como na construção não projetada de escolas, que se tornavam precárias para fins pedagógicos (embora não o fossem para fins de interesse e recursos públicos). Na década 1930, o governo de Getúlio Vargas reiniciou a discussão sobre o ensino rural, agora com mais profundidade na atenção aos residentes. A Constituição de 1934 dedicou o artigo 156 à matéria, em parágrafo único, que diz: "Para a realização do ensino rural, a união reservará no mínimo, vinte por cento das cotas destinadas à educação no respectivo orçamento anual" (Brasil, 1934). Esse artigo foi então um marco na educação rural; foi a oferta de educação à população rural no âmbito da legalidade.

No entanto, a efetividade da lei se tornou um processo moroso, de realização complexa. De início, a educação rural foi criada para suprir as demandas do grosso da população brasileira, distribuída, sobretudo, nos estados de Norte a Sul mais próximos do litoral e em seus rincões. Assim, a escola rural nascia como instituição não só afastada da educação das cidades, mas ainda desvinculada de qualquer tentativa de se formar um sistema educacional. O alunado eram moradores de fazendas e distritos voltados às atividades agrícolas e cujos familiares trabalhavam no cultivo ou na pecuária, às vezes em ambos.

Em sua quase totalidade, as escolas rurais eram públicas, ou seja, mantidas pelo estado ou município, que contratavam os docentes (ora um ente contratava, ora outro). Embora essas observações aludam a um tempo passado, tal realidade se mantém viva nos dias atuais. Com a Constituição Federal de 1946, a proposta foi de responsabilizar as empresas privadas pelo provimento da educação de pessoas do meio rural que aí trabalhavam. Isso significou a responsabilidade do Estado pela oferta de educação a populações do campo, o que ficou a cargo de empresas privadas.

> [...] III – as empresas industriais, comerciais e agrícolas, em que trabalhem mais de cem pessoas, são obrigadas a manter ensino primário[21] gratuito para os seus servidores e os filhos destes; IV – as empresas indústrias e comerciais são obrigadas a ministrar, em cooperação, aprendizagem aos seus trabalhadores menores, pela forma que a lei estabelecer, respeitados os direitos dos professores [...] (Brasil, 1946, art. 168).

A Constituição Federal de 1988 cobriu brechas, pois a educação rural ofertada pelo governo não estava dando conta de atender às populações rurais; faltavam escolas. Por isso, os docentes tinham de percorrer distâncias relevantes para concluírem seus estudos. Além disso, a proposta pedagógica norteada pela cidade e tendo a indústria de modelos de desenvolvimento do país não condizia com uma proposta de educação para a produção rural. Focalizando os âmbitos técnicos e pedagógicos, a educação rural tinha por objetivo reduzir faltas e desistências pela adesão a modelos pedagógicos adaptáveis à realidade rural, tendo o professor na condição de mediador do processo e um calendário escolar baseado nas épocas de plantio e colheita. O intuito foi respeitar as necessidades das famílias. Assim, objetivava-se assemelhar culturalmente a educação à população apenas *para se reduzirem as taxas de analfabetismo* (Antônio; Lucini, 2007).

Entretanto, nota-se que nesse contexto os governantes não se interessavam pela educação rural. Os objetivos educacionais e de desenvolvimento econômico evidenciavam o meio rural como espaço atrasado e que não considerava a diversidade dos povos rurais. A partir dos anos 1980, movimentos sociais e conflitos em evidência no cenário nacional

---

[21] Ensino primário compreenderam as séries de 1ª a 4ª até 1971. Corresponde ao 1º e 2º ciclo do ensino fundamental.

desencadearam modos de se pensar a educação rural com mudanças de nomenclatura, perspectiva e concepções (homem, escola, saberes, mundo e trabalho), o que culminaria na educação do campo.

Para tanto, a Constituição de 1988 instituiu bases de apresentação, aprovação e execução de políticas de direitos educacionais com "a responsabilidade da União, dos Estados, Distrito Federal e Municípios em regime de colaboração" quanto a garantir educação de qualidade (Brasil, 1988, art. 211); inclusive à população do campo, pois educação é direito de todos e é dever do Estado a sua oferta (Brasil, 1988, art. 205).

As escolas no campo, as ditas escolas rurais, em sua grande totalidade, são públicas e mantidas pelo estado ou município. Quem escolhe professores é o ente mantenedor; o movimento não interfere nessa escolha. Entretanto, as escolas do campo são de assentamentos rurais, e às vezes não são os assentados que designam os docentes. Nesse sentido, por alguns longos anos, notou-se a educação rural, isto é, a educação *no* campo, implementada de início para atender à massa residente no meio rural do território brasileiro. Em tal condição, é entendida como aquela elaborada para suprir as necessidades do capital.

Diferente disso é a educação *do* campo, que surgiu na condição de representante de movimentos sociais organizados do campo. Com efeito, após a promulgação da Lei de Diretrizes e Bases da Educação (9.394/1996), a educação do campo passou a ser entendida como a que ocorre nas instituições escolares situadas na área rural. Nesse caso, as orientações para as escolas do campo segundo a lei também têm lacunas.

> Na oferta de educação básica para a população rural, os sistemas de ensino promoverão as adaptações necessárias à sua adequação às peculiaridades da vida rural e de cada região, especialmente: I – conteúdos curriculares e metodologias apropriadas às reais necessidades e interesses dos alunos da zona rural; II – organização escolar própria, incluindo adequação do calendário escolar às fases do ciclo agrícola e às condições climáticas; III – adequação à natureza do trabalho na zona rural (Brasil, 1996, art. 28).

O artigo 28 da Lei de Diretrizes e Bases da Educação Nacional representa uma conquista para o movimento da educação do campo, pois orienta a construção de um plano pedagógico condizente com a vida no meio rural. Entretanto, a lei "não aborda questões relacionadas às práticas pedagógicas" nem "evidencia questões quanto aos sujeitos que fazem parte da escola do campo", seja na "participação da comunidade no processo escolar" ou na "ação didática pedagógica" (Leite, 1999, p. 52); tampouco a lei trata de uma organização escolar que inclua a adequação do calendário escolar às fases de plantação e colheita, atividades centrais à lógica de produção e trabalho no campo.

Outro fato é que a lei de diretrizes promoveu a desvinculação da escola rural dos meios e do desempenho escolar urbanos ao exigir planejamento ligado à vida rural e, de certo modo, desurbanizado (Leite, 1999). Mas, mesmo com as mudanças propostas, a problemática da escola rural permanece.

> 1. Quanto à clientela da escola rural: a condição do aluno como trabalhador rural; distâncias entre locais de moradia/trabalho/escola; heterogeneidade de idade e grau de intelectualidade; baixas condições aquisitivas do alunado; acesso precário a informações gerais. 2. Quanto à participação da comunidade no processo escolar: um certo distanciamento dos pais em relação à escola, embora as famílias tenham a escolaridade como valor sócio-moral; 3. Quanto à ação didático-pedagógica: currículo inadequado, geralmente, estipulado por resoluções governamentais, com vistas à realidade urbana; estruturação didático-metodológica deficiente; salas multisseriadas; calendário escolar em dissonância com a sazonalidade da produção; ausência de orientação técnica e acompanhamento pedagógico; ausência de material de apoio escolar tanto para professores quanto para alunos (Leite, 1999, p. 55-6).

A julgar pelo que disse o autor, é como se tivessem ocorrido silenciamentos e esquecimentos nos órgãos governamentais; certa "negligência" quanto ao povo do meio rural que luta por uma escola que não seja arremedo da escola urbana. Porém, mesmo as instituições escolares situadas no meio rural continuam a ser rurais, pois muitas que não atendem a assentamentos ficam regidas pela estrutura do artigo 28 da Lei de Diretrizes e Bases da Educação Nacional (9.396/96).

Com efeito, na condição de referência sociocultural e ponto de partida para a *práxis*, a chamada escola rural perdeu, aos poucos, a formalidade e a identidade tradicional; mas sobrevive às transformações, pois se transportou para o currículo a interpretação de que o campo e a vida campesina não têm o significado de outrora. Nessa perda, o campo não é só o contrário do urbano; é também um lugar que passa por inúmeras possibilidades e transformações.

Outro enfrentamento na relação entre educação *do* campo e educação *no* campo está no que defendem autores como Bezerra Neto (2010, p. 152) em reflexões tais quais a que se segue.

> Se entendermos que o processo educacional deve ocorrer no local em que as pessoas residem, devemos falar de uma educação no campo e aí, não haveria a necessidade de se pensar em uma educação específica para o campo, dado que os conhecimentos produzidos pela humanidade devem ser disponibilizados para toda a sociedade. Se entendermos que deve haver uma educação específica para o campo, teríamos que considerar as diversidades apontadas acima e perguntarmos, de que especificidades estamos falando? Partindo deste pressuposto, teríamos que considerar a possibilidade de uma educação para os assentados por programas de reforma agrária, outra para imigrantes, outra para remanescentes de quilombolas e tantas outras quantas são as diferentes realidades do campo. Nesse caso, trabalharíamos apenas com as diversidades e jamais com o que une todos os trabalhadores, que é o pertencer a uma única classe social, a classe dos desprovidos dos meios de produção e por isso, vendedores de força de trabalho, explorados pelo capital.

Parece existir, então, dualidade educacional no meio rural: 1) a educação *do* campo; 2) a educação *no* campo. Bezerra Neto (2010, p. 152) se atenta às bases epistemológicas desse posicionamento: poderiam partir da ideia de que "o mundo rural é diferente do urbano, como se fossem realidades distintas que não integram uma mesma totalidade". O autor enfatiza, então, a educação no campo que retrata as realidades diferentes do campo. Teóricos como Kolling, Néry e Mollina (1999, p. 26-9) afirmam que, "ao se refletir sobre a educação do campo, há que se pensar naquela voltada para todos os que trabalham no campo e que não são suficientes escolas no campo, mas sim escolas do campo". Com efeito, seriam escolas cujos projetos político-pedagógicos são coerentes com os desafios, as causas e os sonhos, com a história e a cultura do povo trabalhador do campo. Não por acaso, esse é o posicionamento do movimento em prol de uma *educação básica do campo*.

O conceito de educação do campo não existia há 20 anos, ou seja, é construto recente resultante de lutas sociais antigas no campo (e não só). O que aconteceu nesse tempo que possibilitou a construção dessa realidade educacional é objeto que instiga a reflexão; mas, para compreender a origem desse conceito, é necessário salientar que a educação do campo nasceu das demandas de movimentos sociais camponeses na construção de uma política educacional para os assentamentos de reforma agrária; isso é fato relevante à compreensão da história. Diante dessa demanda, também nasceram o Programa Nacional de Educação na Reforma Agrária e uma consequente coordenação geral para cuidar de tal projeto de educação. Simultaneamente, entraram no vocabulário as expressões *educação do campo* e *educação na reforma agrária*, que se complementam, mas com distinções.

> A Educação do Campo nasceu como mobilização/pressão de movimentos sociais por uma política educacional para comunidades camponesas: nasceu da combinação das lutas dos Sem Terra pela implantação de escolas públicas nas áreas de Reforma Agrária com as lutas de resistência de inúmeras organizações e comunidades camponesas para não perder suas escolas, suas experiências de educação, suas comunidades, seu território, sua identidade (Caldart, 2012, p. 15).

Quanto à educação na reforma agrária, ela se refere às políticas educacionais voltadas ao desenvolvimento dos assentamentos. Nesse sentido, é parte da educação do campo – esta compreendida tal qual processo em construção e cuja lógica presume a política que pensa na educação na condição de parte essencial do desenvolvimento do meio rural.

Raciocinar sobre o campo como território significa compreendê-lo na condição de espaço de vida, de um tipo de espaço geográfico[22] onde se realizam todas as dimensões da existência humana. Segundo Fernandes (2005, p. 2), o conceito de campo como "espaço de vida é multidimensional e nos possibilita leituras e políticas mais amplas do que o conceito de campo ou de rural somente como espaço de produção de mercadorias".

---

[22] Moreira (1982, p. 27) "entende o espaço geográfico como estrutura de relações sob determinação do social; é a sociedade vista com sua expressão material visível, através da socialização da natureza pelo trabalho". Então, espaço geográfico é o meio utilizado e transformado pelas atividades humanas. Em termos gerais, difere-se do espaço natural, em função de este último não ter diretamente consequências das práticas econômicas, sociais, culturais e cotidianas presentes nas sociedades e envolvendo os meio rural e urbano.

A economia não é uma totalidade; é dimensão do território. Aliás, saúde, educação, cultura, economia, organização política, tudo está nas relações constituintes das dimensões territoriais. Seria um equívoco grosseiro pensar nelas separadamente.

Desde a década de 1990, porém, a denominação *educação do campo* traduz uma política pública que, nos últimos anos, se concretiza no Brasil com direção à ampliação para destacar o papel dos sujeitos do meio rural e a importância da educação em sua formação e seu desenvolvimento (Brasil, 2012). A educação do campo adotada pelas políticas públicas se caracteriza tal qual resgate de uma dívida histórica do Estado com os sujeitos do campo que tiveram negado o direito a uma educação de qualidade, uma vez que os modelos pedagógicos ora marginalizavam os sujeitos do campo, ora se vinculavam ao mundo urbano, ignorando a diversidade sociocultural.

Segundo Fernandes (2005, p. 3), quando se trata de educação do campo,

> Portanto, não estamos falando de um campo genérico, mas sim de um Campo como território camponês. Daí, a ênfase na contração do Campo. Porque o Campo é ponto de partida e de chegada de nossas análises. Não é no Campo, porque o território não é secundário.

De fato, não tem aqui a palavra campo sentido genérico, e sim o sentido de território camponês. Daí a ênfase na contração *do* campo – porque o campo é o ponto de partida e de chegada de nossas análises; e não é *no* campo –, porque o território não é secundário. Os sujeitos do campo têm direito a uma educação pensada para seu lugar e com a participação deles no pensamento que concebe a escola; que precisa estar vinculada à cultura e às necessidades de tais pessoas porque estas se vinculam de maneira quase orgânica ao território multidimensional[23] onde estão.

A construção da educação do campo supõe eventos históricos em seu processo e, sobretudo, novas concepções de escola, de docente e de

---

[23] "A multidimensionalidade e a indissociabilidade do espaço e do território contêm as propriedades material e imaterial. As relações se expressam em ações, objetivos e objetos a configuração dos espaços e dos territórios. A definição e delimitação do território como espaço geográfico ou como conceito são definidas pelas intencionalidades dos sujeitos ou instituições que os construíram. A mobilidade dos territórios imateriais sobre o espaço geográfico por meio da intencionalidade determina a construção de territórios concretos" (Fernandes, 2005, p. 7).

discente, fundamentais à compreensão do tipo de educação a ser ofertada a povos residentes em áreas rurais. Nesse sentido, a escola do campo seria instituição que, às vezes, não tem estrutura física igual à de escolas tradicionais (biblioteca, banheiro adequado, sala de professores etc.). A estrutura física da escola do campo pode ter um barracão, a sombra de árvores, uma sala isolada sem estrutura pedagógica (quadro, cadeiras, mesas). Normalmente, escolas do campo são compostas de *uma* sala de aula, que se torna sala multisseriada, pois se misturam idades e conteúdos. Ainda assim, é nessa escola de feição variável que a educação tem de funcionar.

Com efeito, a educação do campo deve estar em todo o processo da escola do campo. Esta deve oferecer saberes a seu alunado nas mesmas condições materiais ofertadas aos discentes da cidade; ou seja, deve-se pensar no respeito às especificidades do trabalho com estudantes de perfil sociocultural distinto, tal qual ocorre nos espaços escolares urbanos. Diferencia-se a educação do campo da educação regular porque se baseia em práticas educativas e pedagógicas concordantes com a realidade da população rural, pois considera a cultura e as tradições de quem habita o meio rural. Nesse contexto, é preciso se preocupar com as relações capitalistas, perversas em sua complexidade, pois supõem impor ideias e culturas globais que podem massacrar culturas regionais.

A educação do campo busca considerar a identidade cultural dos sujeitos que nele vivem. Por isso, em sua dinâmica, docentes e discentes são considerados sujeitos em construção. Mas cabe aos professores a tarefa de perguntar quem são esses sujeitos; ou seja, quem são aqueles com quem compartilham experiências de vida durante o ano letivo, haja vista que, tal qual o docente, cada aluno tem sua identidade e sua história. Diante disso, quando abordados os eventos históricos da educação rural, as concepções de escola e de educador são fundamentais à compreensão do tipo de educação ofertado a moradores de locais distante do meio urbano. Por conta disso, entende-se a escola como espaço dinâmico segundo os pressupostos da educação do campo; e, nela, os professores são sujeitos importantes da construção de uma sociedade mais solidária e mais justa.

É o caso de reafirmar Caldart (2004): o sujeito que vive da terra necessita ser educado em seu local de origem e ter a possibilidade de participar da reflexão sobre o que é a educação vista do lugar de sua inserção social. De fato, trabalhadores e moradores do espaço campo têm o direito de pensarem em sua educação tendo por parâmetro suas vivências; mas se nota uma realidade um tanto adversa a esse direito. As políticas públicas educacionais federais direcionam suas diretrizes e normas para educação do campo que envolve o campo na condição de território rural. Dito de outro modo, visto o campo como dimensão formada por territórios diferentes, então se supõe que exigem políticas econômicas e sociais diversas; dentre as quais uma educação alinhada compreensivamente na diversidade e amplitude da população camponesa, também voltada ao desenvolvimento social e à educação de qualidade.

Portanto, políticas públicas para educação do campo, é importante frisar, devem ser direcionadas, também, à educação rural, pois esta ainda é modelo escolar que permeia o campo, o rural. Afinal, o conceito de educação do campo é recente: há espaço para ser aperfeiçoado ainda mais, ao que a pesquisa acadêmica pode contribuir.

3.3 ENSINO DE ARTE NAS ESCOLAS BRASILEIRAS

As referências ao ensino de Arte no Brasil são alusões à própria história de sua educação. Tal ensino não é recente, pois envolve aspectos afins à consolidação do processo educacional nacional, ou seja, mudanças no ensino de Arte permearam as reformas da educação brasileira. Até os dias atuais, foi percorrido um caminho longo de mudanças que tendem a continuar com o tempo, nem que sejam em adequações à realidade das políticas públicas via leis governamentais. Decorrem de situações e adequações de cada época; às quais o ensino de Arte não fica imune: vai se renovando e se ajustando às realidades sociais, políticas e econômicas.

Segundo Ferraz e Fusari (2009, p. 37), "assim como outras áreas do conhecimento", o ensino de Arte tem seu surgimento ligado a "mobilizações políticas, sociais, pedagógicas, filosóficas", também a "teorias e proposições artísticas e estéticas". São mudanças que compõem um processo político, cultural e social que só aos poucos tomou forma no contexto educacional.

Ao se ingressar na discussão da importância histórica do ensino da Arte no Brasil, algumas questões são postas: de que forma se desenvolveu? Que benefícios pedagógicos tem para a aprendizagem escolar?

Tal qual todo o processo da educação, o ensino de Arte foi determinado por fatores políticos e econômicos (Foerste, 1996), tais como o contexto em que a educação no Brasil teve início. Com efeito, foi com os jesuítas, por volta de 1549. Iniciaram na condição de missionários de uma pedagogia que objetivava catequizar povos originários e transformá-los em mão de obra. Dessa ação surgem as primeiras manifestações do ensino de Arte, em que entram elementos estéticos da vida de povos indígenas – expressão de valores, crenças, concepções de mundo etc. O ensino proposto pelos jesuítas dava ênfase maior às letras, à música (canto), ao teatro e à língua latina. Em razão das motivações catequéticas, a ênfase era maior que aquela dada a artes e ofícios.

Após a expulsão dos jesuítas, em 1759, houve a desestruturação do trabalho educacional, até então voltado às letras e alheio às ciências e à atividade manual. Deixavam-se as artes marginalizadas no contexto sociocultural. Uma década depois, iniciou-se uma organização escolar cuja reforma metodológica incluía as ciências, as artes manuais e a técnica. À época, o ensino público – conhecido por aulas régias – introduziu o desenho de modelo vivo; as aulas eram isoladas, ou seja, não se articulavam com as de outras disciplinas; também eram ministradas por professores leigos e mal preparados, na maioria. O ensino passou a ser disperso, fragmentado, diferente do ensino jesuítico (Abreu, 1998).

Após a vinda da família real para o Brasil, em 1808, a colônia virou metrópole; agora, era preciso criar certas estruturas e se fazerem mudanças significativas para o desenvolvimento da educação, até então pouco sistematizada (se voltava à formação e ao desenvolvimento de profissões técnicas e científicas). De fato, criaram-se mais escolas, mas não tiveram sucesso expressivo, por falta de investimentos e profissionais apropriados. Era difícil trabalhar tecnicamente a proposta de ofícios artísticos e mecânicos (Abreu, 1998).

O Brasil não tinha uma escola de Arte, de tal modo, em 1816 veio ao Brasil uma missão francesa, e com ela um estilo: o neoclassicismo ou academicismo, do qual se esperava que incrementasse a vida na colônia. Depararam-se, então, com o "barroco" brasileiro dos artistas populares considerados pelas camadas superiores como simples artesãos. A Academia de Belas Artes, criada pela missão, atraiu brasileiros com vocação à Arte, mas priorizava e impunha o estilo neoclássico, atendendo a um público aristocrático bastante restrito. O "barroco" de artesãos ensinados nas oficinas perde espaço para o ensino de Arte, a uma nova concepção de arte para brasileiros mais técnicos e refinados (Foerste, 1996).

No período Imperial, de 1822 a 1889, houve muitas transformações que podem ser vistas como desdobramentos da presença da corte. Foi construída uma legislação na qual o ensino público continuava fadado à precariedade: instalações (prédios inadequados), corpo docente (mal qualificado), remuneração dos professores (não atrativa), escassez de recursos e outros pontos. Nesse contexto, as disciplinas eram ensinadas precariamente também, inclusive o ensino de Arte (Barbosa, 1978).

A partir da Constituição de 1824, por exemplo, a escola de primeiras letras se tornou, no corpo da lei, gratuita a todos. Mas a realidade era outra, pois tal escola não era acessível a todos. Com o Ato Adicional de 1834, foi delegado às províncias o dever de ofertar instrução primária gratuita (descentralização do ensino). Porém, por falta de escolas ou mesmo de docentes, o acesso à escolarização era precário, quando não era inexistente (Foerste, 1996).

Após a Proclamação da República, em 1889, foi firmada uma nova Constituição, na qual a instrução primária ficou estabelecida tal qual tarefa de estados e municípios; o ensino secundário, obrigação dos estados (mas podendo ser mantido pela União); e o ensino superior, responsabilidade da União. A primeira reforma educacional da República (denominada Reforma Benjamin Constant) foi aprovada em 22 de novembro de 1890 (Decreto-lei n. 1.075) e se alinhou em dois movimentos de uma pedagogia para a Arte: o positivismo, defensor do ensino do desenho para educar a inteligência e preparar para a linguagem científica; e o liberalismo, que defendia o ensino do desenho na condição de formador de força de trabalho e preparador para a linguagem técnica; ou seja, havia "simbiose entre propostas positivistas e liberais", e o saldo foi a inclusão, "nas escolas primárias e secundárias", do "desenho geométrico"; este, ao lado da cópia, "permanece no cenário artístico escolar até os primeiros 20 anos do século XX" (Biasoli, 1999, p. 59).

A adesão a ideias tidas como do liberalismo influenciou políticas e, logo, a educação. Seu maior idealizador aqui foi Rui Barbosa, cujas ideias revelam uma concepção de Pedagogia que propiciou o ensino de Arte via ensino do desenho com ênfase grande no currículo secundário e maior ainda no do ensino primário. As ideias de Barbosa circularam até as primeiras décadas do século XX, daí se poder dizer de uma primeira concepção propriamente dita de ensino da Arte de base educacional. Para o autor, era preciso inserir, na educação do Brasil, o modelo de ensino de

Arte dos Estados Unidos, onde foi uma das bases sólidas da educação popular. Com isso, o desenho seria obrigatório no ensino secundário, além de se abrir à influência de outros teóricos, como Walter Smith.[24]

Com os movimentos políticos e culturais surgidos na década de 1920, dentre os quais a Semana de Arte Moderna de 1922, um clima de entusiasmo e renovação da educação começou a despontar. Contribuiu para isso a ação de intelectuais e educadores com vistas à reforma da educação, não por acaso, representaram o período de mais movimentação intelectual na educação da Primeira República e do governo Vargas. As reformas estaduais foram uma medida da tentativa de fazer expandir e melhorar a oferta de ensino público. Também houve preocupação com a obrigatoriedade do ensino de Arte no ensino primário e no secundário. Como se lê, o desenho ainda era a forma de inserção do ensino de Arte nas escolas e vinha de uma tradição de aprendizagem voltada ao trabalho industrial.

As concepções educacionais oriundas de novos ideais humanistas da Europa e dos Estados Unidos difundidas no Brasil traduziram um novo impulso à renovação do ensino de Arte nas séries iniciais, por isso constituíram um momento histórico.

> Esse novo caminho enfatiza a relação existente entre o processo afetivo e cognitivo, apontando para a concepção da arte como produto interno que reflete uma organização mental. Surgem as primeiras condenações aos modelos que impõem a observação como forma – até então, ideal – de ensinar arte. A crença agora é de que a arte não é ensinada, mas expressada, assim, a criança é quem procura seus próprios modelos, com base na sua própria imaginação (Biasoli, 1999, p. 60).

Com a nova proposta de inclusão da Arte no ensino primário como linguagem integrativa dos demais conteúdos curriculares ou das áreas de conhecimento, a metodologia continuou a ser a reprodução de desenhos copiados, usados como recurso visual para motivar a aprendizagem.

---

[24] Estadunidense, Walter Smith foi precursor de ideias para ensino de Arte. Segundo Barbosa (2015, p. 154), "Na busca de um modelo que estabelecesse a união entre criação e técnica, isto é, entre arte e sua aplicação à indústria, os intelectuais e políticos (especialmente os liberais) brasileiros se comprometeram profundamente com os modelos de Walter Smith para o ensino da arte nos Estados Unidos que passaram a divulgar no Brasil. Os principais divulgadores de Walter Smith no Brasil foram o jornal *O Novo Mundo*; Rui Barbosa, nos seus Pareceres sobre a reforma do ensino primário e secundário".

Durante o século XX, aconteceram várias mudanças na sociedade decorrentes de relações econômicas, sociais, culturais e pedagógicas que interferiram na educação. Com isso, surgiram abordagens ao ensino de Arte, a exemplo do movimento Escola Nova, que defendia a pedagogia progressista e expôs no *Manifesto da escola nova de 1932*, favorável à escola pública laica e obrigatória a toda a população, sem restrições. Na concepção dos chamados escolanovistas, o ensino de Arte era voltado para a expressão e inserido em novos métodos de ensino para sair da forma rígida tradicional com que era mantido até então. A metodologia presumia ideias da psicologia aplicadas ao desenvolvimento expressivo do aluno. Grande influência nessa pedagogia foi o pensamento de certos teóricos, sobretudo John Dewey, Viktor Lowenfeld e Herbert Read, contrários aos ideais da pedagogia tradicional.

A influência de educadores estrangeiros no ensino de Arte veio, então, com estudos de Dewey sobre a função educativa da experiência (a criança em constante desenvolvimento), de Lowenfeld, sobre o desenvolvimento da criança em fases diferentes (desenvolvimento da consciência estética e criadora) e de Read e sua teoria da educação pela arte (liberdade individual e integração na sociedade).

Com efeito, foi o educador Augusto Rodrigues que, em 1948, começou a difundir ideias de Read ao criar a Escolinha de Arte do Brasil, na cidade do Rio de Janeiro, RJ. Seu objetivo principal foi trabalhar a Arte na condição de expressão e liberdade criadora. A iniciativa surgiu como proposta inovadora no contexto nacional, pois se criaram ateliês e oficinas para que crianças e adolescentes desenvolvessem sua autoexpressão em desenhos e pinturas de modo a desenvolverem a criatividade livremente. A escolinha se propôs a trabalhar requisitos ausentes na educação formal, tais quais liberdade, espontaneidade e criatividade. Não por acaso, mais tarde a instituição passou a funcionar conforme espaço de treinamento de futuros professores de Arte.

Na condição de ideologia e princípio educacional, Rodrigues (1972, p. 3) acreditava, propunha e defendia, com incisão, que certos "princípios básicos" pelos quais "nos norteamos" seriam "imutáveis", fosse o "profundo respeito ao outro", a "criatividade como elemento essencial à vida" ou a "paz entre os homens como o mais elevado pressuposto da educação". Com a repercussão das práticas desenvolvidas na escolinha a partir de 1958, o governo federal criou classes experimentais em escolas primárias e secundárias para conclamar docentes a uma educação mais dinâmica e criativa; apesar de haver ainda fatores que não garantiam o reconhecimento do ensino de Arte tal qual área propulsora ao desenvolvimento estudantil integral.

Na metade do século XX, o ensino de Arte herdado do século XIX ainda se perpetuava em escolas públicas; e com indiferença e relegação a segundo plano no currículo, sobretudo a ideia de Arte como luxo disponível e acessível a classes privilegiadas, a uma "elite cultural". Nota-se que essa "elite" era influente; ao não reconhecer o fazer artístico popular ou a manifestação artística do povo na condição de Arte, não permitia a seus autores o acesso a ela, o que tinha efeito de repressão, desencorajamento à manifestação estético-artística de uma poética "do fazer e produzir arte" fora do panteão da Arte, do cânone.

O que se sabe, portanto, é que até o fim do decênio de 1960 existiam poucos cursos de formação de professores de Arte; ou seja, delegava-se às escolas o poder de colocar quem elas quisessem para ministrar aulas de desenho, desenho geométrico, artes plásticas, música e arte dramática (em geral, eram egressas de cursos de Belas Artes, de escolas de arte dramática e de conservatórios). De fato, houve mudanças no currículo do ensino de Arte após a Lei de Diretrizes e Bases da Educação Nacional (4.024/1961). Segundo Ferraz e Fusari (2009, p. 50), "a Arte deixa de ser compreendida como um campo preferencial de saberes sistematizado e, tais quais as demais, tornam-se uma prática para aprimorar a personalidade e hábitos adolescentes".

Após o golpe de Estado em 1964, a repressão atingiu a política, a economia, a cultura e a Arte. A ditadura militar-civil fez o povo aceitar novas regras num clima de terror que atingiu maciçamente a educação. O ensino de Arte, então, permaneceu sob dois ângulos dicotômicos: supervalorização como atividade livre (ensino extracurricular); experimentação nas escolas públicas de acordo com a lei de diretrizes e base de 1961. Seguiu-se a reformulação do ensino superior com a reforma universitária (Lei n. 5.540/68) e a proposta de reformulação do 1º e 2º graus (Lei de Diretrizes e Bases, n. 5.692/1971), impostas numa tendência puramente tecnicista. Com essa lei de 1971, o ensino de outras linguagens da Arte – música, artes plásticas, artes cênicas e desenho – foi excluído, e o Ensino de Arte passa a ser nomeado Educação Artística, obrigatória no currículo escolar dos novos 1º e 2º graus.

A Arte foi incluída no currículo escolar com o título de Educação Artística, porém considerada como atividade em vez de disciplina. A lei determinou: "Será obrigatória a inclusão da Educação Moral e Cívica, Educação Física, Educação Artística e Programas de Saúde nos currículos plenos" e tendo em vista "o dispositivo no decreto-lei nº 869, de 1º de setembro de 1969" (Brasil, 1971, art. 7º).

Contudo, a determinação do artigo 7º gerou dicotomia e controvérsia na concretização da reforma da educação.

> É realmente uma situação irônica aquela em que se encontram a arte e seu ensino. De um lado, uma lei que obriga o ensino de arte nas escolas e, de outro, um país em regime ditatorial desde 1964, onde a censura reprime toda e qualquer atividade artística. Isto gera uma contradição: a utilização da arte como elemento de construção da consciência popular — até então desvalorizada como tal — é agora valorizada (mesmo que desviada de suas funções) e obrigada a colaborar com um sistema voltado à industrialização e à tecnologia que orientam o ensino e a própria arte para garantir a produção e o consumidor. (Biasoli, 1999, p. 72).

A partir dos anos 1970, no ensino de Arte os professores enfatizaram aspectos parciais da aprendizagem, ou seja, privilegiaram a reprodução de modelos e técnicas e execução de tarefas pré-fixados e distribuídos em planejamentos desvinculados da realidade escolar e da realidade estudantil. Independentemente de sua formação e habilitação, exploravam todas as linguagens da Arte. De fato, pode-se dizer que foi uma época de muitos professores de Arte atuando sem a habilitação necessária. Conforme a lei, a Educação Artística nas instituições escolares permanecia apelando ao aspecto técnico do instrumental artístico, por isso se atinha ao 1º grau como iniciação ao trabalho e ao 2º grau como habilitação profissional.

Com efeito, a década de 1980 foi marcada por lutas significativas, por críticas à educação imposta pelo governo ditador, por mais engajamento na reconquista do prestígio educacional e na expressão das insatisfações em meio a profissionais da educação. Mesmo nesse contexto de opressão militar na educação, o ensino de Arte sofreu transformações epistemológicas e metodológicas que, em sua maioria, visaram promover, nas aulas, a formação de sujeitos críticos e conscientes de seu contexto, tanto quanto uma formação docente mais forte na década de 1990. Os atos de ensinar

Arte e de criar peças artísticas estão inter-relacionados, logo precisam se manterem em sintonia, para gerarem compreensão aprofundada e potencializar transformações sociais.

Em 1996, a nova Lei de Diretrizes e Bases da Educação Nacional (n. 9.394) veio orientar a organização educacional: da educação infantil ao ensino superior, em níveis, etapas e modalidades variados. A educação escolar passou a se dividir em dois níveis: educação básica e educação superior. Nesse contexto, o ensino de Arte (artes visuais, música, teatro e dança) se tornou obrigatório, tal qual prescreve o artigo 26, parágrafo II: "o ensino de Arte constituirá componente curricular obrigatório, nos diversos níveis da Educação Básica, de forma a promover o desenvolvimento cultural dos alunos" (Brasil, 1996, art. 26).

Com as novas diretrizes e bases da educação, foi possível se proporem abordagens pedagógicas voltadas à renovação da educação, a exemplo da Abordagem Triangular e, dentro dela, a história da Arte como espaço importante de revigoramento. Tal proposta, concebida por Ana Mae Barbosa (2001), é a teoria pedagógica que mais parece se importar com o ensino da história da Arte e é uma das mais utilizadas nas práticas pedagógicas. Dá-se ênfase à leitura de imagens das obras de arte pelo docente nas aulas de Arte. Barbosa (2001) aponta a importância de se conhecerem princípios de cada estilo e movimento artístico, além de suas relações com o meio social, político e cultural. Conforme ela afirma: "cada geração tem direito de olhar e interpretar a história de uma maneira própria, dando um significado à história que não tem significação em si mesma" (Barbosa, 2001, p. 38). Dito de outro modo, cada pessoa tem liberdade para interpretar as relações entre história da Arte e obra artística à sua maneira, que pode ser partindo de seu meio sociocultural.

Dito isso, fazer um histórico do ensino de Arte no Brasil é desvelar sua importância na educação e suas mudanças para adequações necessárias à sua aplicabilidade. Mas, ante as questões levantadas, vem à tona a situação de um ensino de Arte sempre mantido à margem relativamente aos demais saberes curriculares; é como se fosse atividade de domínio técnica, demonstração de "dom" ou habilidades, certamente algo que adorna o currículo. Nesse sentido, tais influências e desdobramentos permitem considerar o ensino de Arte subsistema da educação pública elementar do Brasil do século XXI.

4

ENSINO DE ARTE EM COLABORAÇÃO: PROPOSTA METODOLÓGICA PARA PRODUÇÃO DE NARRATIVAS

> *A arte não só constrói e modifica um ambiente, como faz dele um diálogo participativo.*
> Celant

Pensar em pesquisa científica supõe lidar com questionamentos em prol de procura por algo novo, sejam técnicas adequadas ou avanços tecnológicos. Convencionalmente, a pesquisa cientifica se baseia em metodologias adequadas às inquietações dos pesquisadores e suas contribuições para a sociedade. Na elaboração e no desenvolvimento da pesquisa, o pesquisador deve se preocupar com instrumentos necessários para alcançar seus objetivos de maneira que a base metodológica alicerce sua pesquisa de maneira bem definida. Uma pesquisa bem estruturada opta por uma metodologia que possibilite uma investigação concisa, coerente e comprometida com a problemática em estudo.

Com efeito, para definir metodologia de pesquisa são necessários muito empenho e estudo, pois o objetivo do processo é construir conhecimentos abrangentes de possibilidades e perspectivas daquilo que se quer saber. A adequação do planejamento do trabalho à realidade do fenômeno estudado precisa trilhar caminhos que assegurem o máximo de precisão para que a pesquisa se fortaleça em si, mesmo que os problemas pesquisados permaneçam em aberto. Por meio do planejamento, ficam estabelecidos caminhos e trilhas a serem percorridos. Como é da inquietação que parte o interesse de um pesquisador, a pesquisa deve ser vista como indagação sistemática, crítica e criativa que gera atitudes de levantamento de problemas.

Diante disso, este capítulo trilha o caminho do campo teórico que direciona e sustenta a pesquisa aqui descrita. A orientação teórica vem de

Adorno (1970, 1971, 1985, 1986, 1994, 2000), Marcuse (1965, 1986, 1999), Benjamin (1983, 1994), Ferri (2013), Giroux (1997), Coutinho (2004), Nóvoa (1988) e Ana Mae Barbosa (2001). No campo metodológico em si, abracei ideias de autores tais quais Fachin (2005), Barros e Lehfeld (1990), Lüdke e André (1986), Severino e Pimenta (2008), André (1995), Rojas, Baruki-Fonseca e Souza (2008), Triviños (1987), Gil (2010), Meihy (1994; 2017), Alberti (2004), Yin (2010), Flick (2009), Skinner, Tagg e Holloway (2000), Godoy (1995), Richardson (1999), Denzin e Lincoln (2006), Dores, (1999), Pollak (1992) e Gil (2008). Portanto, o capítulo se destina a apresentar a abordagem metodológica da pesquisa e descrever a categorização de participantes e lócus da pesquisa.

4.1 O LASTRO TEÓRICO-CONCEITUAL DA PESQUISA

Durante a pesquisa, nada impede que apareçam ideias e teóricos não presumidos no escopo inicial e que vão se agregando ao conjunto. Agregar novos elementos teóricos faz parte da pesquisa, pois se tornam sua sustentação. Não por acaso, Hartley (1995) defende ser importante contar com uma estrutura teórica de referência antes e durante o processo de pesquisa. Mas deve ser amplo e não constituir um elemento impeditivo ao aparecimento de ideias e conceitos explicativos. Nesse contexto, primordialmente, a ênfase teórica permeará a apreciação da arte adentrando o ensino de Arte, ressaltará e defenderá sua importância, mesmo se reconhecendo que a sociedade capitalista enxerga a arte tal qual elemento ilustrativo, feito "adorno" da matriz curricular e não como aliada de elementos que compõem o mundo contemporâneo.

Assim, a intenção de pesquisar o tema desta tese supôs pensar em delineamentos das observações a serem feitas e das brechas encontradas. Para isso, foi importante fazer um recorte do conhecimento teórico que se traduz aqui em vocábulos e termos: arte; ensino de Arte; educação por meio da Arte; formação do professor de Arte; aprendizado e pesquisa em Arte; cultura e interculturalidade. Tudo são aspectos estruturais e fundamentais desta tese, isto é, da análise de potencialidades e limites do ensino de Arte para formar sujeitos com base na teoria crítica[25] da

---

[25] A chamada Escola de Frankfurt foi estudada em aspectos gerais da história do grupo e de princípios da teoria crítica por Matos (1993), Slater (1978) e Jay (1984). Ela alude a teóricos que tratam da ideologia da racionalidade tecnológica, do conceito de formação na modernidade e na sociedade industrial, bem como questões concernentes à educação, à escola e à importância da arte e da experiência estética na constituição dos indivíduos.

sociedade. Portanto, foi um pressuposto investigar a relação entre cultura, sociedade e educação e, mais precisamente, o caráter educativo da Arte.

Adorno endossa tal raciocínio, conforme se lê na transcrição de seu pensamento a seguir, feita por Cohn (2008, p. 24).

> Não somente a teoria como também sua ausência se converte em força material quando se apodera das massas. A pesquisa social empírica não é corretiva apenas ao impedir construções cegas a partir de cima, mas também no tocante à relação entre essência e aparência. Se cabe à teoria da sociedade relativizar criticamente o valor de conhecimento da aparência, então à pesquisa empírica, por seu turno, cabe proteger a essência da sua mitificação. A aparência é sempre uma manifestação da essência e não mera ilusão. Suas mudanças não são indiferentes para a essência. Quando de fato ninguém mais sabe que é trabalhador, isso afeta a composição interna do conceito correspondente, ainda que a sua definição objetiva – aquela baseada na separação dos meios de produção – se mantenha plena.

Como se lê, a reflexão de Adorno toma como medida a relação que envolve as relações entre aparência e essência. Da forma como entendo, no caso da pesquisa social – a pesquisa sobre educação –, a forma de abordar o objeto de estudo supõe considerar a forma como o objeto se apresenta à observação do pesquisador e à forma que lhe aparecerá quando passar da fase de observação do objeto à de familiarização, de envolvimento, de lida, de manuseio de apreensão, ou seja, passar a fase do conhecimento da essência do objeto de pesquisa.

Aplicado a este estudo, tal raciocínio se encaixa no caso de uma escola abordada na pesquisa. Na observação, a aparência se mostrou com a marca do descaso do Estado com as condições materiais da escola; haja vista que a execução do trabalho depende das condições, o que foi constatado pela observação levaria facilmente à conclusão de que o ensino na escola era prejudicado pela precariedade; ou seja, a aparência seria espelho da essência. O envolvimento com a escola – a entrada no coração do objeto – mostrou, porém, que não havia correspondência inequívoca entre aparência e essência. De fato, o que se viu na observação não era ilusão – como diz Adorno; mas em seu interior, na sala de aula, a escola mostrou – palavras da diretora – que a educação depende, não das condições materiais ideais, mas das condições que permitam aos professores trabalharem com nível elevado de satisfação pessoal e realização profissional: ter autonomia e ter apoio, ter o que dizer e ter quem ouça, para começar. No caso da escola observada, é o trabalho da diretora – convicta de seu papel social – a força que ajuda a equipe a sobrepor as carências materiais.

Dito isso, uma sistematização dos estudos teóricos realizados pelos autores da teoria crítica da sociedade vai destacar, especialmente, quem trata da ideologia da racionalidade tecnológica, discute o conceito de formação na modernidade e na sociedade industrial e debate questões concernentes à educação e à escola, à importância da arte para formar indivíduos. Tais autores seriam Adorno (1970, 1971, 1985, 1986, 1994, 2000), Marcuse (1965, 1986, 1999) e Benjamin (1983, 1994).

Com efeito, existem teorias explicativas diversas para o fenômeno da arte como *arte* objetiva e/ou subjetiva e a relação indivíduos–arte. Alguns definem a Arte apenas subjetivamente, isto é, tal qual meio de expressão individual desvinculado da sociedade. Com base nessa compreensão, a arte seria exclusivamente um suporte para o sujeito objetivar sua subjetividade e expressar sentimentos e pensamentos. Nesse sentido, a subjetividade humana é tomada como algo isolado de aspectos sociais e históricos.

Outra corrente teórica está ligada à psicologia e psicanálise. Entende que a Arte é um meio para a sublimação. Nessa perspectiva, a Arte teria a função social e psíquica de auxiliar o homem a regular suas energias a fim de se transformarem em ações socialmente aceitas.[26] Também cabe citar uma corrente objetiva, que afirma que a Arte é um meio pelo qual o homem comunica algo de seu tempo histórico e social; não é apenas um meio de expressão unicamente individual e de sublimação psíquico. Essa corrente teórica é defendida e acertada no campo do conhecimento da Arte.

Disso entendo que a arte é compreendida como meio de objetivação da subjetividade dos indivíduos e elementos histórico-sociais; isto é, tal qual fenômeno social, a arte em sua existência engloba a cultura. Por isso, não é passível de ser compreendida exclusivamente em si, subjetivamente. Antes, a arte imprime na realidade a identidade de seu criador – o artista –, por isso é relacionada aos processos sociais e históricos que permitem ao artista manifestá-la por meio da cultura.

Na arte, a subjetividade deve ser compreendida na condição de um elemento coletivo: construído socialmente e não meramente de modo

---

[26] Vygotsky (2001) descreve abordagens explicativas do fenômeno artístico.

individual, pois o sujeito em sua trajetória se compõe e se apropria de conhecimentos históricos construídos por outrem. Ao objetivar sua subjetividade por meio da arte, o artista imprime na realidade aspectos da subjetividade, mas é afetado por elementos sociais tal qual ocorre a artistas que, durante a produção de sua obra, deixam nelas "impressas as marcas do narrador como os vestígios das mãos do oleiro no vaso de argila" (Benjamin, 1994, p. 107).

Teoricamente, a Arte é compreendida aqui segundo os termos que se seguem.

> O conceito de arte é compreendido aqui como crítica objetiva às condições sociais e históricas que determinam as relações entre os homens e a formação da subjetividade dos indivíduos. Desse modo a arte está vinculada à crítica e à filosofia, bem como a crítica da cultura, da sociedade e da razão instrumental. Entretanto, vale lembrar que arte além de se manifestar em seu aspecto crítico, pode apresentar-se também, em determinadas situações sociais e históricas, como reprodução idealizada do existente (Ferri, 2013, p. 3).

Então, neste estudo, compreende-se por Arte uma atividade humana que contém elementos individuais, históricos e sociais e que é dotada de um fim em si, na medida em que se consome em sua própria realização. Ressalta-se, porém, que este estudo parte da consideração de que a Arte é atividade humana apropriada pela lógica do objeto ou produto (mercadoria), mas que ainda preserva, no cerne, aspectos culturais diversos e contraditórios que podem favorecer o processo de elucidação. Nesse sentido, a apropriação da arte pela referida lógica não cancela nem elimina de todo o potencial crítico da arte, uma vez que esta, por ter caráter de não identidade imediata com a realidade, exige esforço dos indivíduos, no momento de sua produção e recepção, para o entendimento do que é Arte.

Nesse contexto, a Arte por ser crítica faz com que os sujeitos exercitem o pensamento crítico em nome do desenvolvimento de um pensamento não instrumental, isto é, de um pensamento que não utiliza ação nem considera o objeto para alcançar um fim. Por meio do contato com as obras de arte, pode-se ter experiências formativas da sensibilidade e da compreensão em torno da construção do conhecimento. Diante disso, pode-se afirmar que a arte expressa conteúdos culturais auxiliares nas experiências de formação de sujeitos e potencializa o processo de desencantamento da sociedade.

A atenção à relação da educação escolar com a arte, com o ensino da Arte, é promovida pela organização social das práticas pedagógicas e exigências legais prescritas por documentos oficiais referentes a tal ensino. Leis de orientações e diretrizes curriculares indicam interesses e definições educacionais e devem organizar a estrutura educacional, muitas vezes posta em xeque pelas práticas dos professores de Arte, caso não tenham participações democráticas em suas estruturações e organizações.

No entanto, é inegável que normas educacionais e diretrizes curriculares orientam a prática escolar e são parte dos componentes que movimentam as práticas docentes. Com efeito, imposições normativas organizam – às vezes de imediato – certas "questões de natureza técnico-pedagógica, como as que se referem aos objetivos, métodos, medida do aproveitamento, currículo, unidades didáticas" (Nagle, 1976, p. 2). De outro lado, organizações escolares, segundo Saviani (1997, p. 227), "são produtos da sociedade no seio da qual entram em interação"; numa sociedade partida em classes, "essa interação se dá sob o influxo de forças sociais contrapostas", as quais, por sua vez, podem frear ou impulsionar o desenvolvimento da escola e da legislação.

Também inegável é que as exigências legais instituíram a arte como objeto de *disciplina obrigatória* com o nome de Arte (antes, havia sido Educação Artística e Arte-Educação) e status equivalente ao das demais matérias curriculares. De fato, foi a Lei de Diretrizes e Bases da Educação Nacional de 1996[27] que prescreveu a disciplina na condição de obrigatória[28] e que, com isso, consolidou uma luta que se iniciou no movimento chamado arte-educação, na década de 1980. Adverte-se, aqui, que nem sempre a mudança de nome da disciplina significa necessariamente mudança na essência curricular; mas, no caso da Arte, houve mudanças significativas em sua condução.

Com a Base Nacional Curricular Comum de 2017, o ensino de Arte propõe que a abordagem das linguagens articule seis dimensões do conhe-

---

[27] A execução da Lei de Diretrizes e Bases da Educação Nacional foi acompanhada da elaboração de documentos curriculares orientadores cuja versão definitiva foi apresentada como *parâmetros curriculares nacionais* para o ensino fundamental e médio e como *referencial curricular nacional* para a Educação Infantil.

[28] A Lei de Diretrizes e Bases da Educação Nacional determina que "o ensino de arte constituirá componente curricular obrigatório, nos diversos níveis da educação básica, de forma a promover o desenvolvimento cultural dos alunos" (Brasil, 1996, art. 26).

cimento; estas, de maneira indissociável e simultânea, caracterizam a singularidade da experiência artística. Ei-las: criação; crítica; estesia (sensibilidade para a estética); expressão; fruição; reflexão. Diante desse novo enfoque, a mudança principal trazida pela base curricular está em situar os discentes na posição de sujeitos e protagonistas da disciplina Arte. Além de participarem da definição de temas a serem tratados em sala de aula, devem se sentir livres para explorar a sensibilidade e criar, com auxílio e incentivo do professor. Outra mudança – brusca e que envolve habilidades com a arte – está abordada na Base Curricular Nacional: artes visuais têm por objetivo explorar a cultura visual de regiões diferentes, enquanto a dança é importante para desenvolver a expressão pelo movimento corporal com a música, o teatro e as artes integradas.

Por serem constantes no âmbito nacional, essas mudanças no campo educacional delineadas por políticas públicas, órgãos e secretarias de educação presumem consequências imediatas ao movimento educacional em torno de realidades que desencadeiam a necessidade do ensino de Arte; pesquisas e produções teóricas na formação e atuação docentes no ensino de Arte permeiam e propõem discussões sobre os professores de Arte, o significado do ensino de Arte e a formação docente para tal disciplina.

Conforme visto em referências bibliográficas de teses e dissertações do banco de dados da Capes, o ensino de Arte tende a ser mais analisado pela lógica da pedagogia ligada à prática de ensino e da formação artística de quem leciona. Entretanto, essas práticas desvelam certa complexidade na educação que se torna aparente em pesquisas acadêmicas (e não só), em especial naquelas sobre formação docente.

De fato, a formação inicial não só instrui o futuro educador, mas ainda o acompanhará no exercício da profissão em sala de aula. Esses são os dois pontos-chave da formação de professores. Mas é notório que são os docentes, no exercício cotidiano da docência, que tentam (ou não) concretizar políticas públicas e diretrizes de órgãos educacionais. Reflexões acerca das atuações em sala de aula revelam o que acontece na aprendizagem discente e os contornos a serem feitos na tentativa de se superarem problemas cotidianos na escola. Assim, além de serem executores de programas de conteúdo, os educadores são pensadores e transformadores de situações para cumprirem a tarefa de educar; e o seriam mesmo os que não percebem tais transformações no cotidiano escolar, pois estas os afetam também.

À parte a tarefa de ensinar – maravilhosa para uns –, convém aqui pensar com Giroux (1997), que vê nos professores "intelectuais transformadores". Dito de outro modo, educadores seriam agentes do questionamento, da reflexão e da proposição de realidades de aprendizagem úteis à superação de ideologias que os estigmatizam profissionalmente. São profissionais dos quais o sistema espera uma afirmação de importância via exercício pleno de funções técnicas e burocráticas nas instituições escolares. Assim, os educadores podem transformar a transmissão e construção de conhecimentos pela ação docente e, sobretudo, pela reflexão crítica sobre as tarefas do ensino e das aprendizagens escolares.

Para Giroux (1997, p. 162), ao vermos os

> [...] professores como intelectuais, nós poderemos começar a repensar e reformar as tradições que têm impedido que os professores assumam todo o seu potencial na condição de estudiosos e profissionais ativos e reflexivos.

Com efeito, apreender os docentes tais quais intelectuais transformadores possibilita ver, com outros olhos, a escola e o processo de ensino e aprendizagem. É uma visão democrática da ação profissional para a comunidade escolar e as instituições escolares em nome de uma aprendizagem que faça diferença na vida do alunado quando estiver fora da escola.

Nesses patamares, os professores são reconhecidos como sujeitos de saberes que, além de serem baseados em conteúdos postulados pela educação formal, somam-se às experiências da aprendizagem, às convivências, às relações sociais institucionais e a outras instâncias que fornecem elementos para a formação cultural na escola. Do docente se espera que seja capaz de formar uma consciência crítica de ensino no decorrer do processo. Nessa possibilidade de educar, provavelmente o professor proporcione saberes artísticos e culturais, além de saberes pedagógicos, para garantir o trabalho com a arte em sala de aula. Essa integração de saberes do educador proporciona aprendizagem discente.

No exercício da docência, o docente constitui um repertório de conhecimentos, habilidades e competências além daqueles construídos nos estudos disciplinares e acadêmicos; muitas vezes, são adquiridos na origem das experiências em suas práticas cotidianas. Entretanto, conteúdos de que procedem saberes artísticos docentes apreendidos na formação acadêmica também permeiam suas carreiras e são entranhados por outros saberes introduzidos de modo menos formal, a exemplo da cultura, da vivência e das intercorrelações de saberes no cotidiano escolar.

Dada essa complexidade de fatores, vem a inquietação quanto às contribuições/interferências para a formação docente e as experiências artísticas vivenciadas pelo professor de Arte. Ou seja, quanto ao profissional do meio rural trabalhar com a interculturalidade de modo que sua disciplina seja significativa à formação da identidade cultural do aluno. Além disso, inquieta a maneira como essa formação incide sobre o saber-fazer pedagógico docente, o saber cultural intercultural adquirido em sala de aula e os conteúdos que vão fazer parte dessas experiências artísticas. Aposta-se na possibilidade de que a cultura e as expressões artísticas com que o docente mantém contato ao longo de sua trajetória de vida e profissional (em sala de aula) forneçam subsídios à formação artística. Se assim o for, então essa questão merecerá aprofundamento para averiguações, por produzir explicações que contribuiriam para estudos no campo da formação.

No campo escolar, a relação educação-cultura abrange processos formais e não formais por meio dos quais a cultura é transmitida e a educação escolar é apenas um dos processos. A Lei de Diretrizes e Bases da Educação Nacional reconhece que a educação inclui "processos formativos" emanados da "vida familiar", da "convivência humana", do "trabalho", das "instituições de ensino e pesquisa", dos "movimentos sociais e organizações da sociedade civil" e das "manifestações culturais" (Brasil, 1996, art. 1º).

Debates, análises e produções teóricas em torno do multiculturalismo no viés interculturalismo compreendem concepções que variam quanto à capacidade de promoverem ou obstarem processos de construção da cidadania em grupos cultural e racialmente diversos de um padrão monocultural. Incluem o olhar da diversidade cultural pelo exotismo e pelo folclore, passando por visões de assimilação cultural, até chegar a perspectivas mais críticas de estereótipos e processos de construção das diferenças. Da diversidade monocultural do sujeito, se vai ao interculturalismo no seu multiculturalismo, pois todos estão entremeados em rede, num movimento cíclico de culturas.

Pansini e Nenevé (2018, citando Silva, 2007) entendem que o multiculturalismo se refere a culturas diferentes espalhadas no mundo afora e objetiva evitar conflitos sociais via aprendizagem escolar voltada à importância da cultura e das culturas. O multiculturalismo presume a concepção de que todas as pessoas têm suas culturas e que diferenças devem ser não só respeitadas, mas ainda valorizadas. Nesse movimento cíclico de culturas dentro e fora da escola, embora alguns sujeitos possam não perceber o interculturalismo na escola, muitas vezes o educador saberá lidar com essas percepções e tentará englobá-las nos saberes educacionais.

Aqui não se pretende discutir articulação dos saberes na formação dos professores que advêm das fontes formais e informais nem dar mais importância à cultura, nem postular supremacia de uma e de outra; mas se pretende compreender como cada um se apresenta no contexto escolar e que resultados podem suscitar ao território, especificamente à ruralidade. Sabe-se que os fazeres artísticos que se cultivam e se aperfeiçoam em sala de aula pelos docentes se fazem necessários no cotidiano escolar. Sabe-se que o significado de formação a que nos referimos na academia está vinculado à habilitação por meio de estudos e pesquisas. Percebe-se que revela saberes e fazeres a proposição dos professores ao terem a formação acadêmica "anulada" pela construção de saberes diferentes da habilitação (da formação inicial) adquiridas no percurso da vida. Assim, formaliza-se, na pesquisa, a concepção de que "a palavra 'formação' designa tanto a atividade de formar-se no seu desenvolvimento temporal, como o respectivo resultado [...] desse percurso" (Coutinho, 2004, p. 150). Essa ação dupla se desdobra no processo em que o sujeito se formou e em que fez, no presente, uma reflexão sobre o passado – reflexão em si formadora.

Nóvoa (1988) discute a necessidade de (autos)sensibilização para se reconstituírem experiências por meio de relatos orais grupais, como um momento de aquecimento antes de se iniciar o processo propriamente dito de redação. Ao se ouvir a história do outro, da troca de informações podem vir pistas de condições mais favoráveis para nos situarmos em nossa própria história ao apurarmos mais o entendimento de certas situações recordadas. Com efeito, trata-se de um processo de autoconhecimento que pode levar ao entendimento da forma como alguém chegou a ter ideias, pensamentos, anseios e desejos que tem. Esse processo retrospectivo se faz necessário para se entenderem caminhos delineados na formação do professor.

O relato biográfico não convém ser pensado apenas na perspectiva cronológica das vivências; antes, deve-se pensar por meio de uma reconstrução retrospectiva espontânea de dado percurso de vida com base nas relações e articulações entre momentos diversos que compõem a história de vida de cada um. Nesse caso, é a história da formação docente do professor de Arte e suas correlações com arte. As vivências e experiências com a arte serão, então, eixo organizador da investigação desse processo, isto é, o norteador das formações acadêmicas do professorado; e ocorrerá numa perspectiva de autoconhecimento de si que se torna o passo inicial para (re)construção de saberes apreendidos na vivência do sujeito educador.

Em estudos acadêmicos da área de educação, não se veem com bons olhos metodologias de pesquisas que enfocam as histórias de vida de seus profissionais; em geral, as críticas são a "erros de percurso" e até a processos psicanalíticos do sujeito. Ante a esses preceitos, pesquisar exige muito cuidado no percurso das pesquisas educacionais.

De fato, Nóvoa (1988, p. 125) tenta desfazer o receio ao se referir à autobiografia:

> [..] pelo contrário, o que nos interessa [na autobiografia] é que o indivíduo construa a sua memória de vida e compreenda as vias que o seu patrimônio vivencial lhe pode abrir: ao fazê-lo no presente ele está a formar-se (emancipar-se) e a projectar-se no futuro.

O pensamento de Barbosa (2001) se acresce aqui ao acentuar que o sujeito *de* e *com* memórias pode ser a base metodológica das pesquisas educacionais, pois tem muita importância na re-humanização da educação. Ela cita que, desde a década de 1970, na educação inglesa se desenvolvem pesquisas "advogando uma leitura da internalidade do saber individual como garantia de aprendizagem crítica" (Barbosa, 2001, p. 9).

4.2 O ARRANJO METODOLÓGICO DA PESQUISA

A metodologia é um processo intelectual para adquirir conhecimentos por meio da investigação de uma realidade e da busca de verdades sobre determinado fato. Assim, o objetivo primordial de uma pesquisa, conforme Fachin (2005, p. 139), é "descobrir respostas para perguntas empregando procedimentos científicos". Dito de outro modo, os problemas indagados se resolvem mediante aplicação de métodos científicos. Como dizem Barros e Lehfeld (1990), os procedimentos metodológicos se fazem necessários à pesquisa porque respondem pela forma e pelo instrumental técnico de estruturação de uma pesquisa acadêmica. Assim, convém apresentarmos os procedimentos metodológicos escolhidos para realizar a investigação descrita nesta tese.

O foco na pesquisa sobre a formação e a prática docente de Arte se desdobrou na forma de estudo e pesquisa (ir a campo para averiguar fenômenos). A execução exigiu fazer um Estado do Conhecimento mediante levantamento de estudos acadêmicas disponíveis na base de dissertações e teses da Capes. O critério de procura foi o uso da expressão *ensino de arte*. Tal qual dizem Lüdke e André (1986, p. 38), a análise de textos, documentos, artigos, dissertações e teses como método constitui uma "técnica valiosa de abordagem de dados qualitativos, seja complementando as informações obtidas por outras técnicas, seja desvelando aspectos novos de um tema ou problema". Também se consideram aqui conteúdos de currículos, livros didáticos e trabalhos que exploram a realidade local do município de Uberlândia, MG, em particular escolas do meio rural, além da sistematização, análise e representação de dados e informações de fontes primárias e secundárias. Aí se incluem, por exemplo, a Lei de Diretrizes e Bases (5.692/71), a Lei de Diretrizes e Bases da Educação Nacional (9.394/96) e Diretrizes Operacionais para a Educação Básica nas Escolas do Campo (Brasil, 2001), dentre outras.

Entre 3 de março de 2015 e 11 de maio de 2023, a busca no site da Capes almejou dissertações e teses que contivessem a expressão ensino de arte. O ponto de partida foi a seleção de trabalhos alinhadas ao tema da pesquisa. Também se consideraram conteúdos de currículos, livros didáticos e trabalhos afins à realidade do município de Uberlândia, MG, em particular as escolas do meio rural, além da sistematização, análise e representação de dados e informações de fontes de pesquisa. Aí se incluem, por exemplo, a Lei de Diretrizes e Bases (5.692/71), a Lei de Diretrizes e Bases da Educação Nacional (9.394/96) e as Diretrizes Operacionais para a Educação Básica nas Escolas do Campo (Brasil, 2002), dentre outras.

O estudo de caso em questão envolveu o objeto desta tese: o ensino de Arte na perspectiva da narrativa como método e prática pedagógica na formação do docente. A pesquisa aqui descrita se pretendeu qualitativa na compreensão dos fenômenos: as práticas narrativas de ensino de Arte (Severino; Pimenta, 2008). A abordagem qualitativa se abre à visão subjetivista ou fenomenológica do mundo, valoriza o entendimento que o indivíduo tem da realidade, ou seja, que o professor tem da arte (André, 1995). Na condição de método central, a investigação se valeu da pesquisa fenomenológica, pois se enfatiza a experiência de vida de professores de Arte como fonte de informações.

A apresentação, descrição e análise dos dados foram feitas numa síntese narrativa tendo a interpretação como meio de discussão. Esta ocorreu em diálogo com referenciais teóricos e com o desafio de apresentar proposições de ensino de Arte mais coerentes com os referenciais culturais a que o alunado atribui sentidos. A intencionalidade fundante desse processo constitui o postulado básico da fenomenologia[29]: toda consciência é intencional, é consciência de alguma coisa, visa a algo fora de si.

Com efeito, no início do século XX, Edmund Husserl (1859-1938) consolidou a fenomenologia como linha de pensamento. A palavra fenomenologia com ele passou a ter um significado totalmente novo; e é com esse significado que tal vocábulo predomina na época contemporânea quando usado. Husserl, conforme Martins *et al.* (1990, p. 38), definiu a fenomenologia assim: "ciência descritiva das essências da consciência e de seus atos". Ou seja, ele a definiu como ciência dos fenômenos, em que estes são tudo aquilo que é imediatamente, em si, dado à consciência do homem. Para Husserl, a fenomenologia assume, sobretudo, o papel de um método ou modo de ver a essência do mundo e de tudo que nele existe.

Dartigues (1992, p. 3) esclarece que a fenomenologia de Husserl se propõe – tal qual faz ela própria às vezes – na condição de ontologia. Para o autor, o sentido do ser e o do fenômeno para Husserl não pode ser dissociado. Ainda conforme Dartigues (1992), Husserl vê na fenomenologia uma ciência rigorosa, mas não exata; ou seja, a vê tal qual ciência eidética: busca compreender a essência e age por descrição, em vez de dedução.

Segundo Bicudo e Paulo (2011, p. 29–30), a etimologia da palavra leva a desdobrá-la na equação "fenômeno+logos". Os autores endossam Husserl ao verem o fenômeno como o que "se mostra na intuição ou percepção", enquanto concebem logos assim: é "elemento articulado nos atos de consciência" em que o "processo organizador presume a linguagem como estrutura e possibilidade de comunicação e, em consequência, de retenção em produtos culturais postos à disposição no mundo-vida". Portanto, a

---

[29] A fenomenologia foi um dos movimentos filosóficos mais importantes do século XX. Desde seu início, teve ligações estreitas com a recém-criada Psicologia, que serviu de meio para disponibilizar o método fenomenológico a outras disciplinas das Ciências Sociais.

fenomenologia se ocupa da análise e interpretação dos fenômenos com uma atitude diferente das ciências empíricas e exatas (também voltadas ao fenômeno); eles são vividos pela consciência, seja em atos desta ou atos correlatos a ela. Vai se ocupar, portanto, de ideias, reflexão, análise e interpretação afins aos fenômenos.

Vinculando o sentido da consciência ao método fenomenológico e ao sentido de intencionalidade do educador, Rojas, Baruki-Fonseca e Souza (2008, p. 4) enfatizam o que se segue.

> [...] a intencionalidade, enquanto consciência ativa, faz o indivíduo interagir no mundo, com autonomia de pensamento: é a consciência de um querer intenso, objetivo e seguro. O educador, ao incorporar para si a intencionalidade, redobra de sentido o seu fazer e retorna de maneira significativa a intensidade da realização nas ações pedagógicas.

Na pesquisa aqui relatada, o método fenomenológico ajuda analisar e interpretar as experiências vividas na sala de aula, direcionando a investigação para compreender o fenômeno que ocorre na prática pedagógica de ensino de Arte fundada em metodologia e planejamento, bem como nas memórias de outros professores de Arte. Nesse caso, "a interpretação dos fenômenos que se apresentam numa sala de aula oferece a possibilidade de esclarecer alguns elementos culturais, como valores, que caracterizam o mundo vivido pelos sujeitos" (Triviños, 1987, p. 48). Convém se atentar à descrição direta da experiência, mas de acordo com apreciação do pesquisador, pois a realidade não é única, logo também não são únicas suas interpretações e comunicações. "O sujeito/ator é reconhecidamente importante no processo de construção do conhecimento" (Gil, 2010, p. 39).

Nessa proposição, fazer ciência, diagnóstico e soluções não é atividade distante, abstrata e unilateral relativamente ao sujeito e ao objeto do conhecimento. Mas é, sim, um movimento interno do pesquisador desesperado e duvidoso entre o saber e o objeto. A experiência deve ser dialética, crítica; a consciência questiona incessantemente o próprio saber para não se iludir com as aparências de verdade e universalidade. Ao escolher uma modalidade de pesquisa, o pesquisador terá características próprias que deverão ser assumidas durante o processo. Qualquer tipologia exige, de quem a desenvolve, o cuidado, o rigor e a sistematicidade na condição de características essenciais ao seu desenvolvimento

(Bicudo, 1994). Está na própria modalidade de pesquisa a compreensão dessas características, ou seja, elas divergem de acordo com a modalidade assumida pelo pesquisador.

No caso da pesquisa descrita nesta tese, de abordagem qualitativa e numa perspectiva fenomenológica, a pretensão foi esclarecer características da pesquisa que assumem a atitude fenomenológica. Destaco que estão presentes já no modo de interrogar o fenômeno, daí ser necessário esclarecer o que vem a ser o fenômeno nessa modalidade de pesquisa. Com efeito, aqui, fenômeno é a percepção que se tem naquele momento delimitado pelo tempo fugaz e pelo espaço. O tempo e o espaço delimitam o entendimento do fenômeno, pois o tempo é fugaz e o espaço se desfaz com o tempo, muda a todo momento. Logo, ao pesquisador resta tentar captá-lo e descrevê-lo. Para Bello (2006, p. 17–5), o "fenômeno significa aquilo que se mostra" e a fenomenologia pode ser compreendida como "reflexão sobre um fenômeno ou sobre aquilo que se mostra".

O que se mostra, porém, mostra-se a um sujeito. Por isso, ao se perceber o objeto quando é dado pelo fenômeno, então podem variar nossas perspectivas sobre o objeto, mas ele sempre nos será dado segundo um fenômeno ou outro. Logo, é este que o pesquisador deve buscar compreender, e o seu sentido que procurará compreender. Portanto, essa busca de sentido, a compreensão do objeto, do que é visado na pesquisa, é o que interessa ao fenomenólogo.

A percepção do objeto investigado é dada segundo determinada perspectiva. Cada perspectiva, embora diga do objeto investigado, não o esgota. O fenômeno, portanto, nunca é compreendido imediatamente nem totalmente, uma vez que mostra de si um aspecto enquanto encobre outro. O acesso aos fenômenos exige do pesquisador o cuidado, o rigor e a sistematicidade. Husserl (2006) diz que para compreendermos os fenômenos, é necessário percorrer um caminho, um *méthodo*.[30] Esse caminho, ou método, traz em si momentos de análise que visam à interpretação do que é interrogado. Então, fenomenologicamente, o que o pesquisador busca? Compreender o fenômeno que se mostra. Porém, o que a mim se mostra é o que eu percebo, não é o objeto em si.

---

[30] "*Méthodo*" é a palavra grega que designa "caminho" e é formada por "odos", que significa "estrada", e "meta", que diz "por meio de" ou "através". A fenomenologia é, nesse sentido, o caminho para se chegar à compreensão do fenômeno, daquilo que se mostra ao pesquisador.

A pesquisa fenomenológica exige que o pesquisador tome, como ponto de partida e orientação, uma questão que lhe faça sentido, uma interrogação: o que se quer saber? É preciso esclarecer o que é importante para a fenomenologia, o que é nuclear na visão fenomenológica. A interrogação é, segundo Bicudo e Hirata (2006, p. 9),

> [...] uma pergunta dirigida a algo que se quer saber. É fruto de uma dúvida, de uma incerteza em relação ao que se conhece ou ao que é tido como dado, como certo. Ou ainda pode ser incerteza em relação ao vivido no cotidiano, quando a organização posta ou os acertos mantidos começam a não fazer sentido. O germe da interrogação está no desconforto sentido.

Essa passagem indica que a interrogação é situada: está inserida num contexto ou numa região de investigação afim ao pesquisador. Este coloca a interrogação sob foco e busca esclarecer, desvelar para si mesmo o que quer saber, o que busca. Esse movimento de compreensão do que é interrogado clareia e desvela o caminho da pesquisa. A clareza do fenômeno que se interroga é o que dirige o olhar para compreendê-lo.

Portanto, o fenômeno é o que se mostra, o que se desvela a quem intencionalmente o olha. Mostra-se no encontro *noesis-noema*, ou seja, entre o ver e o visto, conforme Bicudo (1994); entre o que se mostra, desvela-se a visão que olha fixamente. Esse encontro acontece num instante, que é quando o fenômeno se mostra no ato de perceber (percepção). É o que percebo "agora", e todo agora se esvai na temporalidade.

Com efeito, fenomenologicamente, como compreendemos o tempo? O tempo vai escorregando do futuro, do que ainda não foi para o agora, que está acontecendo, e para o que já foi, que aconteceu. A percepção acontece no agora, e este é um "átimo", instante. Portanto, para contar o que aconteceu, só posso dizer do acontecido, do já foi; ou seja, tenho de descrever como percebi o fenômeno. Daí a descrição se torna importante: é a descrição daquele sujeito que percebe e vivencia o fenômeno.

Quanto à natureza do fenômeno pesquisado, pontua-se que não pode ser compreendida tal qual verdade última e absolutamente dada. Acontece um movimento correlato de perceber que a verdade é subjetiva e relativa. Bicudo (1994, p. 19) esclarece: tal "processo envolve o ser-no--mundo, visto que, perceber o fenômeno quer dizer que há um correlato e que a percepção não ocorre no vazio, mas em um estar-com-o-percebido". Esse caminho permite nascer o ser reflexivo e questionador que se impõe em situações vividas individual e socialmente.

Há de se cuidar para que o conhecido sobre o objeto investigado não conduza o caminho da investigação. É preciso se despir de preceitos anteriores. Os significados e os sentidos do que é interrogado são elaborados na realidade vivida. O pesquisador fenomenólogo investiga a experiência vivida com o objetivo de compreendê-la. Essa compreensão exige dele ver com clareza, desvelar o modo de existir do objeto que investiga, o modo peculiar para mostrá-lo.

Um campo de percepção é construído envolvendo os objetos/sujeitos copercebidos e o fenômeno em questão. Nas palavras de Bicudo (1994, p. 18), "sujeito e fenômeno são no mundo-vida juntos com outros sujeitos, co-presenças que percebem os fenômenos". Esse movimento exige duas vias de interpretação: a facilitada e a dificultada. Na primeira, a capacidade de linguagem e a língua oportunizam a compreensão via fala e escrita; na segunda, a dificuldade tange à incapacidade de compreender o vivido, pois as palavras e os demais signos não conseguem abarcar interpretativamente o todo do vivenciado.

Nesse sentido, cabe citar o esclarecimento de Bicudo (1994, p. 19): "as palavras não dizem tudo e não são objetivamente dadas", visto que "não há uma relação biunívoca entre palavra e experiência vivida", pois o que é "comunicado solicita uma hermenêutica, isto é, clama por uma interpretação de sentidos e dos significados que pode expressar". A isso se acresce o que pensa Merleau-Ponty (1999, p. 244): "toda linguagem se ensina por si mesma e introduz seu sentido no espírito do ouvinte". Nesse sentido, a música ou pintura que "primeiramente não é compreendida, se verdadeiramente diz algo, termina por criar por si mesma seu público, quer dizer, por secretar ela mesma sua significação".

Se assim o for, então as palavras ditas expõem considerações que são ponto de inflexão da pesquisa subjacente a esta tese; isso porque foi preciso ir ao encontro de falas profícuas das quais seria possível emergir com ideias, raciocínios e argumentos de escrita deste texto. Com efeito, o êxito de uma pesquisa fenomenológica estaria na apreensão dos sentidos do que se mostra, ou seja, na atribuição de sentidos à experiência vivida, e na explicitação do compreendido, que traz, com clareza, a estrutura do fenômeno interrogado. O pesquisador se coloca diante do fenômeno que ele procura compreender e descreve o que percebe pretendendo interpretar o mostrado. O seu olhar tem uma orientação inicial que, embora não seja dada por teorias explicativas, está na compreensão pré-reflexiva ou pré--conceitual do pesquisador que se volta atentamente para a experiência vivida, buscando o sentido do todo.

O pesquisador, portanto, orientado pelo sentido do que é dado na vivência, segue um caminho que lhe possibilite explicitar o que vai sendo interpretado. Na pesquisa subjacente a esta tese, o fenômeno que se busca compreender se realiza em meio a professores de Arte municipais. Procura-se compreender o que, para os sujeitos da pesquisa, é considerado importante na sua formação docente no contexto das relações interculturais no ensino da Arte em escolas do meio rural.

Optar pela abordagem fenomenológica não permite partir de valores dados a priori e oriundos de compreensões esquemáticas de significados da formação docente. Procura-se "o que é importante" para o sujeito em relação ao ensino de Arte inserido em relações interculturais nas salas de aula; não se faz tal busca sem o compromisso ético de desfazer as interrogações de modo rigoroso e sistemático, sempre andando em torno delas para reconhecer suas dimensões e extensões, ou seja, as perspectivas que se abrem à compreensão nos dizeres dos sujeitos em suas entrevistas.

Esse é o rigor exigido do pesquisador fenomenólogo, que deve proceder à investigação de modo atento aos passos dados na caminhada investigativa, à clareza do porquê e do como, enfim, ao significado dos fundamentos de seu modo de investigar e da visão sobre o objeto em torno do qual constrói conhecimentos segundo modos de encaminhamento da investigação (Bicudo, 2005). De início, o pesquisador coleta informações e gera dados de pesquisa; depois abandona a maneira habitual de olhar o objeto investigado, suspende seus conhecimentos prévios e realiza leituras cuidadosas que lhe permitem acessar o sentido do todo que é percebido nos seus dados.

No caso da pesquisa aqui apresentada, os dados foram percepções pessoais iniciais em visita às escolas e dos discursos dos sujeitos – professores de Arte – obtidos em entrevistas. Essas percepções iniciais, ao serem descritas, passaram a ser tomadas como texto que expressa compreensões articuladas da experiência vivida e numa linguagem que se abre à interpretação e análise.

Seguindo a abordagem qualitativa da pesquisa, a investigação se valeu de procedimentos do método "memória" de caráter narrativo, porque se mostrou mais coerente com a intenção de produzir narrativas sobre as relações entre ensinar conteúdos de Arte em escolas do meio rural. Por meio da pesquisa, análise e compreensão da formação docente, notam-se associações com dada cultura, a exemplo de um professor cuja infância foi no meio rural e que, como profissional, foi lecionar em uma escola desse meio, ainda que more na cidade (Meihy, 1994, 2017; Alberti, 2004).

Com efeito, as relações interculturais são aspectos a serem analisados numa pesquisa de feição similar à que aqui se descreve. Mas também fundamental é ter em mente que se trata de um estudo pautado pelo relato oral, de contato direto com as pessoas participantes: seus sentidos, sua subjetividade, sua história e sua memória. São pessoas, muitas vezes, distintas em idade, costumes, religião, cor, gênero, personalidade, trajetória de vida etc.

Segundo Yin (2010), observações, experimentos, levantamentos de dados, pesquisas históricas, entrevistas e análise de informações em arquivos, todos são exemplos de como realizar pesquisas. Visto que tais objetos se prestam mais à análise nas ciências sociais e ciências humanas, o autor considera desafiadora a questão do método; isso porque quase sempre presume compreender fenômenos sociais complexos. Assim, o direcionamento da pesquisa é dado na obtenção de uma descrição e compreensão completas da relação de fatores em cada caso e sem contar o número de envolvidos.

Quanto à abordagem do problema, a pesquisa subjacente a esta tese se caracterizou na condição de qualitativa porque visou abordar – diria Flick (2009, p. 8) – "o mundo 'lá fora' (e não em contextos especializados de pesquisa, a exemplo dos laboratórios) e entender, descrever e, às vezes, explicar os fenômenos sociais 'de dentro' de diversas maneiras diferentes"; isto é, analisar o contexto da realidade e, em meio a ela, analisar as experiências de indivíduos ou grupos.

> [...] [Na pesquisa qualitativa,] as experiências podem estar relacionadas a histórias biográficas ou práticas (cotidianas ou profissionais) e podem ser tratadas analisando-se conhecimento, relatos ou histórias do dia a dia, [...] examinar "interações e comunicações que estejam se desenvolvendo. Isso pode ser baseado na observação e no registro de prá-

> ticas de interação e comunicação, bem como na análise dessa matéria, [...] investigar documentos (textos, imagens, filmes ou música) ou traços semelhantes de experiências ou interações (Flick, 2009, p. 8).

A pesquisa qualitativa busca entender, descrever, explicar os fenômenos sociais de modos diferentes: analisando experiências de indivíduos ou grupos, examinando interações e comunicações que estejam se desenvolvendo e investigando textos, imagens, filmes, músicas e outras formas de registro de experiências e integrações. Assim, abordar qualitativamente um problema se justifica, sobretudo, por ser uma forma adequada de se entender a natureza de dado fenômeno social.

Flick (2009) afirma também que a pesquisa qualitativa apresenta características comuns na maneira como é desenvolvida. Por exemplo, o interesse dos pesquisadores é no acesso à experiência, nas interações e em documentos situados em seu contexto natural e de forma a darem espaço às suas particularidades e aos materiais estudados. Em tal abordagem, entende-se que os métodos e as teorias precisam ser adequados ao que está sendo estudado e que, se assim não for, então novos métodos devem ser adaptados e novas técnicas desenvolvidas.

Pesquisadores que adotam a abordagem qualitativa constituem parte importante do processo de pesquisa, seja pela sua presença pessoal como pesquisador, seja por suas experiências no campo e com a capacidade de reflexão que tem o conjunto de membros no campo que estão estudando. Tal tipo de pesquisa leva a sério o contexto e os casos para se entender a questão em estudo. Parte da pesquisa será baseada em textos escritos, de notas de campo a transcrições, de descrições a interpretação de resultados. Portanto, tendo em vistas as ideias de Flick (2009), a abordagem qualitativa se mostrou mais adequada à pesquisa apresentada nesta tese, que permitiu aprofundar a busca e produção de conhecimentos sobre relações estabelecidas entre formação docente e prática de ensino de Arte por professores do ensino fundamental.

No delinear da pesquisa qualitativa, Skinner, Tagg e Holloway (2000) descrevem que as técnicas focam a experiência e o seu respectivo significado na relação com fatos, processos e estruturas inseridos em cenários sociais. Assim, são diferentes de técnicas quantitativas, as quais buscam enumerar ou medir os eventos estudados e aplicar instrumental estatístico na análise dos dados. A pesquisa qualitativa é definida como a que se fundamenta em análises não lastreadas em dados e instrumentais da estatística. Antes, parte-se de questões de interesses amplos que vão se definindo à medida que o estudo se desenvolve.

Para Godoy (1995, p. 58), a pesquisa qualitativa supõe "obtenção de dados descritivos sobre pessoas, lugares e processos interativos pelo contato direto do pesquisador com a situação estudada", só assim se poderá "compreender os fenômenos segundo a perspectiva dos sujeitos, ou seja, dos participantes da situação em estudo". Reafirmando tais argumentos, Skinner, Tagg e Holloway (2000) esclarecem que as técnicas de natureza qualitativa focalizam a experiência das pessoas e seu relativo significado em cenários sociais autênticos. Se forem menos estruturadas, serão mais intensivas do que uma aplicação de questionários fechados, a ponto de permitir relacionamento e flexibilidade maiores, detalhamento e riqueza maiores dos dados; igualmente, permitir que o investigador entre em contato direto e prolongado com o sujeito ou grupos de pessoas, com o ambiente e a situação investigados. O pesquisador tem de compreender todos os procedimentos num contexto; fazer isso supõe entrar em contato com os sujeitos ou grupos de pessoas, com o ambiente de análise e a situação provável a ser investigado.

A abordagem qualitativa apresenta estas características: o pesquisador é elemento-chave; o ambiente é a fonte direta dos dados; não se requer o uso de técnicas e métodos estatísticos; o caráter é descritivo; o resultado não é o foco da abordagem, mas sim o processo e seu significado: o objetivo é interpretar o fenômeno/objeto de estudo (Godoy, 1995). Além disso, tal abordagem não exclui outras possibilidades de estratégia de pesquisa, ou seja, não se baseia na produção de opiniões representativas e objetivamente mensuráveis de pessoas ou grupos. Antes, consiste, isso sim, no aprofundamento da compreensão de um fenômeno social via entrevistas em profundidade e análises da consciência articulada de atores envolvidos no fenômeno (Richardson, 1999). O objetivo é desenvolver teorias empiricamente fundamentadas (Flick, 2009).

Segundo Richardson (1999), a validade da pesquisa qualitativa não está relacionada ao tamanho da amostra, e sim à profundidade com que o estudo é realizado, com a forma na qual ocorre todo o contexto da pesquisa em si.

O uso de fontes múltiplas permite ao pesquisador abordar uma variação maior de aspectos históricos e comportamentais aparentes nas entrevistas, por exemplo. Com isso, pode-se desenvolver linhas convergentes de investigação conforme for a complexidade. De fato, para Yin (2010), qualquer conclusão da pesquisa a ser realizada será dependente de fontes variadas caso se queiram informações diferentes. Com fontes diversas, o pesquisador pode unir informações relativas a dado fato ou fenômeno social contemporâneo, localizado em seu contexto específico, e, assim, reunir atributos importantes do objeto de estudo. Caso o faça, então terá condições de dissipar dúvidas, clarear questões pertinentes, instruir ações futuras, e assim por diante.

As combinações de metodologias no estudo de fenômenos similares acontecem nas pesquisas por meio da combinação de métodos e investigadores diferentes no mesmo estudo. Os observadores podem, parcialmente, superar as deficiências que emanam de um único investigador ou método (Denzin; Lincoln, 2006). Isso ocorre com base em um ponto de vista bifocal, pois presume: 1) estratégias úteis à validade e validação de uma pesquisa; 2) obtenção de novos conhecimentos por meio de novos pontos de vista. Conforme dizem Denzin e Lincoln (2006), seria a alternativa para se empreenderem múltiplas práticas metodológicas, perspectivas e observadores numa mesma pesquisa; e com o rigor, a riqueza e a complexidade esperada do estudo.

No caso da fonte memorial, derivada de entrevista, sua análise a toma por fenômeno individual ligado ao passado de quem fala. Como tal, é "relativamente íntimo, próprio das pessoas que conservam em seu espírito o passado", evocado "na consciência em forma de imagens-lembrança" (Dores, 1999, p. 116). Em outro aspecto, a memória pode ser analisada na condição de fenômeno coletivo. Segundo Dores (1999, p. 116), o estudioso da memória coletiva de Maurice Halbwachs "contesta essa interpretação", ou seja, ele não veria na memória um "fenômeno estritamente individual", e como "fenômeno coletivo, que influencia as lembranças dos indivíduos"; logo, não convém ser "avaliada isoladamente", e sim em relação à "experiência social do grupo em que o sujeito está inserido".

Nesse aspecto, a memória não é só subjetividade, pois depende do relacionamento com outrem: família, amigos, colegas de trabalho, estudo e lazer, amigos e sociedade em geral; ou seja, o ato de recordar – a memória, a lembrança – supõe repensar, com imagens e ideias do presente, as experiências pretéritas que se transformam em memória repertoriada. Há dependência de uma organização das ideias; os acontecimentos vividos, explica Pollak (1992), passam por um trabalho de ordenação, construída social e individualmente

> A organização da memória é em função das preocupações pessoais e políticas do momento... o que a memória individual grava, recalca, exclui, relembra é evidentemente o resultado de um verdadeiro trabalho de organização... [...] tanto individual quanto coletiva, na medida em que ela (a memória) é também um fator extremamente importante de continuidade e coerência de uma pessoa ou de um grupo em sua reconstrução de si que consiste na valorização e hierarquização das datas, das personagens e dos acontecimentos (Pollak, 1992, p. 204-5).

Ao se reconstruírem acontecimentos passados, também se constrói a própria identidade do grupo a que se pertence. Essa construção se produz em referência a critérios de aceitabilidade, admissibilidade e credibilidade; daí é necessário que seja incessantemente pesquisada e avaliada. Dito isso, a pesquisa qualitativa não é simples de ser realizada, ainda mais se aplicada à fenomenologia como método para análise da memória. Será necessário um pesquisador disciplinado e fiel ao material colhido – à ética de pesquisa.

O município de Uberlândia tem 130 escolas de educação infantil e ensino fundamental; 56 são urbanas de nível fundamental, 13 são escolas do meio rural.[31] Para a realização da pesquisa, usei como critério de escolha a escola onde leciono, dados a localização, o tamanho e o período de aula. Outro critério é que, por anos de ensino, tenho percebido que os discentes devem saber lidar com culturas diferentes em sala de aula, que as relações interculturais devem ser construídas e trabalhadas numa relação de compreensão da comunicação intercultural. Assim, das 13 escolas do meio rural, foram selecionadas 12 propriamente ditas; mas

---

[31] Escola Municipal Antonino Martins da Silva (distrito de Martinésia) oferece educação infantil e ensino fundamental; Escola Municipal Carlos Tucci, ensino fundamental; Escola Municipal Dom Bosco, educação infantil e ensino fundamental; Escola Municipal Domingas Camin (Distrito de Miraporanga), educação infantil e ensino fundamental; Escola Municipal Emilio Ribas, educação infantil e ensino fundamental; Escola Municipal Freitas Azevedo, educação infantil, ensino fundamental e ensino de jovens e adultos; Escola Municipal do Moreno, educação infantil e ensino fundamental; Escola Municipal José Marra da Fonseca (distrito de Cruzeiro dos Peixotos), educação infantil e ensino fundamental; Escola Municipal Leandro Jose de Oliveira, educação infantil e ensino fundamental; Escola Municipal Maria Regina Arantes Lemes, Escolha Municipal Olhos d'Água e Escola Municipal Sobradinho, educação infantil e ensino fundamental; Escola Municipal Sebastião Rangel (distrito de Tapuirama), ensino fundamental.

uma foi descartada por se localizar no meio urbano, ou seja, não ter mais característica de escola rural.[32]

Assim, para adentrar as relações entre a cultura local e o desenvolvimento de ações em sala de aula no ensino de Arte nos moldes aqui delineados, foi preciso ouvir professores de escolas municipais do meio rural. A intenção foi conhecer, com mais profundidade e abrangência, o universo de suas ações nas práticas pedagógicas dos conteúdos de Arte. Da fala dos entrevistados viria matéria memorial para textualizar trajetórias pessoais e profissionais de formação e ação, assim como valores, concepções, ideias e referenciais simbólicos que organizam as relações no interior desse meio profissional; seria possível compreender códigos, mitos, rituais de consagração e legitimação, visões e concepções de aprendizagem do ofício.

De início, o perfil desejado incluiu professores de Arte da rede municipal atuantes na educação básica de escola do meio rural. Supôs quesitos como faixa etária, formação acadêmica e pessoal, tempo de experiência profissional, atuação e tempo de atuação em escolas do meio rural, nível escolar, concepções de culturas locais. Assim, em consonância com explicações de Gil (2008), o foco foi em professores de Arte do ensino fundamental com o intuito de analisar como conteúdos de Arte são trabalhados, em específico nas relações interculturais nas aulas; também entraram no foco professores de Arte aposentados.

4.3 TIPO DE PESQUISA

A pesquisa sobre a formação e a prática docente de Arte se desdobrou em forma de estudo de abordagem qualitativa desenvolvido como pesquisa etnográfica e de acordo com o método fenomenológico. Os procedimentos de coleta de informações e de geração e análise de dados seguiram a perspectiva da entrevista, do registro e da reflexão por meio de relatos narrativos. Como forma de apresentar resultados, optei pela triangulação de procedimentos desses três fundamentos permeando a observação típica (análise do ambiente), anotações e narração.

Na condição de pesquisa de abordagem qualitativa e visando compreender fenômenos, o foco deste estudo foi, em especial, o fenômeno das práticas pedagógico-didáticas como matéria memorial (Severino;

---

[32] A Escola Municipal Freitas de Azevedo se localizada no bairro Morada Nova.

Pimenta, 2008). Com isso, procurou-se enfatizar a experiência de vida de docentes de Arte como fonte de informações e valorizar o entendimento que têm da realidade educacional de sua disciplina. Para tanto, foram importantes as intenções qualitativas e subjetivistas (fenomenológicas) da pesquisa (André, 1995).

A apresentação, descrição e análise dos dados têm um tom de relato permeado pela interpretação como mote de discussão em diálogo com referenciais teóricos e o desafio de apresentar proposições de ensino mais coerentes com referenciais culturais a que o alunado atribui sentidos. A intencionalidade fundante desse processo constitui postulado básico da fenomenologia: toda consciência é intencional, é consciência de alguma coisa, visa a algo fora de si.

Com efeito, vinculando o sentido de intencionalidade ao método fenomenológico e ao sentido de intencionalidade do educador, Rojas, Baruki-Fonseca e Souza (2008, p. 4) enfatizam "a intencionalidade" na condição de "consciência ativa", pois leva o sujeito a "interagir no mundo, com autonomia de pensamento", assim, seria "a consciência de um querer intenso, objetivo e seguro". O professor, "ao incorporar para si a intencionalidade, redobra de sentido o seu fazer e retorna de maneira significativa a intensidade da realização nas ações pedagógicas".

Na pesquisa aqui relatada, o método fenomenológico ajuda a analisar e interpretar as experiências vividas na sala de aula por mim e pelos entrevistados, direcionando a investigação para compreender o fenômeno que ocorre na prática pedagógica de ensino de Arte fundada em metodologia, planejamento e nas memórias de professores. Nesse caso, "a interpretação dos fenômenos que se apresentam numa sala de aula oferece a possibilidade de esclarecer alguns elementos culturais, como valores, que caracterizam o mundo vivido pelos sujeitos" (Triviños, 1987, p. 48). Convém atentar à descrição direta da experiência, mas de acordo com apreciação do pesquisador, pois a realidade não é única, logo também não são únicas suas interpretações e comunicações. "O sujeito/ator é reconhecidamente importante no processo de construção do conhecimento" (Gil, 2010, p. 39).

Nessa proposição, fazer ciência – diagnosticar um problema educacional e delinear soluções – não é atividade distante, abstrata e unilateral entre sujeito e objeto do conhecimento. A experiência deve ser dialética, crítica, consciente ao ponto do questionamento incessante do saber para não se cair na ilusão de tomar a aparência pela essência.

Das 11 escolas rurais selecionadas, algumas têm os mesmos professores na área de Arte. Nesse sentido, a solicitação de autorização para realizar a pesquisa foi feita a 11 direções escolares. No momento do pedido, foram expostos oralmente, a orientadoras/supervisores pedagógicas ou analistas pedagógicas e diretoras, os objetivos iniciais da pesquisa. Feito isso, houve recusas a permitir a pesquisa em três escolas. Suas diretoras não autorizaram a condução de entrevistas com docentes de Arte (mesmo algumas mostrando interesse após minha explanação da pesquisa).

Os motivos incluíram: sobrecarga laboral – havia muitos projetos em processo; e prioridade a projetos da secretaria de educação –, em 2022 houve aplicação do programa Alfa & Beto.[33] Antes disso, a pandemia de Covid-19 entre 2020 e 2021 havia paralisado todas as atividades educacionais em função do isolamento social necessário par conter a propagação do coronavírus; desse modo, na retomada das aulas em 2022, a escola não teria condições de acomodar mais atividades para o professorado. Outras alegações passaram pelo desinteresse na pesquisa – porque supostamente a direção não vê resultados; pelo excesso de projetos escolares; e por justificativas mais evasivas – ser fim/início de ano letivo, ser época de "correria danada", quando "ninguém tem tempo para nada" e "está todo mundo exausto e cansado" (cansado no início do ano?). Nesse sentido, a dedicação a uma pesquisa iria "onerar muito o andamento escolar" – como me disse a profissional da coordenação pedagógica na secretaria de educação;[34] enfim, houve alguns que simplesmente disseram não à pesquisa.

Após essas tentativas, fui à Secretaria Municipal de Educação conversar com a coordenação pedagógica administrativa. Então me foi dito da autonomia de diretores quanto a aceitar ou não a condução de pesquisas em suas escolas; também da desconfiança de pesquisadores universitários,

---

[33] O programa Alfa e Beto de Alfabetização objetiva, sobretudo, garantir que todo o alunado esteja plenamente alfabetizado ao fim do primeiro ano do ensino fundamental. Isto é, que todos não só saibam ler, mais ainda tenham um nível básico de fluência em leitura e escrita para aumentarem as chances de avançar com sucesso na escola.

[34] A conversa com a coordenadora pedagógica na Secretaria Municipal de Educação de Uberlândia não entraria na pesquisa como fonte. Foi um procedimento à parte do escopo da pesquisa para fins de esclarecimentos. Nesse caso, não se constitui um documento de pesquisa cuja referência seria indicada em casos de usos da fala. Contudo, houve ensejo para citá-la, ou seja, para indicar a fonte; e não tenho essa referência. Em todo caso, informo que minha ida à Secretaria de Educação e conversa com a coordenação ocorreu no dia 8 do novembro de 2021. Não houve documentação formal como registro em agenda oficial, termo de visita ou outro.

em meio a profissionais da educação atuantes nas escolas de Uberlândia. Muitos já fizeram pesquisas, mas não trazem benefícios às instituições (como se uma coisa pressupusesse outra por regra) nem troca de informações entre universidade e escolas-lócus de pesquisa (o que me parece fazer muito sentido). Outro ponto ressaltado pela coordenação pedagógica foi que as escolas têm autonomia para aceitarem ou não a entrada de pessoas não pertencentes ao seu quadro de funcionários.

Com efeito, a autonomia da direção escolar é positiva: assegura certa liberdade e segurança a quem trabalha na escola, mas é negativa também, porque escolas *públicas* deveriam ser espaços abertos ao público universitário (e não só) interessado genuinamente nos problemas da educação escolar – interesse que dificilmente vai ocorrer em meio ao professorado ou à gestão escolar, pois suas funções são outras. Uma diretora se interessar cientificamente pelos problemas da escola que administra seria sobrecarregar suas atribuições regulares; o mesmo raciocínio se aplicaria aos educadores. Com isso, fica-se alheio à reflexão sobre o funcionamento das instituições educacionais e a atuação docente e discente. É mais alta aqui a voz de Adorno (2000, p. 115): "seria necessário explicar que a escola não constitui um fim em si mesma, que o fato de ser fechada constitui uma necessidade e não uma virtude".

Dada a disponibilidade manifestada pela direção das escolas de participar (ou não) da pesquisa, entraram no processo só três escolas de acordo com as autorizações. Para mantê-las em sigilo, foram atribuídos codinomes, ou seja, nomes de espécies do cerrado: Escola Algodão-do-cerrado, Escola Flor-de-caliandra e Escola Flor-de-ipê. A Escola Algodão-do-cerrado se localiza na fazenda Floresta do Lobo, altura do quilômetro 92 da BR-050 (fica numa comunidade rural). Embora tenha proximidade com o centro urbano, atende basicamente à prole de trabalhadores rurais assalariados e sitiantes; a Escola Flor-de-caliandra se localiza no Instituto Federal do Triângulo Mineiro e atende alunos filhos de funcionários, de trabalhadores rurais assalariados e de moradores de chácaras e sítios da região; enfim, a Escola Flor-de-ipê – segunda mais distante do centro urbano – fica em área de acampamentos e assentamentos de reforma agrária, cuja população é atendida por ela.

Seguindo a abordagem qualitativa, a pesquisa se valeu de procedimentos do método "memória", de caráter narrativo de relatos, porque se mostrou mais coerente com a intenção de produzir relatos memoriais sobre as relações entre lecionar conteúdos de Arte e escola do meio rural. As relações interculturais são aspectos relacionados que devem ser analisados na pesquisa em questão.

Outro ponto fundamental é ter em mente que se trata, basicamente, de um estudo guiado pelo relato escrito, em que se dispensa o contato direto com sentidos, sensibilidades, subjetividades dos participantes. Mas essas questões ficaram registradas nos relatos de cada professor – em sua memória.

Para a análise dos dados – relatos dos educadores – buscamos orientações filosófico-metodológicas em Bicudo (2011). Para consolidá-la, seguimos quatro passos: 1) leitura dos relatos escritos; 2) evidenciação dos sentidos (unidades de sentido); 3) estabelecimento de unidades de significado; 4) síntese das unidades de significado (Bicudo, 2011). Além disso, recorremos ao apoio do programa de computador webQDA.[35]

4.4 CARACTERIZAÇÕES DOS PARTICIPANTES

A caracterização dos participantes da pesquisa seguiu estas informações: sexo, idade, formação acadêmica, tempo em que leciona na instituição, atuação com ensino básico, se a instituição onde atua oferece formação continuada (com justificativa em caso afirmativo), por fim, a motivação para ser professor de Arte. Esses dados auxiliaram a formar o perfil de cada participante, a fim de colaborar para a pesquisa e a análise. As entrevistas tiveram o propósito de dar esse perfil à análise.

Os participantes da pesquisa são aqueles que contribuem para a relação de coconstrução da subjetividade na construção do conhecimento e reconhecimento do papel ativo deles no processo da investigação. Tal processo se dá no âmbito de contextos socioculturais diversos, e esses muitos contextos influenciam e são modificados numa relação dialógica

---

[35] O webQDA é um programa de computador de apoio à análise de dados qualitativos. Apesar de existirem alguns pacotes que tratam dados não numéricos e não estruturados (texto, imagem, vídeo, áudio) em análise qualitativa, poucos são os que podem ser utilizados por vários investigadores em ambiente de trabalho colaborativo e distribuído como a internet pode oferecer. É um software direcionado a investigadores em diversos contextos que necessitem de analisar dados de maneira síncrona ou assíncrona. Segue o desenho estrutural e teórico de outros programas disponíveis no mercado, mas se diferencia por proporcionar trabalho colaborativo on-line e em tempo real e disponibilizar um serviço de apoio. O investigador pode editar, visualizar, interligar e organizar documentos e, simultaneamente, criar categorias, codificar, controlar, filtrar, procurar e questionar os dados com o objetivo de responder às questões que emergem na sua investigação. Após efetuar o seu registro no webQDA, o pesquisador usufruirá do programa gratuitamente durante quinze dias. A licença é ativada pelo utilizador quando desejar e variando entre 90, 180, 360 e 720 dias, com valores respectivos em euros: € 42, € 79, € 151 e € 285 (webQDA, 2021).

de troca recíproca entre pessoa e ambiente. Sobre tal questão, convém ler a seguir o que pensam Araujo, Oliveira e Rossato (2016, p. 5).

> O participante, por mais esforço que tente empreender, ao fazer uma busca retrospectiva do fator desencadeador das mudanças, produz um olhar do presente para o passado, momento em que seu olhar também é uma interpretação do processo vivido. Captar o transcurso do tempo no desenvolvimento do sujeito é um desafio para a pesquisa a exemplo do desafio que é para o próprio sujeito captar os elementos microgenéticos constituidores do seu desenvolvimento.

Com efeito, se as pesquisas na área de educação lidam com seres humanos que têm um processo de vivência, então os participantes foram os protagonistas da pesquisa aqui descrita. Ativamente, expressaram-se em relatos que devem ser considerados parte da complexidade do processo de investigação aqui apresentado, pois veio dos participantes a orientação maior à definição da pesquisa e de seu cerne. De modo algum, porém, estiveram presos a procedimentos metodológicos (essa "prisão" coube a mim).

Outra categoria são os professores de Arte inativos, isto é, aposentados que já passaram pelas escolas rurais e têm um repertório de experiências significativas. Para manter em sigilo os dados da pesquisa, cada participante dos 14 educadores teve um codinome: letra P — de professora — seguida de algarismos hindu-arábicos de 1 a 14 (somou 14 o número de entrevistados).

4.5 LÓCUS DA PESQUISA

O município de Uberlândia está localizado na região do Triângulo Mineiro, que se situa no extremo oeste de Minas Gerais. A sede municipal é considerada a segunda maior cidade do estado e, demograficamente, está entre as 30 maiores do país (salvo as capitais). A escolha do lócus da pesquisa foi determinante para direcioná-la. Optei pelas escolas rurais porque têm características peculiares e porque vivencio, há anos, a experiência da prática educacional e pude perceber mudanças inerentes na cultura local pelo desuso dos livros didáticos, pelo currículo engessado e tentativa de igualar a educação para a população do meio rural à do meio urbano.

Todavia, no cotidiano escolar, percebi que docentes e discentes precisam saber lidar com culturas diferentes em sala de aula; também que as relações interculturais têm de ser construídas e trabalhadas numa relação de compreensão da comunicação intercultural. As escolas rurais de Uberlândia são peculiares porque foram criadas para manter no campo a sua população; se pudessem estudar em seu local de origem, talvez se pudesse evitar o êxodo rural.

No entorno dessas escolas, existem comunidades rurais que têm culturas e tradições, tais como festejos da folia de reis, das festas juninas, do congado, da cavalgada e da cavalhada. Contudo, caracteriza a educação no meio rural do município de Uberlândia a não existência de uma *escola do campo*. O município tem 116 escolas de educação infantil e ensino fundamental (Uberlândia, 2022): 86 são de nível fundamental; 13 são escolas rurais, as quais compõem a rede escolar do município: quatro estão em distritos; três em comunidades e bairros periféricos; e seis em fazendas mais distantes da cidade (vide nota de rodapé 7). As escolas do meio rural oferecem ensino fundamental completo (1º-9º ano) e educação infantil (com a Escola Municipal de Educação Infantil). Algumas oferecem a educação de jovens e adultos à noite e salas do último ano da educação infantil. Crianças de assentamentos da região ou do Movimento dos Sem Terra vão para tais escolas do meio rural em transporte escolar público (assim como alunos do ensino médio vão estudar na cidade em transporte escolar municipal) (Uberlândia, 2022).

Tal aparato escolar se alinha às ações do Centro Municipal de Estudos e Projetos Educacionais Julieta Diniz, que realiza a capacitação docente de toda a rede escolar; ou seja, ajuda a consolidar o modelo educacional gerido pela Secretaria Municipal de Educação. Nesse sentido, nas escolas rurais vigora um modelo que vale para todas as escolas fundamentais do município. Embora sustente um centro de estudos e formação, a secretaria de educação (a prefeitura) não oferece (nem cobra) uma formação específica para a docência no meio rural. Também não há elaboração curricular específica nem um setor destinado à gestão das escolas. Portanto, todas as escolas municipais se sujeitam a um só modelo administrativo e pedagógico; ou seja, pode-se afirmar uma lógica de homogeneização.

Tal compreensão impôs entraves à realização da pesquisa aqui descrita, a exemplo dos critérios pra escolher as escolas do meio rural a serem pesquisadas. A escolha estaria dada se tais escolas fossem *do campo*.

Contraditoriamente, a homogeneidade na administração escolar, na docência e no currículo se choca com a realidade escolar cotidiana. Anos e anos de prática em sala de aula me levaram a perceber que docentes e discentes convivem com culturas diferentes, o que força um aprendizado: o de que relações interculturais devem ser construídas e trabalhadas numa lógica de compreensão da comunicação intercultural e de aceitação das distinções culturais que habitam a sala de aula no meio rural.

4.6 O MÉTODO DA NARRATIVA

Com efeito, investigar a relação e o entendimento que professores têm do ensino de Arte no meio rural se valeu aqui do recurso das narrativas interculturais como método. Tal procedimento guiaria a aplicação de um questionário para o universo de 14 professores do ensino de Arte do nível fundamental da rede escolar municipal de Uberlândia. Para gerar os dados de pesquisa, a investigação se processou nestas etapas subsequentes: apresentar à Secretaria Municipal de Educação; aprovar o projeto de pesquisa no Comitê de Ética em Pesquisa; ir a campo para fazer entrevistas. Esse procedimento final se sujeitou às condições de vida trazidas pela pandemia de covid-19; o isolamento social imposto exigiu fazer as entrevistas de modo on-line.

Apesar das restrições, foi possível conversar antes e pessoalmente com as professoras a serem entrevistadas sobre as condições da entrevista. Então pediram que fosse on-line. À época, além de uma doença respiratória pandêmica, havia a chamada varíola do macaco, que tinha tido os primeiros casos na cidade e impunha cuidados; a entrevista em meio virtual seria mais segura. Outros motivos foram não haver tempo entre atividades e formas de cumprimento dos módulos escolares (o módulo II estava sendo cumprido em casa). Assim, antes de responderem às perguntas, as professoras receberam, via e-mail e WhatsApp, um vídeo explicando o procedimento da entrevista e um link de acesso ao formulário do questionário.

As entrevistas visaram registrar, via relatos de professores de Arte, seus critérios de seleção de conteúdos relativos à disciplina que lecionam e às práticas pedagógicas mais aplicadas na construção de conhecimentos afins à arte e ao entendimento que têm das finalidades de seu ensino escolar. A entrevista visou, ainda, verificar e analisar motivações que levaram as professoras a escolherem a disciplina Arte.

A realização das narrativas ocorreu em etapas.

- Foi elaborado um roteiro provisório formado por 16 perguntas sobre dados pessoais e por oito perguntas afins aos objetivos da pesquisa; as perguntas foram divididas em dois blocos: dados pessoais e questionário.

- Foi realizada a reformulação do instrumento da pesquisa: diminuição do número de perguntas (existiam perguntas repetidas e fora do foco do objeto de pesquisa).

- Foi montado o roteiro final de entrevistas de oito perguntas orientadas com base nos objetivos da pesquisa (foram estruturadas a fim de respeitarem a continuidade da introdução das questões, ou seja, sem fugirem ao foco conforme o andamento da entrevista).

- Foi enviado o questionário para as professoras: oito são formadas em Artes e atuantes ativas nas escolas autorizadas; seis são formadas em Artes e estão aposentadas, mas oferecem um repertório de experiências docentes relevante nas escolas rurais de outrora.

Como finalidade essencial, essa aplicação do questionário pretendeu verificar sua funcionalidade e apontar eventuais pontos de readequação para se extrair um relato substancial. De fato, subjacente à ideia da narrativa, estava a intenção de aprofundar os relatos sobre certos assuntos, mas tentando evitar mudanças de rumo na conversa. As participantes assinaram um termo de consentimento como aceite do convite para tomarem parte na pesquisa. Cada uma teve sua identidade preservada (vide resolução 196/96, que fixa as "diretrizes e normas regulamentadoras de pesquisas envolvendo seres humanos").

Uma vez realizadas as etapas referentes à consistência do instrumento de pesquisa, começou-se o processo de seleção da amostra final de professoras. Para a seleção, primeiramente houve visita às 12 escolas rurais de Uberlândia e conversas com suas respectivas diretoras. Três escolas deram autorização à pesquisa. Posteriormente, houve reuniões com as diretoras e analistas pedagógicas para formalizar, de vez, a permissão à realização das entrevistas com as professoras de Arte de cada instituição autorizada. Uma vez apresentadas as professoras pela coordenação, houve uma conversa preliminar com elas a fim de se explicarem os objetivos da pesquisa. Sucessivamente ao contato inicial com as educadoras, elas receberam e-mail e número de contato para acesso à rede WhatsApp, na qual seriam feitos mais esclarecimentos sobre sua participação.

As entrevistas foram feitas e processadas pela ferramenta Google Drive. As repostas foram programadas para durarem no mínimo dez minutos. As entrevistas foram feitas individualmente, de 10 de junho a 10 de agosto de 2022, conforme cronograma de pesquisa enviado ao Conselho de Ética em Pesquisa. Feitas as entrevistas, veio a etapa de produção dos dados de pesquisa; ou seja, a sistematização para análise com base no referencial teórico. Também se elaborou um quadro síntese com o objetivo de se organizarem os dados conforme as categorias de análise. Dessa forma, o material fica disponível para reflexões futuras.

POÉTICA DOS RESULTADOS: DAS QUESTÕES INICIAIS À FOCALIZAÇÃO DO OBJETO

Não é no silêncio e no isolamento que os homens se fazem, mas na palavra, no diálogo, no trabalho e na ação-reflexão.

Paulo Freire

Este capítulo apresenta análises descritivas do corpus fenomenológico da tese; isto é, apresenta dados e análise segundo categorias analíticas. Os informantes da pesquisa foram professoras de Arte (artes visuais, música e teatro em três escolas públicas municipais do ensino fundamental I e II) e docentes de Arte inativas (aposentadas); somam 14 profissionais. Produzidos mediante coleta de informações em pesquisa de campo, os dados de pesquisa são relatos concedidos por cada educadora mediante entrevistas realizadas em três escolas municipais de Uberlândia, MG. À luz do objeto de estudo, a análise tentou responder às perguntas estruturantes da pesquisa. O procedimento metodológico presumiu abordar técnicas, escolhas e opções de pesquisa para se escolher e se aplicar um método; e incidiu na formação e prática docentes em Arte como estudo de abordagem qualitativa seguindo passos do método fenomenológico. Antes de entrevistar as educadoras informantes, pediu-se autorização à Secretaria Municipal de Uberlândia e, na sequência, às escolas municipais via diretoras. Só depois foi iniciado o pedido de permissão das professoras ativas e inativas.

Com efeito, essa etapa mostrou a complexidade dos fatos e a dificuldade em se fazer pesquisa de campo com pessoas; ou seja, foi difícil atender aos protocolos de permissão seguindo critérios do Conselho de Ética em Pesquisa para a área educacional. Foi preciso ir muitas vezes atrás de quem daria a permissão, e a espera por uma reposta de permissão foi de dias e até semanas; algumas vezes, o pedido foi negado. No primeiro contato com responsáveis – para explicar a pesquisa –, foram gentis, afáveis e abertos à pesquisa, garantiram as autorizações e agradecerem a escolha da escola para ser pesquisada. Então pediram tempo para analisar os documentos. No momento de concederem as permissões mediante um documento assinado, este foi negado, por motivos como: falta de interesse na pesquisa; porque os resultados da pesquisa não voltam para a escola-lócus (como se tivesse de voltar necessariamente); porque havia a falta de interesse do gestor escolar.

Por um lado, a autonomia escolar – a autonomia de diretores – é bem-vinda, pois se faz importante assegurar certa liberdade a quem trabalha na escola; por outro lado, é negativa, uma vez que diretores e diretoras deveriam promover nas escolas públicas ambientes favoráveis ao desenvolvimento da pesquisa universitária em Educação. Esta é importante à reflexão e ao debate sobre problemas que afetam o funcionamento das instituições educacionais, a atuação docente/discente e a qualidade da educação – tão almejada por todos.

Na coleta de informações primárias para se produzirem os dados da pesquisa, foi usado o "diário de bordo" como instrumento de registro de ações. Com ele, foi possível anotar e armazenar. Materialmente, é um caderno com função de facilitar o registro de impressões iniciais sobre escolas visitadas, sobre futuras entrevistas com informantes e outros pontos. Como registro de observações durante o contato com o lócus e as pessoas da pesquisa, as anotações deram base para se organizar e se desenvolver a pesquisa.

5.1 PROFESSORES DE ARTE E SEU PAPEL

A importância do professorado de Arte para a educação – assim como de outras disciplinas – está no fato de que é transmissor de conhecimentos científicos e mediador da produção de saberes escolares, além de planejar, organizar e desenvolver atividades e materiais relativos ao ensino. Com efeito, fazem-se necessárias atividades artísticas que auxiliem a formação e expressão da criança; que tenham objetivos claros; que explorem conteúdos instigantes do interesse discente etc. Desse grupo profissional, foi destacado um grupo de docentes de Arte pelo ponto de vista da formação e das práticas em narrativas interculturais de escolas do meio rural de Uberlândia. São diversos os papéis de tais profissionais, e um deles é ser responsável pelo sucesso do processo educacional que ajuda o alunado a desenvolver sua sensibilidade e criatividade; a construir saberes teóricos e práticos; *a ser crítico*.

Em certo sentido, essa compreensão espelha Libâneo (2016, p. 252): "o professor estabelece objetivos sociais e pedagógicos, seleciona e organiza os conteúdos, escolhe métodos, organiza a classe". Para esse autor, o docente exerce papel de "mediador e incentivador" da aprendizagem de cada aluno e dos modelos de conteúdos culturais. Por isso, deve sempre estar motivado para ensinar (e aprender) e ser um incentivador da construção do saber. Para ele, o educador representa a sociedade

> [...] exercendo um papel de mediação entre o indivíduo e a sociedade. O aluno traz consigo sua individualidade e liberdade. Entretanto, a liberdade individual está condicionada pelas exigências grupais e pelas exigências da situação pedagógica, implicando a responsabilidade. [...] O professor autoritário não exerce a autoridade a serviço do desenvolvimento da autonomia e independência dos alunos. Transforma uma qualidade inerente à condição do profissional professor numa atitude personalista (Libâneo, 2016, p. 252).

Freire (2007, p. 96) reafirmou a posição do docente assim:

> O fundamental é que professor e alunos saibam que a postura deles, do professor e dos alunos, é dialógica, aberta, curiosa, indagadora e não passiva, enquanto fala ou enquanto ouve. O que importa é que o professor e alunos se assumam epistemologicamente curiosos.

Quase sempre, relacionamentos harmoniosos na sala de aula são tão importantes quanto o é a variedade de métodos e recursos instrucionais. O respeito deve ser cultivado em todas as relações, porém sem que haja coerção entre as pessoas do processo de ensino e aprendizagem: o discurso deve ser arquitetado sem atropelar a opinião do próximo. Como líderes da sala de aula, professores são responsáveis pelo relacionamento dos educandos; sua influência é decisiva, e a criação de um clima que favoreça a aprendizagem depende de sua ação. Convém citar aqui o que diz Libâneo (2016, p. 252) sobre esse ponto da docência.

> [...] a "autoridade técnica do professor" se manifesta na capacidade de empregar com segurança os princípios didáticos e o método didático da matéria, de modo que os alunos compreendam e assimilem os conteúdos das matérias e

sua relação com a atividade humana e social, apliquem os conhecimentos na prática e desenvolvam capacidades e habilidades de pensar por si próprios.

Como se pode ler, docentes competentes se preocupam em dirigir e orientar a atividade mental estudantil de modo que cada discente seja consciente (cognoscente), ativo e autônomo. Com efeito, pode-se ressaltar dois aspectos da interação docente-discente no trabalho escolar: aspectos cognoscitivos – a forma de comunicar conteúdos escolares e tarefas indicadas; aspectos socioemocionais – relações pessoais entre educadores e educandos; normas disciplinares – indispensáveis ao êxito do trabalho.

O aspecto cognoscitivo é um processo ou movimento que transcorre nos atos de ensinar e aprender, tendo em vista a transmissão de conhecimentos e sua assimilação (Libâneo, 2016). Nesse sentido, ministrar aulas sempre pressupõe ter em vista as tarefas cognoscitivas colocadas ao alunado: objetivos da aula, conteúdos, problemas e exercícios. Discentes, por sua vez, são dispostos em um nível determinado de potencialidades cognoscitivas conforme o grau de maturação, desenvolvimento mental, idade, experiência de vida e conhecimentos já assimilados e vivenciados.

O aspecto socioemocional se refere aos vínculos afetivos entre professor e aluno e às normas, leis e exigências objetivas que regem a conduta discente na aula (a disciplina). Libâneo (2016) afirma que não deve ser evidenciada, na aula, a afetividade docente por determinado estudante, mas sim por todos e em geral; isso vale para educando e educador. A escola não é lar: "Na sala de aula, o professor se relaciona com o grupo de alunos. A interação deve estar voltada para a atividade de todos os alunos em torno dos objetivos e conteúdos da aula" (Libâneo, 2016, p. 251). Para Andrade (2016), cabe aos profissionais da docência controlar esse processo, estabelecer normas, deixar claro o que esperam de respostas positivas às atividades pedagógicas propostas. Na sala de aula, exercem autoridade que é fruto de qualidades intelectuais, morais e técnicas. Essa autoridade (ou esse comando) é atributo da condição profissional e exercida como estímulo e ajuda ao desenvolvimento discente independente. Desse modo, o professor estabelece objetivos sociais e pedagógicos, seleciona e organiza conteúdos, escolhe métodos, organiza a classe, traça critérios de comportamento – indispensáveis ao andamento satisfatório da aula.

Entretanto, essas ações devem ficar claras para o alunado, de modo que responda ativa e independentemente, e não como repetidor. Por isso, a profissão docente pode se configurar conforme o que se lê em Campos (2007, p. 17):

> [...] ter profissionalismo e compromisso social, o que implica: 1) pensar e pensar-se como docente não só ocupado com as tarefas didáticas, mas numa dimensão maior que inclui a gestão escolar e as políticas estratégicas educacionais; 2) ser protagonista das mudanças e capaz de participar e intervir nas decisões da escola e em espaços técnico-políticos mais amplos; 3) desenvolver capacidades e competência para trabalhar em cenários diversos, interculturais e em permanente mudança; 4) atuar com gerações que têm estilos e códigos de comunicação e aprendizagem diversos, com novas exigências e desafios à competência dos docentes. A docência é uma profissão com profundo sentido e compromisso humano.

Como se lê, a autora partilha de um pensamento que leva à recomendação de que, para que a docência seja reconhecida, valorizada e fortalecida, a profissão deve não só ser objeto de prioridade das políticas públicas, mas ainda ter vários setores e atores envolvidos: meios de comunicação, organizações e movimentos sociais, além de setores governamentais.

O desafio dos docentes de Arte é organizar seu trabalho para, de maneira compromissada, elevarem os níveis de qualidade de seu ensino escolar. Na rede educacional do município de Uberlândia não é diferente. As atuações de educadores se engajam nessa perspectiva de ser responsável pelo sucesso do processo pedagógico, ou seja, ajudar o alunado a melhorar e desenvolver sua sensibilidade, seus saberes teóricos e práticos, sua formação crítica. Dessa forma, a importância de se discorrer sobre a profissão docente consiste em se conhecer e se refletir sobre a *formação docente* e suas práticas educacionais como atitude importante para se alcançar a realidade almejada: o máximo possível de qualidade na educação.

5.2 FORMAÇÃO DO DOCENTE DE ARTE

Desdobrar a problemática da pesquisa aqui descrita supôs especular a formação do professorado de Arte e a prática poética de sala de aula. O desafio de se formar como profissional para atuar na educação básica permeia o campo da docência; não por acaso, desde os anos 1990 a formação tem sido discutida na pesquisa acadêmica. E se percebe que, na educação, a todo o momento existem mudanças no campo de atuação, e seus profissionais têm de acompanhar essas mudanças para se adaptarem à realidade.

Com efeito, no campo educacional, o desenvolvimento envolve a formação inicial acadêmica e a formação continuada, instância de constituição de uma identidade[36] profissional. Como a formação inicial não cobre o todo, é necessário estender o processo como continuidade: cursos de capacitação e de línguas, cursos de pós-graduação, da especialização ao doutorado. Essa compreensão se projeta em Garcia (1999, p. 26) de modo bastante abrangente, com diz ele, os processos de formação inicial ou continuada "possibilitam os professores adquirir e aperfeiçoar seus conhecimentos, habilidades, disposições para exercer uma atividade docente", além de constituírem um elemento fundamental para se assegurar a qualidade da aprendizagem.

Não haveria conceito único e imutável para definir a formação docente. Diante de perspectivas múltiplas, seu significado é suscetível a modificações, debates, controvérsias e polêmicas. Mas se impôs um consenso nas publicações da área quanto a se pensar na formação como processo de aprendizado profissional contínuo, de duração longa, marcado pelas primeiras experiências escolares do professor em sua vida. Assim, são as instituições empregatícias, as escolas e os educadores que devem avaliar suas necessidades, crenças e práticas culturais para decidirem o modo da formação continuada adequada ao desenvolvimento profissional quanto a trazer mais benefícios.

Nos cursos de bacharelado em Artes, de modo geral há investimentos maiores na aproximação do alunado desse campo específico da criação artística, diferentemente de licenciaturas, cujo objetivo é formar profissionais para a educação. Nessa direção, percebe-se diferenciação quanto aos conteúdos abordados nos cursos de bacharelado relativos ao sistema da arte, ao mercado da arte, à produção, à autoria, à busca de modos próprios e singulares de representação artística. As licenciaturas, a seu turno, são voltadas ao pedagógico. Assim, de certa forma, está mais concentrada nos cursos de bacharelado "a ênfase na exploração de processos de criação, no incentivo ao inusitado e a ousadia" (Vasconcellos, 2015, p. 142), refletindo-se esses aspectos nos cursos de licenciaturas.

---

[36] A identidade docente pode ser influenciada pela escola, pelas reformas e pelos contextos políticos e "inclui o compromisso pessoal, a disposição para aprender a ensinar, as crenças, os valores, o conhecimento sobre a matéria que ensinam, as experiências passadas, assim como a vulnerabilidade profissional" (Garcia, 2009, p. 2).

Em geral, nota-se que os cursos de licenciaturas/bacharelados em Artes Visuais salientam a ampliação de disciplinas em poéticas visuais nos últimos anos, o investimento em abordagens investigativas diferentes e o "processo individual de criação, por meio de reflexões e investigações de técnicas e percursos de produção, inclusive culminando, em alguns casos, com a pesquisa do TCC"; tal qual se lê no "processo de renovação do reconhecimento do curso de licenciatura em Artes Visuais" (Universidade Estadual Do Paraná, 2017, p. 10). É claro que há outras tendências nessas licenciaturas que visam desenvolver a sensibilidade artística e estética no profissional do ensino de Arte. Afinal,

> [...] em um mundo onde o estímulo visual é intenso e recorrente, o profissional formado em Artes Visuais aguça a sensibilidade artística e estética visual dos diferentes atores da sociedade. Seja por meio da pesquisa ou pela criação ou reflexão crítica de conteúdos voltados para esta área do conhecimento (Centro Universitário Internacional Uninter, 2022).

Contudo, trata-se de tendência, e não de fato consumado em todos os cursos de licenciaturas de Artes Visuais[37]. Existe variação nesse contexto das universidades. Em contrapartida, quando essas questões adentram o campo do ensino de Arte, há indicativos de que o processo criativo é restringido, dilui-se, rarefaz-se, embora haja esforços na direção de um equilíbrio na matriz curricular entre disciplinas práticas, teóricas e pedagógicas.

Diante disso, cabe ressaltar que o estudo desta tese se situa, exatamente, no campo de problematização do processo de formação de professores de Artes Visuais ao buscar compreender possibilidades de estreitamento das relações entre o ensino de Arte e as práticas artísticas. Parte-se da premissa de que ambas as dimensões da identidade profissional do docente constituem o núcleo de sustentação de práticas de ensino entendidas aqui como mais adequadas a uma aprendizagem efetiva, a uma educação de qualidade.

---

[37] O profissional em Artes Visuais pode atuar em circuito artístico de museus, centros culturais, galerias de arte, ateliês e demais instituições de caráter artístico-cultural. E pode também atuar: na produção artística e cultural; em pesquisas com foco em aspectos teóricos, históricos e estéticos do campo ampliado das Artes Visuais. Esse profissional pode ser o mediador entre o conhecimento inteligível e o saber tendo em vista a construção do pensamento visual.

Nesse sentido, as considerações feitas até aqui apresentam uma tentativa de se mapearem expectativas e dificuldades com a formação inicial dos educadores de Arte, bem como de se vislumbrarem caminhos para se aprofundar o estudo da problemática. Diante de leituras sobre a importância da formação continuada, destacam-se pontos apresentados como fundamentais por pesquisadores visando à promoção de aprendizagens da docência no ensino. Incluem: troca de experiências entre eles; perspectivas de colaboração entre grupos educadores; articulação de conhecimentos originados na ciência de referência e conhecimentos do campo didático-pedagógico com teóricos de renomes; enfim, incentivo ao desenvolvimento de uma atitude investigativa de práticas artísticas cotidianas em sala de aula.

Além disso, foi possível apresentar pressuposições que contribuem para tanto se problematizarem o ensino de Arte e a formação docente quanto se indicarem caminhos que têm sido propostos ao campo da educação e ao ensino de Arte. Portanto, convém apresentar a trajetória da pesquisa de campo, a análise dos dados e a articulação dos resultados da pesquisa.

5.3 PONTOS DE PARTIDA E PRIMEIRAS EXPECTATIVAS

Ao se eleger a apreciação da diversidade cultural que envolve as escolas das comunidades rurais e docentes de Arte na condição como tema de estudo, as questões que originaram a pesquisa subjacente a esta tese se concentravam no entendimento da formação e da prática inerentes ao ensino de Arte e à narrativa intercultural de educadores como produtores de conhecimentos sobre o ensino escolar. Com essa temática, foi apresentado, ao Programa de Pós-graduação em Educação da Universidade de Uberaba, o anteprojeto de doutorado "Ensino de Arte nas escolas rurais: a poética intercultural de práticas educacionais e aprendizagem em narrativas de professores e alunos" como proposta inicial. Ressalta-se que a investigação proposta se situava no campo do ensino e da aprendizagem de docentes e discentes, em particular do ensino de Arte, para se construir um percurso de análise que ampliasse o conhecimento sobre a relação intercultural e a formação de professores.

No decorrer do tempo, porém, após vários encontros no percurso das aulas e da orientação de pesquisa, foi vista a necessidade de se retirarem os alunos da pesquisa por causa de um fator: a pandemia de Covid-19, que levou à suspensão de aulas presenciais, o que poderia comprometer a pesquisa, visto ser incerta a data de retomada. A imprevisão em órgãos da educação reforçava a possibilidade de se comprometer a pesquisa. Assim, ficou o tema restrito ao ensino de Arte em escolas rurais, à poética intercultural de práticas educacionais e à aprendizagem em narrativas de educadores.

A diversidade cultural é entendida aqui numa lógica de interculturalidade, isto é, nas relações com as culturas que as comunidades locais mantêm durante anos. Vivenciam essa cultura que nasceu na região rural, repleta de eventos de festejos como a folia de reis, a congada, a festa junina, a cavalgada e a cavalhada. Neste estudo, são vistos na condição de elementos que materializam concepções e conhecimentos a serem trabalhados na escola e úteis ao ensino da disciplina Arte, bem como alinhados às intenções educacionais e didáticas de quem o produz e/ou produziu em determinadas circunstâncias e condições objetivas. Portanto, pesquisar e estudar diversidades culturais locais é via para se compreenderem as transformações na escolarização e no ensino de Arte, é um modo de se deixar registrado para pesquisas futuras.

No caso específico do ensino de Arte, as relações interculturais que os discentes trazem consigo para dento da sala entram em "conflito" com as demais culturas impostas pelas propostas curriculares atribuídas pela Secretaria Municipal de Educação; pelos livros adotados; pelos materiais didáticos produzidos e selecionados por educadores que podem ser indiciários de suas concepções epistemológicas e didáticas. A consequência seria não se atingir a aprendizagem.

Entretanto, a experiência profissional em curso de formação continuada de professores de Arte[38] levou a afirmar e reafirmar que a temática teria potencialidades para o desenvolvimento de análises das relações interculturais do ensino. Ali se imporia a inquietação que evoluiu para autoindagações soltas, então para questionamentos coesos, enfim para um argumento de pesquisa: o projeto de tese, que se espera que inspire outras pesquisas nesse campo.

Assim, com essas questões sobre interculturalidade para o ensino de Arte como ponto de partida, as opções de encaminhamento metodológico

---

[38] Curso de formação continuada de professores de Arte no Centro Municipal de Estudos e Projetos Educacionais Julieta Diniz, Uberlândia, MG.

para a investigação fenomenológica foram reestruturadas a fim de se iniciar a pesquisa. Destaca-se que são poucas as experiências de investigação em ensino de Arte desenvolvidas nessa perspectiva teórico-metodológica. Em atividade inicial de natureza exploratória e por meio de consultas a professores de Arte em algumas escolas, e mesmo por contato de encontros nos cursos de formação continuada, quase nenhuma informação foi obtida sobre as relações interculturais de ensino, acera da produção por professores ou relativa a alguma ação realizada no âmbito nas escolas.

Diante disso, a investigação se voltou à temática da formação docente e à prática de ensino que abarquem a interculturalidade, elemento de problematização anterior. Ao se estabelecer a questão da interculturalidade no centro da análise, o que a sustentava era a perspectiva de se compreender esse elemento didático na sua relação com aspectos da prática de ensino na formação continuada. Portanto, foi retomada a questão de fundo: dar andamento ao trabalho fenomenológico com a ida a campo a fim de se registrarem e, via análise posterior, se descreverem fatos.

Haja vista a pesquisa envolver a contribuição de professores de Arte – seres humanos suscetíveis de riscos –, o projeto foi submetido ao Comitê de Ética e Pesquisa para apreciação, análise e aprovação. Com isso, a rigor, a pesquisa de campo só se iniciou após a aprovação. Nesse sentido, elaboramos o "termo de consentimento livre e esclarecido" para participantes. É um documento que deve conter as informações necessárias e escritas de maneira direta, simples e clara, sem termos técnicos ou jargões. A intenção é que seja transparente o suficiente para ser lido e entendido pelo leitor.

Antes da submissão do projeto, para a consecutiva aprovação foi gerada a "folha de rosto", ou seja, a introdução na Plataforma Brasil, on-line, de informações básicas do projeto. Sua finalidade é a expressão de compromisso da pesquisa e da instituição superior com o cumprimento da Resolução 466/12 do Conselho Nacional de Saúde. A "folha de rosto" traz consistência jurídica ao projeto, identificando pesquisador, instituição e conselho de pesquisa, à luz de normas e apontando responsabilidades correspondentes.

Para a pesquisa entrar na fase de campo, o Conselho de Ética em Pesquisa sugere um prazo de três meses entre a data de submissão do projeto e a data de início da coleta de informações. Esse prazo considera o número de membros do conselho, a periodicidade das reuniões e a possibilidade de o projeto apresentar pendências. A pesquisa de campo referente a esta tese foi realizada dentro do prazo legal e da programação do projeto. Após ser feita a pesquisa, segundo a Resolução 466/12 e 510/16, cabe ao pesquisador manter em arquivo, sob sua guarda sigilosa, por cinco anos, as informações e os dados produzidos: fichas individuais e demais documentos recomendados.

Na retomada de questões levantadas para dar andamento ao trabalho fenomenológico, veio a ida a campo para observar ações, registrar eventos, entrevistar pessoas e descrever ocorrências de formação docente e de relações interculturais em práticas docentes de Arte. A partir daí a pesquisa passou a compor seu corpus: compilações de entrevistas; desenvolvimento de ideias; esboços de linhas de resposta às questões estruturantes; ou seja, tudo que iria compor a tese. Nesse sentido, a expectativa era entrar no campo fenomenológico com questões amplas sobre a formação docente e a prática de ensino envolvendo a interculturalidade. Assim, seria possível tentar focar um novo elemento a ser estudado para solucionar a problemática da tese.

5.4 QUESTÕES-GUIA DO TRABALHO DE CAMPO

Com efeito, algumas inquietações acompanharam o trabalho de campo desde o início: o que levou à docência em escola do meio rural? Foi opcional pela proposta de trabalho ou foi impositiva pela Secretaria de Educação? A formação inicial – a licenciatura – auxilia na prática cotidiana em sala de aula, no ensino de Arte? Após a formação inicial, houve participação em curso/grupo/atividade como formação continuada? Se sim, que curso/os de formação foram feitos? Qual foi a importância de cada curso e/ou atividade realizada? O docente de Arte percebe diferenças entre ensino de Arte no meio rural e no meio urbano ou não? Busca-se a relação entre ensino de Arte e outras disciplinas ou assuntos (política, sociedade, cidadania, relações interpessoais, Filosofia, História)? Como é essa relação? Os outros docentes estão abertos para essas parcerias? Haja vista que os livros didáticos trazem uma cultura dita europeia, ou seja, com pouca ênfase na cultura brasileira, nas aulas de Arte é feito algum trabalho envolvendo a cultura local? O docente de Arte trabalha, na sala de aula, as relações interculturais dos alunos: festa junina, cavalhada, congado e outros? Como se lida com as diferenças de culturas do alunado em sala de aula? Desenvolve-se o tema das culturas do meio rural nas aulas de Artes?

Além de serem questões associadas à entrevista, tais perguntas se mantiveram como suporte para análise, ou seja, como ponto ao qual se voltar como feedback tendo em vista a proposição da tese. Desse modo, pela focalização na interculturalidade no contexto educacional, o campo fenomenológico se mostra aberto e disponível à possibilidade de se trazerem subsídios para um entendimento mais aprofundado da formação de educadores de Arte e de sua prática de ensino.

Dito isso, as questões das entrevistas visaram levantar informações para se aventarem respostas às perguntas iniciais que delinearam o problema motivador da pesquisa; ou seja, relativas aos sentidos que o professorado atribui às suas práticas educativas; ao modo como as inter-relaciona com o alunado e a contextualização do ensino de Arte; à forma como se pode discutir cultura com uma percepção reflexiva do ambiente dos discentes tendo em vista o trabalho com a ideia de cultura local e estética; a forma como o professorado aborda e (re)conhece a cultura discente do ensino fundamental na escola de área rural e estabelece relações plurais à cultura deles; o modo como educadores de Arte do meio rural podem trabalhar com fronteiras culturais ressignificadas para que o ensino seja processo de negociação cultural permanente com estudantes e as aulas sejam significativas à formação da identidade cultural do alunado; e a maneira de se efetivar o ensino de Arte em escolas municipais do meio rural na dimensão da interculturalidade considerando a importância/relevância/significância desta para a formação da identidade cultural do estudante.

Nesse contexto, o tema deste estudo – o professor de Arte do meio rural e o trabalho com interculturalidade/identidade cultural estudantil – inquietou, sobretudo, na maneira como essa formação incide sobre o saber-fazer pedagógico, sobre o saber cultural intercultural adquirido em sala de aula e sobre os conteúdos presentes em tais experiências artísticas.

Assim, à luz de autores citados na primeira parte desta tese, é relatado a seguir o trabalho de campo realizado de junho a agosto de 2022, com as respectivas análises. A estas subjazeu a pretensão de se apresentar uma compreensão cientificamente válida para o reconhecimento de que observar a atividade escolar e analisá-la segundo certas concepções – aqui, afins ao ensino e a professoras de Arte – deve ser gesto sustentado por pressupostos teórico-metodológicos sólidos.

5.5 O MÉTODO FENOMENOLÓGICO: PRIMEIRAS OBSERVAÇÕES E APROXIMAÇÕES ANALÍTICAS

A observação – o ato de sentir e perceber, assimilar, processar e refletir – é central à necessidade de reconstruir a realidade para que se possa se aproximar da dimensão cotidiana da escola. A quem pesquisa, fazer isso não é fácil, sobretudo pelo tempo fugaz de contato com tal realidade. A abundância de pontos focais e a exiguidade de tempo tendem a resultar em perdas nas observações. Isso porque se aproximar do ambiente escolar e adentrar seu dia a dia vai além do ato, ou seja, supõe, antes, "a orientação de certa busca" e "certa interpretação daquilo que pode ser observado" (Ezpeleta; Rockwell, 1989, p. 21).

O privilégio de contar com informantes de pesquisa ligados diretamente à área educacional é vantagem que implicou trabalho de campo intensivo e tempo prolongado no ato de observar, registrar e descrever analiticamente o lócus da pesquisa: as escolas. Embora tenha sido a observação procedimento privilegiado no trabalho de campo, couberam outras formas ou estratégias, como as entrevistas, a pesquisa documental e outras. Mas prevaleceram as observações.

Com efeito, foi necessário sentir e observar o cotidiano escolar: como são e como fluem as coisas, e anotar impressões desse primeiro contato com as escolas autorizadas no "diário a bordo". Nesse ponto da pesquisa, foi preciso respirar e observar os ares do ambiente com atenção indagadora da complexidade que permeia o cotidiano escolar para derivar algo que o professorado – informantes da pesquisa – vivencia em seu trabalho. Esse momento foi muito importante à parte de análise.

As escolas foram entendidas como ambiente complexo e dinâmico, lugar de apropriação de conhecimentos e culturas; mas não sem a capacidade de se sistematizar o processo de observação via registros escritos e outros, para que se efetivassem as operações sucessivas de análise. Esse processo analítico teve a função de evitar que a investigação fosse apenas validação de atitudes e intenções de pesquisa em relação ao objeto de estudo (Garcia, 2001). Tratou-se, de fato, de se manter o critério da ideia de se construírem novas relações a partir do trabalho de campo.

No início da ida a campo, a sensação foi de angústia relacionada às novas perspectivas, que ao serem superadas eram, aos poucos, substituídas por outras: de fascinação, curiosidade, obsessão etc. A angústia teve causa clara: justamente a falta de clareza nas definições de todos os elementos da pesquisa, a incerteza e suas consequências; em especial sobre as categorias de análise, lugares onde ir, modos de agir, pontos a observar, ideias a anotar etc. Diante disso, fez-se central definir o foco das observações e o momento de tomar notas.

Com as notas de campo, a intenção foi se registrarem as sensações derivadas do contato com ambientes escolares com o máximo possível de fidedignidade à realidade observada para ser traduzida com palavras escritas, muitas vezes, carregadas da subjetividade própria da interpretação de ações contínuas. Para não deixarem nada fugir à memória, as anotações tiveram revisões e reescritas imediatas à ida a campo. Era importante não postergar; o tempo é fugaz e a memória se dissipa. Assim, as situações observadas e vividas precisavam ser registradas de maneira rigorosa; seriam auxílios enriquecedores dos registros de campo para o status de veracidade almejado pela pesquisa acadêmica.

Como Rockwell (1987) recomenda, convém fazer a ampliação das notas de campo no "diário de bordo" num período ideal de 24 horas pós--observação. Todos os detalhes serão incorporados ao registro escrito e, de preferência, em ambiente próprio e tranquilo. Destacam-se algumas implicações: 1) tudo deve ser anotado porque na observação não se pode prever o que será necessário ou descartável para as futuras análises; 2) detalhes que não têm relação aparente e direta com o objeto de estudo devem ser descritos com minúcia, para que um leitor que não conheceu o contexto in loco possa recriar, mentalmente, a situação vivida pelo pesquisador; 3) a riqueza de detalhes escritos possibilita facilitar a memória de campo em análises futuras (Romanelli, 2009).

Assim, com o acúmulo de experiências aos poucos, quem pesquisa entende não ser necessário nem possível escrever tudo o que se observa, escuta e presencia; entende que alguns fragmentos da realidade podem ser significativos o suficiente, assim como algumas recorrências podem ser representativas o bastante. Rockwell (1987, p. 17) endossa essa afirmação: com "fragmentos e regularidades, já é possível, como em qualquer ciência, reconstruir relações, estruturas e processos cuja generalidade se sobrepõe a particularidade das situações presenciadas". Aqui, a ideia de que a análise de estruturas, processos e relações deve ser cientificamente válida ganha a dimensão do reconhecimento de que a observação tem de se sustentar em pressupostos teóricos. Com efeito, observações e análises de começo foram de relevância à pesquisa descrita nesta tese, mas seu escopo se triplicou ao serem consideradas três escolas como lócus.

5.5.1 Impressões de pesquisa na Escola Algodão-do-cerrado

A primeira escola-lócus foi a instituição nomeada aqui de Escola Algodão-do-cerrado, na região da antiga floresta do Lobo, hoje fazenda Mendonça, a seis quilômetros do KM 92 da BR-050, ou seja, numa estrada de terra entre os municípios de Uberlândia e Uberaba. A maioria dos discentes que frequentavam essa escola à época da pesquisa era filha de empregados em fazendas vizinhas e da fazenda local. Em virtude dessa situação, eles e seus educadores não moravam perto da escola; isto é, usavam transporte escolar gratuito.

A escola tem seis salas de aula, sala de informática, biblioteca e pátio coberto em parte; ou seja, pode ser vista como de pequeno porte. Além do pátio, há refeitório iluminado movimentado por refeições diárias e encontros do projeto "Momentos de reflexão e ação", antes de se iniciarem as aulas. A biblioteca dispõe de computadores, livros, materiais didáticos, mesas e carteiras, tudo íntegro e em condições de uso pleno. A área aberta do pátio é onde ocorrem jogos de peteca e de bola no recreio. Também há uma quadra de esporte não coberta, a cerca de cem metros da escola, pertence à escola e à comunidade local aos fins de semana. Por regra, a instituição escolar tem preferência de uso em horários de aulas de Educação Física.

A escola oferece educação infantil e ensino fundamental I e II, nos turnos matutino e vespertino. São dez turmas: as infantis de primeiro e segundo período formam turma única multisseriada; as demais são turmas individuais do primeiro ao quinto ano da manhã (educação infantil e fundamental I) e do sexto ao nono anos à tarde (fundamental II).

De frente à escola há casas de trabalhadores da fazenda Mendonça (antiga do Lobo), ordenadas em função do espaço comum da Igreja São Pedro e da quadra de esportes. Nas laterais à esquerda e à direita e nos fundos da escola se avista uma área de cultivo de pinus de reflorestamento, são árvores plantadas há mais de 40 anos que funcionam como bloqueio natural a ventos e ventanias e como reserva florestal. Além dessa faixa arbórea, estão lavouras, ora de soja e milho, ora de sorgo – depende da época. Poucos alunos moravam nas casas de familiares no entorno da escola à época da pesquisa, ou seja, a maioria morava nas fazendas vizinhas, por isso necessitava de transporte escolar, assim como o professorado. O transporte é oferecido gratuitamente pela prefeitura de Uberlândia.

A escola tem salas de aula iluminadas com mobiliário em condições integrais de uso. São carteiras adequadas à faixa etária e enfileiradas paralelamente, tal qual na sala de aula de pedagogia tradicional: o ideal da aprendizagem de conhecimentos e pensamentos desenvolvidos por adultos. A conservação material de livros, computadores e jogos se mostrou ambígua: sugere condições objetivas de trabalho favoráveis e sugere inutilização. Com efeito, a sala de informática não era muito utilizada nas aulas; supõe-se que os motivos sejam falta de internet, medo de danos aos computadores, despreparo para lidar com ferramentas eletrônicas e até resistência docente quanto a se transformarem procedimentos pedagógicos habituais mediante *novos* processos de ensino. As aulas de Arte acontecem uma vez por semana, de manhã para ensino fundamental I, à tarde para o II. O currículo do I presume duas aulas semanais; no II, uma aula por semana. Não havia sala específica para aulas de Arte, traço que marca outra escola observada: a Flor de Caliandra.

5.5.2 Impressões de pesquisa na Escola Flor de Caliandra

A instituição denominada aqui de Escola Flor de Caliandra se localiza ao lado da sede do Instituto Federal do Triangulo Mineiro. Funciona no período da manhã e da tarde, com onze turmas de educação infantil do primeiro e segundo períodos, turmas do primeiro ao quinto ano do ensino fundamental I e turmas do sexto ao nono anos do fundamental II matutino. À época da pesquisa, a maioria dos discentes era filha de granjeiros e agricultores ligados a fazendas e sítios/chácaras vizinhos; parte era filha de funcionários do instituto federal. Em virtude dessa situação, a maioria das crianças que estudavam nessa escola e os docentes que nela lecionavam não morava perto, isto é, usava o transporte escolar.

A escola tem seis salas de aula, área coberta de corredor – para recreio e intervalo de aulas – e refeitório, abafado, pouco iluminado e com mesas dispostas no corredor para as refeições. Os alunos aí ficam no recreio para lancharem; depois vão para outro espaço paralelo (em área aberta), onde se sentam e brincam. Há biblioteca, sala de informática, sala de projeto e pátio para recreação, onde se pode ficar ao ar livre à sombra de sibipirunas e ipês, traço da paisagem local. Há banquetas e mesas, para mais conforto, e uma quadra esportiva descoberta ao lado da escola. As aulas de Arte ocorriam na sala de projeto. Portanto, pode-se considerar a escola como de pequeno porte.

Os espaços internos eram pouco iluminados. As salas de aula tinham janelas pequenas, por onde entrava pouca luz natural e pouco ar para ventilar o ambiente (embora toda sala tenha ventilador). O corredor é estreito e escuro; tem lâmpadas, mas não eram acessas de dia. Há mesas com banquetas para refeições. A tinta em paredes de corredores e salas de aula estava saindo em cascas, ou seja, deixando reboco e infiltrações à vista, mesmo com o cuidado da diretora em preservar o patrimônio. De fato, a escola parecia pedir reforma.

As condições precárias de funcionamento em relação à Escola Algodão-do-cerrado não afetavam o corpo docente ao ponto do desânimo e de sentimentos afins, pois os professores se mostraram satisfeitos. Afirmaram haver um ambiente profissional amistoso e favorável ao trabalho. Nota-se que a diretora dedicava à escola uma atenção plena; é como se tratasse a instituição com o mesmo carinho como tratava a casa dela. Talvez seja esse um fator importante para os profissionais se sentirem bem. Dos alunos, poucos moravam no entorno da escola; isto é, a maioria necessitava de transporte escolar; dos professores, todos dependiam do transporte.

Dentre livros, carteiras e computadores, o material escolar disponível se apresentava em estado de uso integral, embora dessem sinais de desgaste do tempo e do uso. Na sala de informática, o ar-condicionado não funcionava, por isso, utilizavam dois ventiladores para fazer o ar circular; às vezes, tal era o calor que o ambiente ficava impróprio à aula. Diante disso, ao se perguntar à diretora de que modo conseguia realizar seu trabalho (que deixa o professorado contente), ela respondeu: "*Recurso material é fundamental, mas quem faz a educação somos nós, educadores*". A resposta ilumina dois aspectos de importância: o *investimento financeiro* em recursos materiais a fim de se melhorarem as condições laborais objetivas e o *investimento financeiro-formativo* para se compor uma equipe pedagógica (diretores, coordenadores e professores) com capacidades elevadas, sobretudo para reconhecer problemas, refletir sobre causas e delinear soluções, como a situação de desamparo e desassistência.

Na Escola Flor de Caliandra, as salas de aulas tinham tanto carteiras adequadas à faixa etária quanto mobiliário em condições de uso integral (mas algumas foram retiradas porque se estragavam constantemente). A organização da sala de aula ficava com feição pedagógico-tradicional ao se manterem as cadeiras alinhadas uma atrás da outra, em fila, em que discentes dão as costas aos pares e só tendem a olhar para frente, para a professora; o campo de visão é só o fundo do campo de ação docente: a frente da sala em oposição ao fundo. Com isso, há discentes que ficam mais distantes dos professores e com campo de visão turvado pelas costas e cabeças de colegas sentados à frente. Esse traço se replicou na terceira escola observada.

5.5.3 Impressões de pesquisa na Escola Flor-de-ipê

A instituição denominada aqui de Escola Flor-de-ipê se localiza em distrito de Uberlândia – a rigor, um aglomerado de casas afastado do centro urbano. A escola atende alunos locais e vindos do meio rural. Com exceção, atende discentes da área rural da divisa municipal Uberlândia-Uberaba. Em virtude dessa situação, a maioria do alunado e os docentes à época da pesquisa não morava perto da escola, isto é, usava o transporte escolar, oferecido pela prefeitura.

O prédio, de um andar, reúne 14 salas de aula. Há uma área de pátio recreativo coberta, um refeitório arejado, bem iluminado e com mesas dispostas no pátio para refeições; biblioteca; sala de informática; laboratório de ciências naturais e *sala de ensino de Arte*. Também existe uma quadra de esporte coberta, ainda que ao lado da escola. O pátio para recreação acomoda alunos com três divisões de horários para recreações, para tentar acomodar a todos com conforto no recreio. Nesse momento, os discentes não podem sair do espaço da escola, devem ficar ali. Além de ter cobertura, o terreno da escola é cercado de alambrado para se evitar o contato com pessoas estranhas no entorno da escola. O turno é único – de manhã; e as turmas somam 14, no ensino fundamental I e II. Portanto, ao menos em relação às demais, pode ser vista como de grande porte a Escola Flor-de-ipê.

No distrito onde a escola fica não havia organização de produção rural de pequeno porte nem atendimento às primeiras necessidades da população residente e do entorno, cujo comando fica a cargo da sede do município.

Do material disponível na escola Flor-de-ipê – livros, carteiras e computadores – tudo se apresentava preservado e em condições de uso integral. Todas as salas de aulas tinham televisão para ser usada como recurso didático. Na sala de informática, o ambiente tinha ar-condicionado agradável e computadores portáteis (tablet) passíveis de serem deslocados para a sala de aula pelos professores. As salas contavam com carteiras adequadas à faixa etária e organizadas em fila uma atrás da outra, o que deixa entrever uma organização alinhada na pedagogia tradicional. No geral, o mobiliário apresentava condições plenas de uso.

Essas observações e impressões sobre as escolas levam a vê-las como ambiente de rotina escolar própria com características de escola do campo e mais atrativo a mulheres quando se pensa na disciplina de Arte. Homens atuantes nas escolas eram, a maioria, professores de Educação Física e guardas da portaria. A conservação do material disponível (livros, computadores e jogos) aponta duas possibilidades: as condições objetivas favoráveis ao trabalho profissional e a inutilização. A título de exemplificação, há o acervo de livros didáticos e paradidáticos, de jogos de linguagem e numéricos e de computadores; no entanto, o professorado tendia a não usar. Supõe-se que seja por causa do medo de que o alunado estrague, da falta de preparo docente para lidar com as ferramentas ou até da resistência de professores quanto a mudarem condutas e atitudes cristalizadas mediante a adoção de novos processos de ensino.

Nessa perspectiva, e tomando como referência essas contribuições – esta produção de conhecimento –, a pesquisa descrita aqui se orientou para a observação de ambientes escolares onde atua o grupo de informantes: de início com foco panorâmico, depois com focalização em partes, seções, detalhes; numa palavra, em elementos afins à organização escolar, à formação docente e à prática de ensino de Arte, que se apoia, mas não se esgota, na descrição da situação particular em estudo.

5.6 DEFINIÇÃO DE FOCO E AS PRIMEIRAS ANÁLISES

A ida a campo – o contato com informantes e a realização de entrevistas com questionário – revelou sua importância na pesquisa como procedimento-chave desde o primeiro movimento, ou seja, desde a sondagem de prováveis escolas, com o sentir, o escutar e o refletir sobre os ambientes escolares. Desde logo se impôs a necessidade de se cultivar um olhar diferenciado para os pontos focais na escola, pois isso seria importante para se procurarem professores de Arte passíveis de serem entrevistados. Com efeito, foi preciso recorrer a tecnologias como a plataforma Google e seus serviços derivados (Google Forms, Google Drive etc.).

De início, a pesquisa de campo coletou dados de mensagens de e-mail e do termo de aceite dos participantes. Essa coleta verificou *origem* (de onde saía a conexão), *destino* e *data* da mensagem como informações importantes para cadastro inicial. Nessa lógica, a realização das entrevistas ocorreu em meio eletrônico, ou seja, via Google Drive. Também foi usado o Google Forms para se criarem formulários úteis à produção do material das entrevistas com perguntas de escolha múltipla referente a informações pessoais, acadêmicas e profissionais, também a questões discursivas referentes ao roteiro de narrativas. Os dados ficaram arquivados em conta no website Google para análise futura.

Esse repertório de informações, observações e análises iniciais na pesquisa foi submetido a um processo de junção na fase exploratória e como possibilidade de triangulação com outros instrumentos de produções de dados: entrevista, observação, questionário e grupo focal, dentre outros. Tal procedimento é técnica frequente entre pesquisadores (Lüdke; André, 1986).

Enfim, o termo de aceite de participação na pesquisa é obrigatório e compõe o "termo de consentimento livre e esclarecido", é onde o participante concorda ou não com a pesquisa de que vai participar. A aceitação do termo foi de 100%, assim como houve 100% de respostas às perguntas propostas pelo questionário disponível pelo Google Drive (Gráfico 1).

Gráfico 1 – Porcentuais sobre aceitação e assinatura de termo de consentimento livre e esclarecido

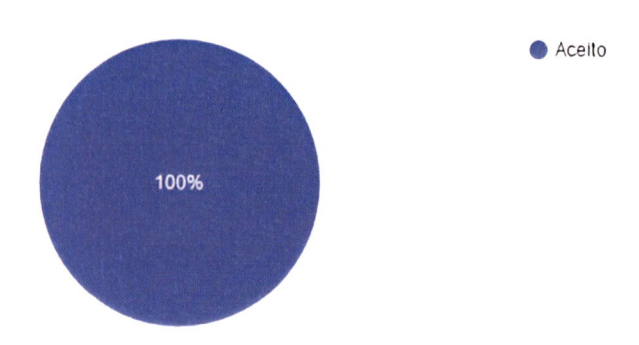

Você aceita o Termo de Consentimento:

14 respostas

● Aceito

100%

Fonte: dados da pesquisa. Elaboração: Sergio Naghettini

Das informações pessoais, acadêmicas e profissionais, a primeira pergunta às participantes foi sobre nome completo. A informação foi dada por completo e com identificação, ainda que permaneçam em anonimato em cumprimento dos quesitos de ética da pesquisa. Essa proteção é garantia a quem participa de pesquisa orientada por um termo de conhecimento e esclarecimento para não se causar dano pessoal e/ou discriminação futura.

Nesse sentido, a segunda pergunta foi sobre o gênero[39] (Gráfico 2), com as seguintes opções: "masculino", "feminino", "outro" e "prefiro não dizer". Eram quatro opções para deixarem a pessoa responder sem constrangimento e a opção "outro" para evitar equívocos. A opção "Prefiro não dizer" é altamente recomendada, pois muitas pessoas seguem em processo de autoconhecimento e aceitação e não se sentem confortáveis o bastante para responderem.

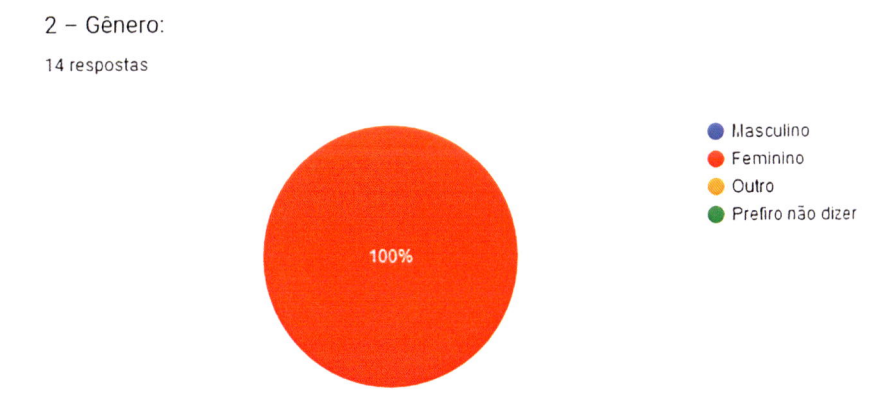

Gráfico 2 – Gênero dos participantes

2 – Gênero:

14 respostas

- Masculino
- Feminino
- Outro
- Prefiro não dizer

100%

Fonte: dados da pesquisa. Elaboração: Sergio Naghettini

Como se vê, 100% respondeu que são do sexo feminino. Nota-se que predomina o grupo do gênero feminino no magistério de Arte: são *professoras*. Esse fato reflete parte da história da educação brasileira. Em

---

[39] Convém a pesquisadores que trabalham com seres humanos compreenderem a fundo certos conceitos, para que suas pesquisas tenham um senso de justiça e não tenham elementos de preconceito. É o caso da relação sexo-gênero como conceito neste estudo. Aqui, basicamente, sexo se relaciona à anatomia de uma pessoa: se nasce com órgãos femininos, é considerada do sexo feminino; se nasce com órgãos masculinos, é tida como do sexo masculino; mas isso não interfere em como essa pessoa se sente ou por quem essa pessoa se atrai afetivamente. A identidade de gênero é como a pessoa se vê: pode se identificar com gênero oposto ao seu sexo biológico ou com nenhum gênero específico. Está relacionada ao psicológico e como a pessoa se sente em relação a si.

estudos históricos, no que se refere à história da profissão docente, se pode perceber que o magistério se tornou ocupação majoritariamente feminina no fim do século XIX, que o processo da feminização dos anos iniciais da escolarização – o antigo Ensino Primário – teria se associado ao ingresso majoritário de mulheres no magistério e que essa transformação se reflete na conjuntura do quadro docente das instituições de ensino (Xavier, 2014). A mulher do fim do século XIX era impossibilitada pela sociedade de assumir outras profissões, o que ocasionou uma concentração em áreas voltadas ao cuidado, como a docência (Xavier, 2014). Igualmente, Chamon (2005) analisou a falta de interesse dos homens pela profissão docente como consequência do desprestígio da profissão e dos salários, incombináveis com a demanda de cobranças e a necessidade de se sustentar a família.

Desse modo, tal carreira tem desinteressado os homens do século XXI; ainda predominam as mulheres, sobretudo em países onde impera o machismo e cuja sociedade tem o preconceito embutido no seio familiar há séculos: no cuidar, educar, ensinar e brincar com a criança, que são ações tidas como parte da vocação e do universo feminino e que se estenderiam à escola, como no Brasil.

Trabalhar como docente no ensino fundamental é se sujeitar a uma remuneração em geral vista como incoerente com a carga laboral; é também compor certo perfil "vocacional" de algumas mulheres, pois nem todas (nem todos) se sentem preparadas para assumirem uma sala de aula. Por outro lado, em meio aos homens existe uma tendência: ingressar no magistério de campos especializados da Matemática, da História, da Geografia e da Educação Física. Percebe-se que isso ocorre de maneira lenta, mas já é patente em várias instituições escolares. No ensino de Arte, porém, parece haver predominância de mulheres na educação básica; ao menos é o que evidencia este estudo, relativo ao caso do ensino rural do município de Uberlândia.

A terceira pergunta feita às participantes da pesquisa foi sobre "faixa etária" (Gráfico 3). Foram dadas as seguintes opções de resposta: menos de 24 anos; 25-35; 36-45; 46-50; mais de 50. Com isso, foi possível prevenir eventuais constrangimentos quanto a se indicar idade exata. Ao mesmo tempo, num estudo como este, a faixa etária importa mais que a idade exata. Com efeito, é uma variável importante, um fator a ser observado, pois tem relação forte com o problema investigado. A escolha da faixa etária se relaciona, também, com outra variável: formação e trabalho.

Gráfico 3 – Faixa etária das professoras entrevistadas

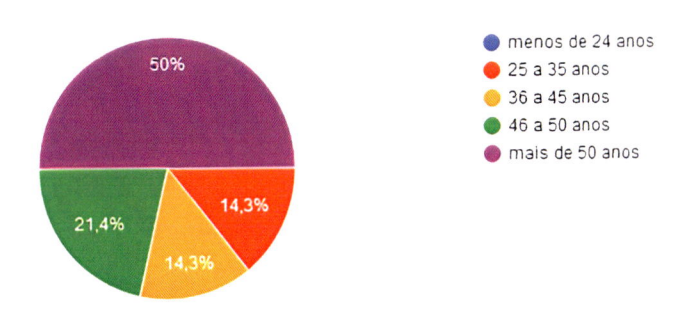

3 - Faixa etária:

14 respostas

- menos de 24 anos
- 25 a 35 anos: 14,3%
- 36 a 45 anos: 14,3%
- 46 a 50 anos: 21,4%
- mais de 50 anos: 50%

Fonte: questionários de pesquisa. Elaboração: Sergio Naghettini

De 14 participantes, sete têm mais de 50 anos de idade; três estão na faixa etária de 46-50 anos; duas têm idade entre 36 e 45; e duas entre 25 e 35. A idade acima de 50 se justifica por terem sido entrevistadas seis professoras aposentadas. Entre as ativas, a idade média foi superior a 25 anos, ou seja, podem ser consideradas mulheres maduras, adultas.

A quarta pergunta indagou sobre o tempo de atuação na docência de Arte (Gráfico 4). Foram dadas opções de tempo de experiência. O gráfico a seguir expõe resultados.

Gráfico 4 – Tempo de atuação na docência escolar de Arte

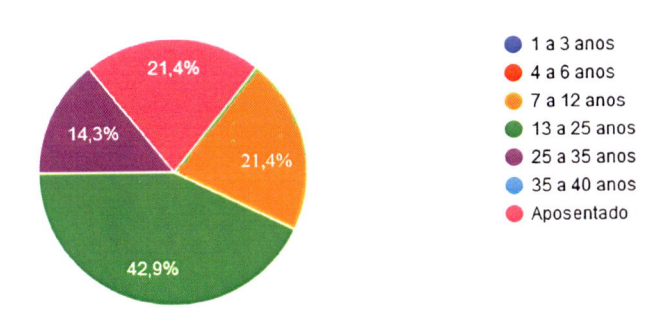

4 - Há quanto tempo você atua como professor de Arte?

14 respostas

- 1 a 3 anos
- 4 a 6 anos
- 7 a 12 anos: 21,4%
- 13 a 25 anos: 42,9%
- 25 a 35 anos: 14,3%
- 35 a 40 anos
- Aposentado: 21,4%

Fonte: questionários de pesquisa. Elaboração: Sergio Naghettini

Nota-se que só três se declararam aposentadas, pois duas continuam na docência; marcaram ter de 25 a 35 anos de experiência de sala de aula. Três declararam entre ter de sete a 12 anos de atuação como professora de Arte; seis, de 13 a 25 anos de experiência docente. Percebe-se uma maioria com experiência de tempo expressiva. Com efeito, conhecer o tempo de atuação docente é importante para se compreender o desenvolvimento profissional: o acúmulo de conhecimentos da prática docente e a experiência profissional mais abrangente, importantes para se aumentar a qualidade da educação, seja no ensino de Arte em particular, seja na educação básica em geral. Portanto, como quer Arroyo (2000), que se pense no professorado profissional: em seu saber sobre ensinar; em sua capacidade de produzir e utilizar saberes próprios e profissionais para executar o trabalho escolar cotidiano.

Tardif (2002) vê os saberes profissionais da educação como caracterizáveis segundo certas categorias, sejam as condições temporais plurais ou as condições heterogêneas personalizadas e situadas. Tudo alude a essas dimensões porque a sensibilidade e as emoções permeiam o trabalho docente, e o professor, ao interagir com seu alunado, também conhece seus próprios sentimentos ao longo do desenvolvimento das aulas. Não por acaso, Morin (2008) afirma que o conhecimento progride, não tanto para a sofisticação do trabalho educacional, mas para a forma da contextualização e do englobamento. Se o educador tem repertórios de conhecimentos assimilados e construídos após certo tempo de atuação em sala de aula, então pode ter mais possibilidades de proporcionar uma aprendizagem estudantil satisfatória.

A quinta pergunta indagou sobre o nível de formação escolar, conforme dados do gráfico a seguir.

Gráfico 5 – Nível de formação das professoras entrevistadas

5– Qual seu nível de formação?

14 respostas

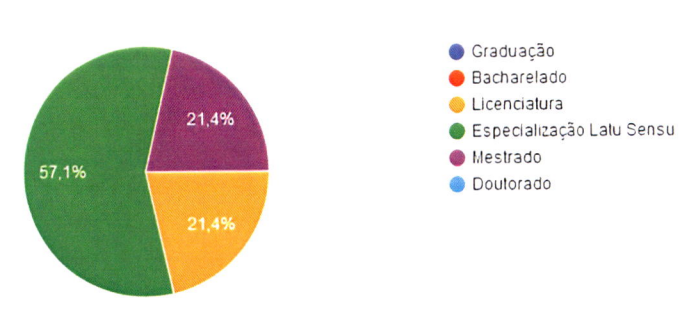

- Graduação
- Bacharelado
- Licenciatura: 21,4%
- Especialização Latu Sensu: 57,1%
- Mestrado: 21,4%
- Doutorado

Fonte: questionários de pesquisa. Elaboração: Sergio Naghettini

Nota-se que uma maioria de quase 58% tem pós-graduação *lato sensu* (especialização), tendência de qualificação continuada para se melhorarem a qualidade do trabalho e os salários. Mais de 21% tinham pós-graduação *stricto sensu* (mestrado), igualmente uma tendência de aperfeiçoamento profissional e salarial. Portanto, a pesquisa verifica a procura pelo mestrado em prol de melhoramento profissional e da qualidade educacional. Percebem-se a vontade e o desejo de docentes de Arte de se especializarem em sua área de ensino.

Cada vez mais se exige da formação docente um preparo para que se proporcione qualificação aos profissionais; mas não se pode deixar de se assinalarem as exigências específicas e legais ao exercício da docência. Após a promulgação da Lei de Diretrizes e Bases da Educação Nacional (9.394/96), foi exigida a formação superior para atuação na sala de aula. Nesse contexto, só a partir de 2002, quando foram promulgadas as diretrizes curriculares nacionais para a formação de professores, é que houve adaptações nos currículos da formação de professores. Depois foram promulgadas as diretrizes curriculares para cada licenciatura aprovadas pelo Conselho Nacional de Educação.

Dito isso, é clara a exigência legal de nível superior à docência na educação básica.

> Art. 61º. A formação de profissionais da educação, de modo a atender aos objetivos dos diferentes níveis e modalidades de

> ensino e às características de cada fase do desenvolvimento do educando, terá como fundamentos: I – a associação entre teorias e práticas, inclusive mediante a capacitação em serviço; II – aproveitamento da formação e experiências anteriores em instituições de ensino e outras atividades. Art. 62º. A formação de docentes para atuar na Educação Básica far-se-á em nível superior, em curso de licenciatura, de graduação plena, em universidades e institutos superiores de educação, admitida, como formação mínima para o exercício do magistério na Educação Infantil e nas quatro primeiras séries do Ensino Fundamental, a oferecida em nível médio, na modalidade Normal. Art. 63º. Os institutos superiores de educação manterão: I – cursos formadores de profissionais para a Educação Básica, inclusive o curso normal superior, destinado à formação de docentes para a Educação Infantil e para as primeiras séries do Ensino Fundamental; II – programas de formação pedagógica para portadores de diplomas de Educação Superior que queiram se dedicar à Educação Básica; III – programas de educação continuada para os profissionais de educação dos diversos níveis (Brasil, 1996, p. 22-3).

Instituídas em 2002, as diretrizes curriculares para formação docente afim à educação básica orientam que a "prática deverá estar presente desde o início do curso e permear toda a formação do professor", em qualquer especialidade; também explicitam "a flexibilidade necessária, de modo que, cada instituição formadora, construa projetos inovadores e próprios, integrando os eixos articuladores nelas mencionadas" (Brasil, 2002, art. 12 e 14). Nesse sentido, percebe-se que há orientação normativa de articulação entre cursos formadores e sistema educacional (educação básica); a intenção seria propiciar a prática e a experiência com a vida escolar. Porém, nota-se que essa iniciativa se faz tímida nas instituições formadoras (Borges; Aquino; Puentes, 2011, p. 107).

A sexta pergunta questionou sobre a instituição onde atuavam as informantes e oferta de cursos de formação continuada ao seu corpo docente. O Gráfico 6, a seguir, apresenta os dados respectivos à questão.

Gráfico 6 – Oferta de cursos de formação continuada pelas instituições onde atuam as informantes da pesquisa

6 - A instituição em que atua oferece cursos de formação continuada aos professores?

14 respostas

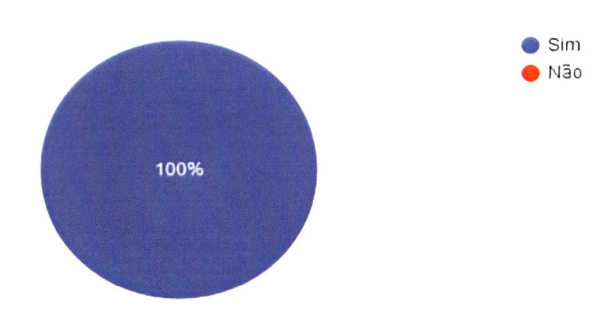

Fonte: questionários de pesquisa. Elaboração: Sergio Naghettini

Em relação à formação continuada ofertada pelas instituições onde lecionam as professoras entrevistadas, 100% delas respondeu afirmativamente.

Com efeito, as diretrizes curriculares para formação inicial acadêmica (licenciatura, cursos de formação pedagógica para graduados e cursos de segunda licenciatura) e a formação continuada estabelecem, em seu art. 3º, que:

> [...] a formação inicial e a formação continuada destinam-se, respectivamente, à preparação e ao desenvolvimento de profissionais para funções de magistério na Educação Básica em suas etapas — Educação Infantil, Ensino Fundamental, Ensino Médio — e modalidades – Educação de Jovens e Adultos, Educação Especial, Educação Profissional e Técnica de nível médio, educação escolar indígena, educação do campo, educação escolar quilombola e educação a distância — a partir de compreensão ampla e contextualizada de educação e educação escolar, visando assegurar a produção e a difusão de conhecimentos de determinada área e a participação na elaboração e implementação do projeto político-pedagógico da instituição, na perspectiva de garantir, com qualidade, os quatro direitos e objetivos de aprendizagem e o seu desenvolvimento, a gestão democrática e a avaliação institucional. § 1º Por educação

> entendem-se os processos formativos que se desenvolvem na vida familiar, na convivência humana, no trabalho, nas instituições de ensino, pesquisa e extensão, nos movimentos sociais e organizações da sociedade civil e nas relações criativas entre natureza e cultura (Brasil, 2015, p. 3).

Como se lê, a formação continuada oferecida pelas instituições implica atualizar constantemente a identidade profissional docente. Com a afirmação de todas as participantes de que a instituição onde trabalham fornece formação continuada, veio a sétima pergunta sobre cursos que realizaram. Está relacionada com a pergunta anterior para ampliar o entendimento sobre o aperfeiçoamento que as professoras de Arte realizaram. A maioria disse que participou de formação continuada em Arte em instituição da Secretaria Municipal de Educação ou na escola. Com isso, percebe-se a busca de conhecimentos entre as professoras; e isso diz que atualmente o docente não pode se privar de estudar e se atualizar. Grandes são os desafios postos à escola, e se manter atualizado é medida central ao desenvolvimento da prática pedagógica e indispensável à formação continuada. Como disse Romanowski (2009, p. 138),

> A formação continuada é uma exigência para os tempos atuais. Desse modo, pode-se afirmar que a formação docente acontece em continuum, iniciada com a escolarização básica, que de pois se complementa nos cursos de formação inicial, com instrumentalização do professor para agir na prática social, para atuar no mundo e no mercado de trabalho.

Tal situação, é claro, não dispensa as instituições de criarem condições favoráveis, como o fornecimento de formação continuada para se melhorar a qualidade profissional. Os docentes precisam de qualificação constante, isto é, de continuidade na formação pedagógica e nos campos específicos do conhecimento. Isso implica garantir ao profissional um conhecimento básico para sua atuação no âmbito escolar, pois a aprendizagem ocorre quando, por meio de uma experiência, se muda o conhecimento anterior sobre dado objeto, comportamento ou conceito. Nesse sentido, o profissional da educação deve procurar construir e assimilar conhecimentos por meio de pós-graduação, seminários, palestras, encontros pedagógicos e cursos que contribuam para sua formação profissional. Além disso, coloca-se em prática o que se aprende; no exercício da profissão, seria o desejo de contribuir para o desempenho mais satisfatório, para uma aprendizagem mais sólida e significativa do aluno.

Com efeito, o processo de formação se trata efetivamente de continuidade; e a partida é o saber experiencial do professor: problemas e desafios da prática escolar. Nesse contexto, a prática pedagógica estará sempre num processo contínuo de (re)construção do saber, de (res)significação do que constitui a conduta de vida profissional.

A nona pergunta[40] questionou cada docente entrevistada sobre a situação funcional na escola. Os dados resultantes são exibidos no Gráfico 7, a seguir.

Gráfico 7 – Situação funcional na escola de atuação das professoras entrevistadas

9 - Qual é a sua situação funcional nesta escola?
14 respostas

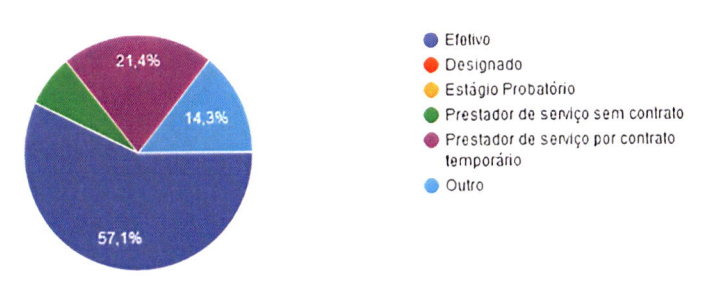

- Efetivo: 57,1%
- Prestador de serviço por contrato temporário: 21,4%
- Outro: 14,3%
- Designado
- Estágio Probatório
- Prestador de serviço sem contrato

Fonte: questionários de pesquisa. Elaboração: Sergio Naghettini

Como se pode inferir dos dados, predominam nas escolas pesquisadas professoras de Arte concursadas, aprovadas efetivamente para o cargo e lotadas em escolas para trabalharem. Esse dado importa, pois efetivos na docência de Arte podem ter condições mais favoráveis ao ensino com projetos e planejamentos adequados; acabam conhecendo a realidade discente e da comunidade local, de modo a criarem elos úteis ao desenvolvimento de projetos pedagógicos.

Sem se desmerecer o mérito de professores de Arte atuantes mediante contratos temporários, mas cabe dizer que pecam por não permanecerem na escola, ou seja, por não terem vínculos com esta e sua comunidade respectiva; e, ao não darem sequência ao trabalho realizado, descontinuam seu próprio fazer como educadores. Suas experiências docentes ficam fragmentárias, sem traços de identificação com uma unidade, com uma conduta, com um projeto de ensino de Arte.

---

[40] A oitava pergunta não se fez pertinente para constar como dado de análise.

Na décima pergunta, indagou-se sobre a carga horária semanal das professoras atuantes em cada escola; e se considerou a carga contratual de horas-aula, mais horas de atividades caso houvesse. O gráfico a seguir expõe números afins à questão.

Gráfico 8 – Carga horária semanal das professoras entrevistadas atuantes por escola

10 - Nesta escola, qual a sua carga horária semanal? (considere a carga contratual horas-aula mais horas para atividades, se houver.)
14 respostas

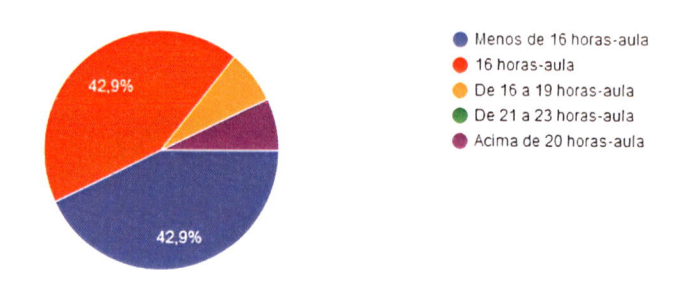

- Menos de 16 horas-aula: 42,9%
- 16 horas-aula: 42,9%
- De 16 a 19 horas-aula
- De 21 a 23 horas-aula
- Acima de 20 horas-aula

Fonte: questionários de pesquisa. Elaboração: Sergio Naghettini

Outro fator importante é a carga horária laboral na escola, que ajuda a se averiguarem o envolvimento e o tempo de atuação do docente de Arte na escola onde atuavam as entrevistadas. Na rede escolar municipal de Uberlândia, um cargo docente na área especializada é de 16 horas-aula semanais, das quais um terço deve ser cumprido na escola (o chamado "módulo II") e as demais, em casa, no planejamento e noutras atividades escolares. Educadores horistas cuja carga horária ultrapassa as 16 horas--aulas semanais podem pedir extensão da carga horária. Percebe-se que quase 45% das professoras têm carga de 16 horas-aula e outras quase 45%, menos de 16. Quem fica com quantitativo maior de aulas numa única escola pode criar mais vínculos – e vínculos mais fortes – para desenvolver o trabalho pedagógico.

Na décima primeira pergunta, foi indagado às entrevistadas sobre a atuação em mais de uma escola. Os dados relativos à pergunta estão apresentados no Gráfico 9, a seguir.

Gráfico 9 – Atuação das professoras entrevistadas em mais de uma escola

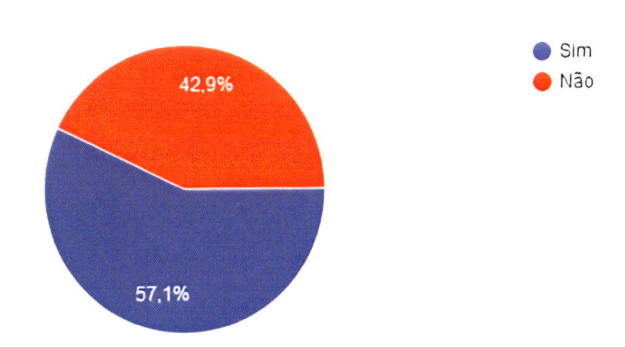

11 - Você atua em outras escolas?

14 respostas

- Sim 57,1%
- Não 42,9%

Fonte: questionários de pesquisa. Elaboração: Sergio Naghettini

Como se lê, a maioria das informantes trabalhava noutras escolas, sobretudo da rede municipal. Condições e razões para isso foram a compatibilidade de horários e as vantagens, tais como férias e recessos coincidentes. Esse fato é importante para se averiguar o envolvimento de docentes com as escolas onde trabalham.

A 12ª questionou sobre o nível educacional de atuação das professoras informantes. No Gráfico 10, a seguir, estão números afins aos resultados.

Gráfico 10 – Nível educacional de atuação das professoras entrevistadas

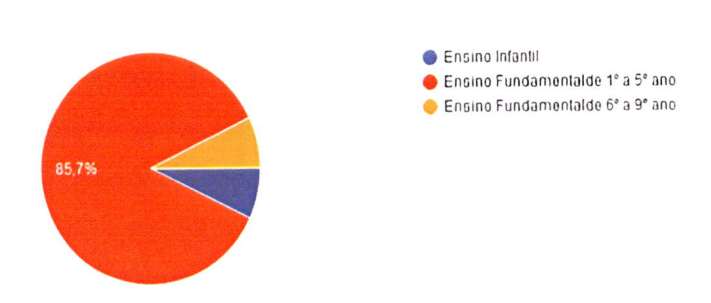

12 - Você atua em qual ensino:

14 respostas

- Ensino Infantil
- Ensino Fundamental de 1º a 5º ano — 85,7%
- Ensino Fundamental de 6º a 9º ano

Fonte: questionários de pesquisa. Elaboração: Sergio Naghettini

Nota-se que as professoras de Arte operam na educação básica, mais no ensino fundamental I (do primeiro ao quinto ano). Isso acontece porque é maior o número de turmas numa escola e por serem, no fundamental I, duas aulas de Arte semanais por turma. Essa distribuição tende a facilitar a atuação quanto a se promover o fazer artístico em sala de aula.

Na 13ª pergunta, indagou-se sobre o tempo de atuação na docência. Os dados resultantes se apresentam no próximo Gráfico 11, a seguir.

Gráfico 11 – Atuação na docência em meio às professoras entrevistadas

13 - Apresente seu tempo de atuação na docência do magistério
14 respostas

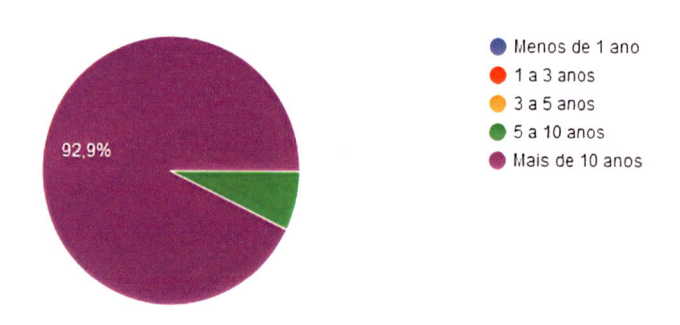

- Menos de 1 ano
- 1 a 3 anos
- 3 a 5 anos
- 5 a 10 anos
- Mais de 10 anos

92,9%

Fonte: questionários de pesquisa. Elaboração: Sergio Naghettini

Independentemente da área, nota-se que uma maioria das professoras atuava no magistério havia mais de dez anos à época da pesquisa. Disso se infere: quanto maior o tempo de atuação docente, mais repertório o professorado de Arte pode ter para lidar com desafios que se lhe impõem.

Na 14ª questão, a pergunta foi sobre a escolha pela profissão (Gráfico 12). Foram oferecidas oito possibilidades de respostas, tais como: vocação, gosto e familiaridade, oportunidade e oferta laborais, influência externa e crescimento pessoal intelectual-moral.

Gráfico 12 – Razões para a escolha do magistério como profissão entre as professoras entrevistas

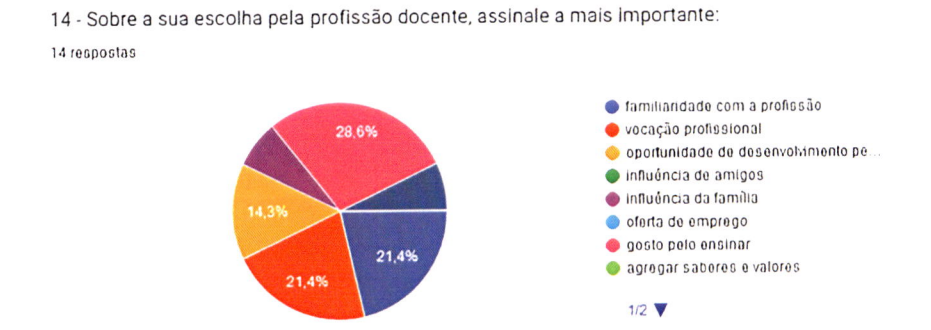

14 - Sobre a sua escolha pela profissão docente, assinale a mais importante:

14 respostas

- familiaridade com a profissão
- vocação profissional
- oportunidade de desenvolvimento pe...
- influência de amigos
- influência da família
- oferta de emprego
- gosto pelo ensinar
- agregar saberes e valores

28,6%
21,4%
21,4%
14,3%

1/2 ▼

Fonte: questionários de pesquisa. Elaboração: Sergio Naghettini

Percebe-se que as participantes disseram ser docentes de Arte por terem tido *oferta de emprego*; também porque preponderou a necessidade de ocuparem *um lugar no mercado de trabalho*.

A 15ª pergunta se referiu à formação acadêmica das entrevistadas e às demandas da docência de Arte, ou seja, procurou saber se havia convergências entre uma e outra. O Gráfico 13, a seguir, expõe dados desse quesito.

Gráfico 13 – Formação acadêmica e necessidades de desempenho na docência de Arte em meio às professoras entrevistadas

15 - Sua formação acadêmica atende às necessidades para o seu desempenho como professor de Arte?

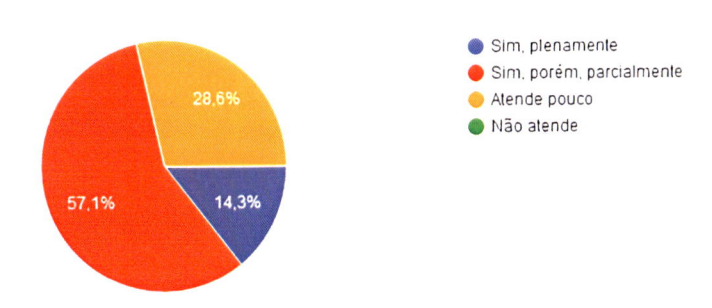

14 respostas

- Sim, plenamente
- Sim, porém, parcialmente
- Atende pouco
- Não atende

57,1%
28,6%
14,3%

Fonte: questionários de pesquisa. Elaboração: Sergio Naghettini

Nota-se que a formação acadêmica do professorado de Arte converge, em parte, às necessidades profissionais: não chegou a 60% das informantes; enquanto, para quase 30% delas, a formação acadêmica atendia pouco às demandas do ensino. Esses porcentuais permitem concluir que uma maioria das professoras procurou formação continuada na área de Arte para qualificar seu desempenho profissional. De fato, como dinâmica social singular, mas interligada a outras esferas coletivas da sociedade (cultura, política, economia etc.), a educação é uma grande demandante de mudanças e de abertura para mudar, ou seja, seus profissionais devem atualizar seus conhecimentos, sobretudo o professorado: cuja atitude de mudança é vital ao processo de ensino e aprendizagem. Portanto, formação e prática devem ser imbricadas e contínuas para que a ação docente cumpra seu papel elementar como fator de qualidade elevada na educação.

Com efeito, a conjugação de formação teórico-pedagógica com a prática docente pode contribuir para o melhoramento da qualidade educacional, visto que mudanças sociais aptas a gerarem transformações no processo de ensinar e aprender na escola são decorrentes de uma educação de qualidade inscrita, sobretudo, na ação de seus profissionais. Estes podem e devem refletir sobre sua prática para procurarem aperfeiçoá-la mediante cursos de graduação e pós-graduação, por meio de seminários, palestras e leituras (teóricos que revolucionaram a educação). Convém estudar o pensamento educacional para que se possa confrontar ideias e experiências que insistem em se fazerem presentes na sala de aula, embora sejam vistas como obsoletas, improdutivas. O suporte conceitual pode dar solidez e senso de propósito ao se refletir sobre problemas enfrentados na prática e sobre soluções viáveis. Portanto, visto que a teoria depende da prática na missão de educar, e vice-versa, há necessidade de o educador refletir sobre os elos e paralelos possíveis entre uma e outra.

A 16ª questão se referiu à forma como as professoras informantes se sentiam individualmente em relação à profissão. O próximo gráfico contém dados da pergunta.

Gráfico 14 – Sentimentos pessoais das professoras entrevistadas quanto à profissão docente e ao trabalho escolar

16 - Em relação ao seu trabalho como professor, de um modo geral você está:
14 respostas

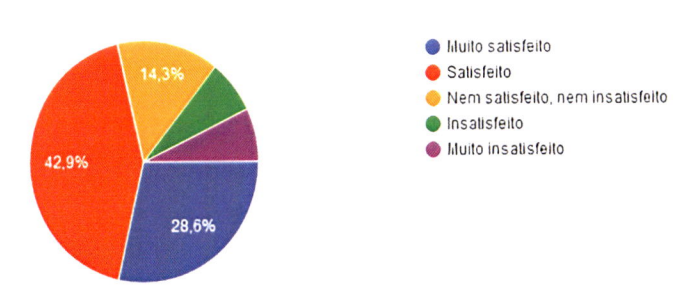

- Muito satisfeito
- Satisfeito
- Nem satisfeito, nem insatisfeito
- Insatisfeito
- Muito insatisfeito

42,9%
14,3%
28,6%

Fonte: questionários de pesquisa. Elaboração: Sergio Naghettini

Constata-se que quase 43% das profissionais participantes da pesquisa estão satisfeitas com seu trabalho nas escolas. Esse fator importa muito: indica a capacidade das professoras de se realizarem profissionalmente na realização do trabalho em sala de aula. Professorado satisfeito com a profissão é muito mais suscetível de exemplificar para seu alunado a sua importância e a importância da escola. Seguramente, nenhum docente da educação básica faz seu trabalho com fins de formação profissional dos estudantes; mas o professor é reconhecido pelo alunado como profissional e trabalhador, ou seja, se expõe à observação e ao julgamento discentes. Assim, educador satisfeito com sua profissão deixa transparecer ao seu alunado que ela é recompensadora, que vale a pena; raciocínio similar se aplicaria à insatisfação.

Portanto, vê-se que a satisfação profissional se trata de fator valioso para se desenvolver um trabalho de excelência não só para a aprendizagem escolar, mas também para a formação pessoal de todos. Isso porque a memória discente tende a reter uma impressão do professor que se tornará recordação até o fim da vida, tal é a força da relação docente-discente. Nesse caso, pode haver um modelo a ser seguido, ou a ser rechaçado. Por isso importa compreender a percepção da dimensão profissional entre professores de Arte: se estão *satisfeitos* com a carreira, se reconhecem a importância de sua profissão na sociedade, se são afetados pela política educacional que orienta a instituição onde trabalham, e assim por diante.

Pensando em retrospecto e com intenção de síntese, nesse levantamento de dados/informações pessoais, acadêmicas e profissionais se detectam, então, características comuns à docência de Arte na rede municipal de Uberlândia tendo em vista o recorte e o universo da pesquisa. A disciplina tende a ser ministrada basicamente por *professoras*, as quais tendem a abraçar a matéria com uma convicção duradoura: todas as entrevistadas têm mais dez anos de atuação na área. Mais: docentes de Arte se preocupam em continuar a formação inicial como fator de qualificação profissional; a maioria o faz via especialização (pós-graduação *lato sensu*). Há oferta da instituição onde trabalham os docentes, assim como formação continuada em cursos alheios à oferta da escola. O educador de Arte tende a ter carga de 16 horas-aula na mesma instituição, sobretudo no ensino fundamental I.

Evidentemente, pensa-se no coletivo nessa síntese por conta da natureza da pesquisa: não se trata de estatística somente; é também uma compreensão conceitual que toma, nos limites da tese, a parte pelo todo como medida de compreensão da realidade docente na disciplina escolar de Arte.

5.6.1 A formação de docentes de Arte

Com efeito, a pesquisa subjacente a esta tese adotou a abordagem qualitativa como orientação das intenções de produção de conhecimentos e de aplicação de método. Nela, tem-se abertura para se conhecerem realidades sociais e seus sujeitos na tentativa de uma compreensão que vá da decodificação à interpretação (Bauer; Gaskell; Allum, 2008). O entendimento do fenômeno social assim se impõe como justificativa principal da adoção de tal abordagem; mas se destaca a proximidade entre sujeito e fenômeno investigado que ela proporciona. Nessa lógica, a formulação de explicações sobre o objeto de estudo permite interpretar a realidade e adentrar a forma como os sujeitos a vivenciam. Para tanto, uma pesquisa qualitativa proporá o uso de técnicas variadas e abertas a mudanças de rotas na medida da necessidade de ajustes no processo: seja na descrição do objeto, na caracterização mais fidedigna da paisagem social ou na análise mais arguta dos dados, dentre outros.

Nesse contexto, pesquisadores qualitativos desempenham papel importante na coleta de informações e em seu tratamento para gerar dados de pesquisa. Trata-se de atividade que exige experiência teórica e metodológica e capacidade de imaginar, intuir e integrar materiais coletados (Martins, 2004). O desenvolvimento dessas condições permite compreender, interpretar e propor inferências quanto ao material de análise e, consequentemente, reconstruir o contexto social das informações. Com efeito, Martins (2004) orienta ao pesquisador qualitativo procurar entender a realidade tal qual é; e não do jeito que se gostaria que fosse. Nos limites desta tese, tal lógica poderia ser dita assim: pesquisar qualitativamente é tratar quem participa da pesquisa como portador de conhecimentos e como agente social de dado contexto; e não só na condição de informante (embora sejam referidos como tal por razões metodológicas e éticas da pesquisa).

Na pesquisa qualitativa, o interesse no que as pessoas pensam e sentem sobre o mundo à sua volta, sobre os outros e sobre os objetos é destacado por Lüdke e André (1986, p. 12) como característica: "Nesses estudos [qualitativos] há sempre uma tentativa de capturar a 'perspectiva dos participantes', isto é, a maneira como os informantes encaram as questões que estão sendo focalizadas". Neste estudo, a pesquisa envolveu práticas e formação docentes, discursivamente materializadas em respostas a questionários com questões submetidas a um grupo de professoras de Arte, a fim de se obterem informações específicas da vida como docente, como diria Fachin (2005). Como tal, as respostas foram tomadas como narrativas de experiência docente, ainda que não tenham tido a forma de memória e história contada no fluxo da fala, do diálogo, de uma entrevista cara a cara.

Os questionários foram construídos após o contato com outros trabalhos (Estado do Conhecimento) e uma compreensão clara dos objetivos de estudo quanto a se manterem neutralidade, objetividade e a se rechaçar a indução. Para tal, foi necessário validar os questionários antes de tudo; isso ocorreu com a validação do projeto de pesquisa e do "termo de consentimento livre e esclarecido".

Segundo Goldenberg (2011, p. 86), perguntas de questionários devem estar bem estruturadas e coesas com os objetivos da pesquisa; quanto ao pesquisador,

> [...] deve ter em mente que cada questão precisa estar relacionada aos objetivos de seu estudo. As questões devem ser enunciadas de forma clara e objetiva, sem induzir e

confundir. Deve-se, portanto evitar que a subjetividade do pesquisador interfira nas questões e consequentemente nas respostas identificadas durante a pesquisa.

Existem formas diferentes para que participantes de pesquisas tenham contato com os questionários. Hoje ocorrem as vias virtuais como a rede WhatsApp e o e-mail, além do telefone, dos correios e pessoalmente. Para a pesquisa subjacente a esta tese, foram de mais valia o e-mail e/ou a rede social on-line WhatsApp para se distribuírem os questionários (por causa da pandemia da covid-19). É importante ressaltar que a espera para entrega pessoal dos questionários respondidos garantiu que as informantes correspondessem à chamada pela pesquisa realizada.

Conforme Flick (2009), a utilização de estratégias de coleta de informações é motivada pelas mudanças constantes nas sociedades que afetam a vida social, modelam novas formas de comunicação e impõem hábitos e comportamentos. O estudo dessas realidades exige aperfeiçoamento e combinação de métodos, tal qual se desejou fazer na pesquisa aqui descrita.

Com efeito, um expediente da pesquisa subjacente à tese foram o relato de professores (a narrativa) e a observação de processos in loco. Foram executados com a premissa de que a forma narrativa da linguagem é um modo de descrição da realidade muito bem-vindo à pesquisa. Os relatos das professoras entrevistadas constituem sua forma de retratarem sua realidade e, como tal, são repletos de significados abertos à (re)interpretações. O fato de que quem narra destaca situações, suprime episódios, reforça influências, nega etapas, lembra e até esquece; isto é, narra episódios, seus sentimentos e pensamentos, suas percepções, porém não tem acesso a essas informações sobre outros. Nesse fato, abre-se a muitas leituras, sobretudo das contradições que podem ser exploradas com fins pedagógicos. Nas pesquisas com situações de prática de ensino, é preciso estar atento a esse aspecto.

Dependendo dos objetivos do pesquisador, discutir com os informantes da pesquisa o perfil de sua fala pode ser interessante porque se pode explorar compreensões e sentimentos não percebidos, mas esclarecedores, dos fatos investigados. Cerveró (1995, p. 166) alerta que "a narração do conhecimento outorga compreensão da realidade [...] pois o escrito explica a vida"; ou seja, ressalta a importância das narrativas escritas porque são mais disciplinadoras do discurso; porque, muitas vezes, a escrita libera a compreensão em determinações e limites com mais força que a oralidade.

Entretanto, mesmo em pesquisas que se valem da oralidade em seu processo, nas práticas e experiências de ensino, nas memórias – elementos que se abrem à pesquisa – são mais usuais os relatos escritos. Sua análise mostra que estes são inquestionáveis pelo fato de estarem retratados de maneira escrita, são mais fidedignos numa pesquisa. Quando uma pessoa conta fatos vividos por ela, reconstrói a trajetória percorrida e lhe dá novos significados. Assim, o relato narrativo não pode ser visto como *a verdade* dos fatos; e sim como *uma* possibilidade de verdade, de real. Ou seja, ao sujeito que o profere, é uma verdade que, dessa forma, pode ser transformadora de sua realidade. Essa compreensão é fundamental para se pesquisar com uso da análise de relatos porque a estes se agregam as interpretações de quem pesquisa, num arranjo que precisa ser dialógico para, efetivamente, acontecer como descrição válida à pesquisa.

Segundo Cunha (2010, p. 3),

> A narrativa provoca mudanças na forma como as pessoas compreendem a si próprias e aos outros. Tomando-se distância do momento de sua produção, é possível, ao "ouvir" a si mesmo ou ao "ler" seu escrito, que o produtor da narrativa seja capaz, inclusive, de ir teorizando a própria experiência. Este pode ser um processo profundamente emancipatório em que o sujeito aprende a produzir sua própria formação, autodeterminando a sua trajetória. É claro que esta possibilidade requer algumas condições. É preciso que o sujeito esteja disposto a analisar criticamente a si próprio, a separar olhares enviezadamente afetivos presentes na caminhada, a pôr em dúvida crenças e preconceitos, enfim, a desconstruir seu processo histórico para melhor poder compreendê-lo.

Entende-se a importância da relação dialética que se estabelece entre narrativa e experiência. Foi preciso algum tempo para se construir a ideia de que, assim como a experiência produz o discurso narrativo, este produz a experiência. Há um processo dialético na relação que provoca influências mútuas. Com efeito, Giroux e McLaren (1993, p. 26) salientaram que a importância do gênero narrativo no uso da língua está na funcionalidade: ao mesmo tempo, nomeamos a experiência e agimos como resultado da nomeação.

> Apenas quando podemos nomear nossas experiências – dar voz a nosso próprio mundo e afirmar a nós mesmos como agentes sociais ativos, com vontade e um propósito – podemos começar a transformar o significado daquelas experiências, ao examinar criticamente os pressupostos sobre os quais elas estão construídas.

A trajetória da pesquisa qualitativo-fenomenológica confirmou que o relato da realidade produz história e realidade. Nesse sentido, quem conta suas experiências, crenças e expectativas vai, ao mesmo tempo, anunciando possibilidades, intenções, ideações; a experiência e narrativa se imbricam e se tornam parte da expressão de vida de um sujeito. É por isso que se pode afirmar que a escrita sobre uma realidade pode afetar essa mesma realidade, ou seja, ao evocar pensamentos que orientam a ação racional, a narração pode conduzir ao desempenho de fatos vitais. Seria como disse Cerveró (1995, p. 188): "a vida se vive para poder contá-la (alguns povos a cantam) ao mesmo tempo em que criamos nossos contos para dar sentido à vida".

Trabalhar com narrativas na pesquisa é partir para a desconstrução/construção das experiências de quem é professor-pesquisador, além de quem participa da pesquisa como informante, evidentemente. Exige-se que a relação dialógica se instale criando uma cumplicidade de descoberta dupla: ao mesmo tempo em que se descobrem no outro, os fenômenos se revelam em quem descreve e escreve a pesquisa. Logo, usar relatos narrativos como instrumento de formação docente tem sido expediente recorrente nas pesquisas. Não basta dizer que o professorado tem de ensinar com base em experiências do alunado se os programas das universidades que pensam em sua formação não os colocarem, também, na condição de sujeitos de sua própria história. Diante disso, das oito perguntas do questionário, as quatro iniciais incidiram na formação docente, as outras quatro se referem a práticas poético-docentes nas relações interculturais.

5.7 ANÁLISE DOS DADOS

Este item apresenta a análise das entrevistas à luz da teoria crítica da sociedade e com apresentação da análise organizada conforme categorias. O exame dos dados foi desdobrado segundo elas, ou seja, foi disposto por categoria. Convém redizer as definições das categorias analíticas antes de se apresentar a análise. Elas se definiram com base em quatro perguntas iniciais do questionário e aludem à formação docente a fim de auxiliarem a organização e a análise dos dados. Igualmente, a definição das categorias se apresenta como se segue.

- *Critérios* que levaram ao trabalho docente de Arte no meio rural: se foram opcionais pela proposta de trabalho, ou se foi imposição da Secretaria da Educação.
- *Formação inicial* como identificador da graduação e auxílio no ensino de Arte em sala de aula caso a licenciatura tenha sido na área de Artes.
- *Objetivos da formação* continuada como aperfeiçoamento profissional elegida pelo professor de Arte.
- *Relação professor–escola* como condição para se compreender a visão do docente de Arte quanto a haver ou não diferenças entre docência na escola urbana e docência na escola rural.

5.7.1 Categoria "critérios"

Critério é entendido aqui como capacidade intelectual de avaliar condições e informações disponíveis a fim de se auxiliar o processo de escolha da escola. Nesse sentido, por meio de critérios objetivos e subjetivos, as professoras de Arte entrevistadas disseram se foi opção delas ou se foi imposição da secretaria da Educação o magistério no meio rural. Assim, buscou-se compreender o que leva o professorado a escolher certo local ou ambiente de trabalho para desenvolver seu trabalho educacional.

Com efeito, para a Professora 1 (2021, entrevista), a escolha foi opcional, por ter interesse e *"por ter público diferenciado"*. Desse modo, relacionou o interesse pessoal com o público com o qual lidaria: alunos que vivem no meio rural. Para a Professora 3 (2021, entrevista), foi opcional e por motivos como a *"proposta de trabalho a ser desenvolvido na escola rural"*. Para ela, as escolas rurais têm *"bem menos [alunos] que as escolas urbanas, o que proporciona desenvolver trabalho pedagógico e artístico de melhor qualidade"*. Portanto, as escolas rurais de Uberlândia recebem menos discentes que as urbanas e essa diferença é benéfica porque facilita o desempenho docente. Esse ponto foi destacado similarmente pela Professora 2 (2021, entrevista), ela disse que sua escolha foi opcional porque a escola do meio rural *"oferece melhores condições de trabalho"*. Nessa mesma direção, a Professora 5 (2021, entrevista) declarou que optou pela escola rural em razão de querer desenvolver um trabalho educativo satisfatório nela, como ela disse:

> [...] trabalhar na escola rural é de importância para desenvolvimento e aprendizagem das crianças que moram na área rural, não precisam se deslocarem para cidade, pois no rural se tem produção, solidariedade e identidade cultural. O ensino rural é uma modalidade de ensino que contribui para o desenvolvimento da sociedade.

A Professora 11 (2021, entrevista) declarou que optou pela proposta de trabalho, ou seja, pela escola rural. De fato, a proposta pedagógica é pessoal, cada educador pode direcioná-la segundo o planejamento do município.

A Professora 6 (2021, entrevista) optou pela proposta de trabalho pedagógico que desenvolveu com alunos das escolas rurais, conforme declarou:

> Antigamente, ao entrar para lecionar Arte na Prefeitura de Uberlândia através de concurso público tinha muitas escolas rurais e poucas escolas urbanas. Escolhi a escola rural para desenvolver minha proposta de trabalho pedagógico até aposentar.

Ao escolher uma escola municipal para lecionar Arte, a Professora 7 (2021, entrevista) optou pela escola rural pela vontade de desenvolver um trabalho pedagógico melhor. Mas também *"pela facilidade do transporte escolar, que pega em casa"*, pelos *"poucos alunos por anos escolares"* e pelo *"próprio trabalho artístico que iria executar com os alunos"*. Na mesma proporção, a Professora 8 (2021, entrevista) declarou opção pela escola rural

> [...] por melhores condições de trabalho, pelo transporte escolar que pega o professor e entrega na porta de casa, escola pequena para trabalhar com menos discentes por sala de aula e por ter nascido na roça e agora poder retornar com minha experiência de professora.

A Professora 9 (2021, entrevista) declarou que, de início, ao ser aprovada no concurso público municipal em 1992 e se efetivar no cargo de docente de Arte, escolheu a escola urbana por não haver vaga nas escolas rurais, sua opção primeira. Em 1997, ao se abrirem vagas nas escolas rurais, ela conseguiu ir para uma dessas escolas, onde vislumbrou condições melhores para trabalhar.

A Professora 10 (2021, entrevista) declarou que trabalha na escola rural para estender o cargo efetivo de professor de Arte, ou seja, assumir um cargo que está vago sem professor. É o que se conhece por dobra no jargão profissional docente. Mas a Secretaria de Educação pode acabar com a dobra a qualquer momento, pois o cargo é vago e só pode ser ocupado por outro docente efetivo.

A Professora 4 (2021, entrevista) declarou que foi trabalhar em escola rural por não haver, na época de sua posse, escolas urbanas. Mas na década de 1990, quando se iniciaram os primeiros concursos públicos municipais para a educação, o município de Uberlândia compartilha uma escola urbana e 12 escolas rurais. Mas, mesmo com a abertura de mais escolas urbanas, a docente optou por lecionar no meio rural, onde trabalhou por 25 anos. Eis sua síntese: "*é bem melhor lecionar na escola rural por características próprias, poucos alunos por sala e proporciona a desenvolver um bom trabalho pedagógico com aprendizagem dos alunos*".

Conforme disse a Professora 12 (2021, entrevista), ela começou a

> *[...] trabalhar na zona rural porque foi onde surgiu uma vaga com um cargo completo, que por sua vez, até o presente momento, está me ajudando a aumentar os meus rendimentos mensais, pois sou efetiva em apenas um cargo. Além do salário de um docente, de modo geral, ser insatisfatório, eu ainda não consegui fazer uma especialização (falta tempo e dinheiro), o que também impossibilita que eu obtenha uma pequena melhoria nos meus rendimentos mensais. Portanto, trabalhar na zona rural não foi uma escolha e, sim, uma oportunidade que surgiu para que eu aumentasse a minha renda. Se eu pudesse escolher, eu optaria por uma escola mais próxima da minha residência, pois o trajeto é perigoso, demorado e desconfortável (os assentos dos veículos que transportam os funcionários são desconfortáveis e a rodovia também não se encontra em condições de tráfego seguro). Além disso, como sou a última a sair da van [do veículo de transporte], após o término do turno da manhã eu não tenho tempo hábil para fazer uma refeição adequada (almoçar) e, às vezes, nem de ir ao banheiro antes de começar a trabalhar no turno vespertino. Muitas vezes, eu desço da van e já vou pegar a minha primeira turma da tarde na fila para levá-la para a*

> *sala de aula. Eu gosto de trabalhar na zona rural, mas é muito desgastante.*

Outras histórias pessoais ampliam a compreensão do ato de escolher a escola rural para trabalhar, como no caso da Professora 13 (2021, entrevista).

> *Quando assumi o cargo de professora de Arte na rede municipal de ensino, em 1991, a maioria das escolas de ensino fundamental da rede municipal de Uberlândia estava localizada na zona rural. Mas, independentemente dessa condição, naquele momento, eu tinha um grande interesse em atuar como professora na zona rural. Penso que o fato de minha família ter sido criada no meio rural e a convivência com sua história de vida despertaram esse meu desejo.*

Também exemplar é o que disse a Professora 14 (2021, entrevista).

> *Minha preferência inicialmente era escola rural, mas como não tinha mais vaga me lotei numa escola urbana. Com o passar dos anos, logo após a Secretaria Municipal de Educação fazer novamente as remoções para lotações das escolas, e abrir vagas para escolas rurais, optei por trabalhar na zona rural por melhores condições de trabalho e também para desenvolver melhor pedagógico em sala de aula.*

Com se lê, as educadoras expuseram razões que ajudam a tentar (re)construir o início de sua trajetória profissional e a escolha da escola onde trabalhar, se rural ou urbana. Nessas reflexões, o que vai guiar a reflexão é a percepção da professora como um intelectual na concepção de Gramsci: ocupa o espaço de um ator social apto a mudar direções pelo papel de líder que, automaticamente, exerce na sociedade (Gramsci, 2011). O olhar lançado será na busca dessa função profissional do professor sabendo--se, entretanto, que docentes não se veem como tal, isto é, na condição de trabalhador importante para a sociedade. Mas, mesmo não se vendo tal qual intelectual capaz de dominar situações e de ser responsável pela direção das ações de outras pessoas, convém ter atenção plena a esses pontos invisíveis nas informantes da pesquisa, mas visíveis a outrem. Para Gramsci (2011, p. 15),

> *Todo grupo social, nascendo no terreno originário de uma função essencial no mundo da produção econômica, cria para si, ao mesmo tempo, organicamente, uma ou mais camadas de intelectuais que lhe dão homogeneidade e consciência da própria função, não apenas no campo econômico, mas também no social e político: o empresário capitalista cria consigo o técnico da indústria, o cientista da economia política, o organizador de uma nova cultura, de um novo direito, etc.*

Com efeito, Gramsci (2011) afirma que o intelectual vai ser definido não pelas atividades intelectuais, mas sim pelo sistema de relações em que suas atividades se encontram: o conjunto geral das relações sociais. Dito de outro modo, atuante em escola urbana ou rural, o professor vai se definir como intelectual na ação de intelectual mediante relações estabelecidas com o grupo social que compõe como profissional. Ao estabelecerem relações com os alunos oriundos de uma diversidade cultural, as professoras participantes da pesquisa tiveram dada atitude que as caracteriza como intelectuais diante da diversidade sociocultural. Se desconhecerem a realidade onde atuam, então não poderão guiar o alunado rumo ao saber e a novas culturas numa lógica de interculturalidade.

Nessa diversidade de culturas, uma ação se impõe: adaptar saberes do campo pela cidade. Para Arroyo (2007, p. 158-9), a ideia da adaptação guia a forma como o campo é visto: um quintal da cidade que recebe atenção parcial; em suas palavras:

> A palavra adaptação, utilizada repetidas vezes nas políticas e nos ordenamentos legais, reflete que o campo é lembrado como o outro lugar, que são lembrados os povos do campo como os outros cidadãos, e que é lembrada a escola e os seus educadores(as) como a outra e os outros. A recomendação mais destacada é: não esquecer os outros, adaptando às condições do campo a educação escolar, os currículos e a formação dos profissionais pensados no paradigma urbano.

Essa passagem pode ser entendida assim: o urbano acaba sendo estendido ao campo, e para este, nada é pensado especificamente. Ou seja, ao trabalharem no meio rural, as docentes entrevistadas levam uma proposta única de planejamento pedagógico dada pela Secretaria de Educação; e cabe a elas adaptá-la ou não à sua realidade docente rural. Nesse caso, cabe aqui a síntese de Gramsci (2011, p. 94): o ser humano –

as professoras entrevistadas – corre o risco de seguir o fácil, pois o fácil dispensa o pensar, ou seja, o que se faz é o que já está posto, é o que foi concebido e proposto por alguém que não as professoras.

Assim, conforme o que disseram as participantes da pesquisa, a docência em escola rural foi escolha profissional da maioria delas porque a veem como mais propícia ao desenvolvimento satisfatório do trabalho pedagógico; o ambiente da escola rural se abre mais ao exercício da criatividade discente e aos fazeres artístico-criativos em meio ao alunado. Eis por que as escolas rurais oferecem condições de trabalho melhores do que as urbanas, mesmo que as professoras entrevistadas tenham tido uma formação inicial seguramente alheia às mudanças na educação de populações do campo; ou seja, não tiveram contato teórico aprofundado com o debate sobre a *educação do campo* e a *escola do campo*. Nesse sentido, a seguir é apresentada a categoria de análise relativa à formação das professoras participantes da pesquisa.

5.7.2 Categoria "formação inicial"

Com efeito, a categoria formação inicial serviu à tentativa de identificar se a graduação/licenciatura em Arte foi auxiliar na prática cotidiana em sala de aula de ensino de Arte no meio rural. Nesse sentido, foi considerado que a formação inicial propõe situações de aprendizagem nas quais se pode incluir a teoria: os formadores exploram tanto teóricos renomados na área da Educação quanto pesquisadores com trabalhos atuais voltadas à escola: as políticas públicas, as práticas de ensino e outros elementos. O processo de formação é essencial para que o professorado seja provido de conhecimentos que, unidos a experiências cotidianas, assegurem condições de desenvoltura na prática de sala de aula. Por isso, ao se discutir a formação inicial, é importante relatar que o professor deve passar por um processo de aquisição de capacidades para conduzir aulas, fazer trabalho em equipe, compreender o sistema escolar e os conteúdos, fazer uso didático reflexão como instrumento de crítica. A quem leciona como profissão, são desejáveis atributos como sensibilidade e compreensibilidade, empatia e receptividade, escuta e atenção, dentre muitos outros que tendem a ser trabalhados na formação inicial.

Nesse sentido, segundo a Professora 2, o que a auxiliou na prática cotidiana de sala de aula de *"forma relevante foram os cursos de pós-gradua-*

ção", ou seja, "*a formação continuada*". De fato, percebe-se a incompletude da formação inicial – porque é introdutória – e a relevância da formação continuada como ampliação da formação útil à prática docente cotidiana, isto é, de cursos de especialização, mestrado e doutorado. Não por acaso, a Professora 3 reafirmou que a formação inicial contribui muito pouco para a prática pedagógica.

> *A prática da sala de aula diferencia um pouco do campo teórico, mas preciso da teoria pedagógica para auxiliar no cotidiano escolar, como planejamento, plano de aula, didática e outros. Minha formação em Licenciatura em Arte Visual proporcionou um campo vasto de referenciais teóricos de autores como Ana Mae Barbosa que têm várias propostas pedagógicas com leituras de imagens em sala de aula.*

A seu modo, a Professora 4 endossa a colega 3; para ela, a formação inicial:

> *Auxiliou muito pouco diante de tantas dificuldades que tive ao lecionar na escola. A realidade de uma sala de aula é diferente do que os professores da universidade ensinam para gente. No meu caso, o curso de Licenciatura em Arte Visual ajudou muito pouco, pois na universidade não aprendi fazer planejamento, diário, plano de aula e outros serviços burocráticos escolares que pedem no cotidiano escolar.*

Percebe-se que as professoras veem a formação inicial como pouco contributiva à prática de sala de aula. A declaração da Professora 7 foi ainda mais explícita nesse sentido.

> *O curso de licenciatura em Artes Visuais ampliou meu campo teórico e prático para lecionar, mas as dificuldades e os desafios só apareceram na prática do cotidiano de professora na sala de aula. A especialização em Psicopedagogia que fiz propiciou "novos horizontes" de estudos que também me ajudaram muito, mas não o suficiente para auxiliarem na prática escolar. O curso de formação continuada propiciou perspectivas novas, trocas de experiências, estudos constantes e pesquisa na área de arte, ajudando muito na prática cotidiana em sala de aula.*

Diante disso, nota-se que a formação continuada para as professoras informantes foi central à prática docente delas em sala de aula. Essa constatação se confirmou na fala de outras, a seguir.

> *A formação inicial pouco contribuiu para auxiliar na prática de sala de aula, entretanto os cursos de formações continuadas de Arte que tentei participar no Cemepe [Centro Municipal de Estudos e Projetos Educacionais Julieta Diniz] contribuíram para o desenvolvimento profissional na prática cotidiana* (Professora 14, 2021, entrevista).

> *Apenas a graduação/licenciatura não é o suficiente para que um profissional se torne um bom professor de arte. Apesar de obtermos muitos conhecimentos durante a nossa formação acadêmica, a teoria e a prática são contraditórias, pois uma coisa é formar-se e, outra, é conseguir passar os conhecimentos adquiridos para os alunos, que por sua vez, são culturalmente diferentes uns dos outros. A adequada formação do professor de arte é de suma importância, mas, por outro lado, também é imprescindível que, de alguma forma (lendo, pesquisando e/ou participando de cursos formais e informais) ele continue aprimorando/reciclando os seus conhecimentos. Tanto o mundo globalizado quanto os processos de ensino/aprendizagem estão em constantes transformações. Deste modo, qualquer profissional e, não só os da educação, precisam aprimorar os seus conhecimentos, perpetuando a sua longa jornada formativa* (Professora 12, 2021, entrevista).

Em relação à formação inicial que receberam na licenciatura em Artes, as participantes se dividem nas avaliações positivas e/ou negativas; mas prevalece a crítica à insuficiência do curso como medida para a prática escolar. Para elas, a formação docente acontece na prática, porque a licenciatura "não dá conta de tudo" – a imprevisibilidade da sala de aula. De fato, algumas professoras não reclamaram da formação recebida e delegaram a si a tarefa de se educarem, por meio de estratégias como a leitura e o estudo em cursos de formação continuada (especialização, mestrado, doutorado etc.).

As professoras entrevistadas indicam que, muitas vezes, os cursos nos quais se formaram estavam voltados ao fazer artístico, e não ao pedagógico-artístico. Uma docente reconhece a falta de embasamento teórico na disciplina de Arte na escola; em medida expressiva, alude-se a práticas adquiridas quando eram estudantes e que passaram pelas concepções de arte como expressão. Teria sido, então, uma formação baseada em experiências pessoais; o que não oferece recurso formativo suficiente ao exercício da disciplina escolar.

Com efeito, Coutinho (2002, p. 157) se refere às peculiaridades da formação docente em que formandos precisam saber "lidar com as complexas questões da produção, da apreciação e da reflexão do próprio sujeito, o futuro professor, e das transposições das suas experiências com a Arte para a sala de aula com seus alunos". São saberes que envolvem o conteúdo de arte propriamente dito e que passam pela fruição da produção artística em sala de aula.

Portanto, os resultados deste estudo apontam que, quanto à formação inicial do professorado de Arte, uma maioria não pôde se valer tanto dela na prática de sala de aula. Isso porque, muitas vezes, as licenciaturas nas instituições em que as professoras se formaram estavam voltadas à produção artística, não ao ensino e à aprendizagem de arte como conhecimento e prática pedagógico-escolares. Nesse caso, para suprirem lacunas da formação inicial, procuraram cursos de pós-graduação lato sensu e outros como formação continuada útil à prática de sala de aula. Cabe dizer que passam por processos de formação continuada em serviço; mas sempre como atitude individual, esforço pessoal profissional para se adequarem à realidade escolar. Esse ponto se abre à compreensão do que motiva o professorado de Arte a continuar a formação; até aqui, os objetivos foram a prática de sala de aula: a melhoria do desempenho profissional no exercício da profissão.

5.7.3 Categoria "objetivos da formação continuada"

A categoria "objetivos da formação continuada" permeou o contexto de falas afins ao aperfeiçoamento profissional das professoras informantes. Nesse sentido, prestou-se à discussão da formação como processo de capacitação contínua, de profissionalização, de atualização e de ampliação de saberes, alinhado em novidades e oportunidades para se elevarem ainda mais os níveis de qualidade (eficiência e relevância social) da educação do município. Assim, por essa categoria analítica se pôde identificar objetivos das participantes da pesquisa para se empenharem na continuação de sua formação em cursos e outras atividades, assim como se pôde mensurar a importância do que foi realizado.

A Base Nacional Comum Curricular situa a formação continuada como pauta obrigatória nas escolas. Segundo tal documento, a importância de qualificação e aprimoramento do professorado se faz presente nos dias atuais e é por meio dessa formação continuada que se pôde instaurar e fortalecer um processo refletor da intencionalidade docente quando se pensam em aperfeiçoamento de práticas docentes e em propostas de aprendizagem discente para se terem níveis elevados de qualidade. Assim, os objetivos da formação continuada incluem assegurar, em sala de aula, uma atuação docente de mais preparo, capacitação e aperfeiçoamento. Ou seja, a intenção é garantir uma educação de qualidade para o alunado e a comunidade onde a escola está inserida.

Dito isso, vê-se a valorização maior que as professoras informantes dão à formação continuada, inclusive àquela fornecida pela instituição em que trabalham, ou seja, pela prefeitura de Uberlândia. Esta oferece formação em Arte via Centro Municipal de Estudos e Projetos Educacionais Julieta Diniz, associação ao núcleo de pesquisa em arte da Universidade Federal de Uberlândia e a outros cursos como o curso "Arte na escola". A fala da Professora 13 foi importante nesse sentido.

> *[...] participei de dois grupos de formação continuada e de pesquisa. O grupo de professores de Arte da rede municipal de Uberlândia, com reuniões no Cemepe [Centro Municipal de Estudos e Projetos Educacionais Julieta Diniz] e o grupo de pesquisa Nupea (Núcleo de pesquisa do ensino de arte) da Universidade Federal de Uberlândia.*

Com efeito, a diversidade de cursos oferecidos desvela uma oferta expressiva de formação continuada para aprimoramento profissional e, assim, suscita reflexões sobre temas diversos. Um exemplo pode ser o de Canem e Xavier (2011, p. 642):

> [...] a formação continuada [...] preparar professores para refletirem e trabalharem com a diversidade cultural no contexto escolar[. Isso] significa abrir espaços que permitam a transformação da escola em um local em que as diferentes identidades são respeitadas e valorizadas, consideradas fatores enriquecedores da cidadania.

Como se lê, a função da formação continuada seria preparar para o ato de refletir sobre temas que apontem o potencial de transformação na escola quanto à identidade estudantil e que valorizem o repertório cultural do alunado. É para esse sentido que parecem convergir as declarações a seguir.

> *Sim, participei dos encontros da Formação Continuada de Arte no Cemepe. [...] foram importantes para a troca de experiências entre os colegas e diversas situações de aprendizagem, nas quais se pode incluir estudos teóricos em que os professores transmitem estudos de autores renomados na área da educação* (Professora 5, 2021, entrevista).

> *Participei dos encontros mensais da Formação Continuada de Arte no Cemepe. Achei importante pelas trocas de experiências entre professores de Arte, visitas em museus da cidade... Proporcionou até viagens culturais a diversas cidades, como na capital de São Paulo e Rio de Janeiro. A formação continuada foi uma ferramenta importante de trabalho para auxiliar, melhorar e fazer crescer profissionalmente* (Professora 4, 2021, entrevista).

Nota-se, em meio às professoras de Arte da rede escolar municipal de Uberlândia, a importância da formação continuada no Centro Municipal de Estudos e Projetos Educacionais Julieta Diniz como fonte de troca de experiências entre colegas e pedagogos, de estudos teóricos e outros. A Professora 12 (2021, entrevista) confirma essa seriedade da formação continuada:

> *A Secretaria Municipal de Educação [...] oferece, espontaneamente, muitos cursos de formação continuada aos profissionais da educação por meio do Cemepe (Centro Municipal de Estudos e Projetos Educacionais Julieta Diniz). No caso da Arte, os cursos de formação continuada sempre propuseram trocas de experiências através das "Reflexões e ações no ensino da arte", assim também, por meio das "Visualidades". Além disso, houve atividades em que os professores em grupos são desafiados a criarem planos de aula de acordo com as aulas/temas disponibilizados pelas coordenadoras do referido curso. Como o próprio nome sugere, "Reflexões e ações no ensino de arte" é um evento que ocorre no segundo semestre de cada ano letivo, onde há palestras de mestres, doutores, professores e graduandos de arte convidados e selecionados para a execução do mesmo. Além disso, há também relatos de experiências, oficinas e outras atividades. Já as "Visualidades" é um evento em que os professores de Arte expõem as atividades/trabalhos de seus próprios alunos para*

> mostrar para os visitantes (comunidade escolar, professores de arte de outras escolas e coordenadora do curso de formação continuada) o trabalho didático/pedagógico/plástico/artístico que foi desenvolvido ao longo do ano letivo. Além disso, com a implantação da BNCC (Base Nacional Comum Curricular), os professores participantes do Curso de Formação Continuada de Arte também estudaram sobre este assunto. Para este estudo, uma das professoras do curso de Pedagogia da Universidade Federal de Uberlândia foi convidada para participar de um dos encontros do nosso curso e nos apresentar, de modo geral, os pontos positivos e negativos da BNCC.

Em tal formação continuada no âmbito da Secretaria de Educação, a professores de Arte são ofertadas atividades de discussão, reflexão e ação, como a que enfoca a base curricular. A atitude de refletir como ato formador é projetada em meio ao conjunto, ao coletivo; o que a potencializa nas eventuais interlocuções afins a palestras e demais atividades em prol do conhecimento. Além disso, a ideia de visualidade se posiciona como central para se construir uma ponte entre o ensino escolar de Arte e a arte produzida na escola como objeto artístico a ser visto e fruído pela comunidade escolar local e vizinha mediante a exposição, a mostra. Com isso, projeta-se o trabalho didático-pedagógico e plástico-artístico desenvolvido ao longo do ano letivo.

Também se nota a importância da formação continuada de Arte no centro municipal de estudos Julieta Diniz, onde se propõem discussões e eventos sobre ensino de Arte. Portanto, é relevante essa formação ofertada pelo município a seu corpo docente de Arte. Com ela, o professorado tem a oportunidade de aprimoramento, revisão de conceitos e de introdução de práticas que produzam transformação na escola e levem informações relevantes e atualizadas para uma troca agregadora com o alunado.

Nesse sentido, a formação docente continuada é crucial para que o processo de ensino e aprendizagem beneficie os discentes e a escola, numa integração saudável de saberes e objetivos. Entretanto, mesmo que muitos já venham se preparando e investindo no próprio conhecimento, sempre será necessário buscarem alternativas para se melhorar a qualidade do processo de ensino. Isso porque seus estudantes estão mais dinâmicos, mais tecnológicos e mais proativos (ou seja, se antecipam ao professor). Não por acaso, a Professora 3 (2021, entrevista) se referiu à questão da preparação nos cursos ofertados pelo município.

> *Participo das reuniões do Cemepe, que são praticamente uma vez por mês, mas que auxilia muito na troca de experiências entre os colegas da mesma área de Arte. Só não participei nos dois anos anteriores por causa da pandemia covid-19, por não ser oferecido pelo Cemepe. Participo também dos cursos oferecidos do Instituto Arte na Escola.*

Esses testemunhos apontam uma participação expressiva da formação continuada em Arte no centro formador Julieta Diniz. É como se fizesse parte da práxis profissional do professorado como agregador de conhecimentos mediante interlocuções e troca de experiências pedagógicas. As afirmações a seguir endossam essa percepção.

> *Sim, [recordo] da formação continuada Arte no Cemepe e alguns cursos de formação de Arte na Escola. A importância dos cursos foram as trocas de experiências entre os colegas de trabalho e o agregar de novos saberes* (Professora 6, 2021, entrevista).

> *Sim, [recordo] dos encontros da formação continuada de Arte no Cemepe e também dos cursos de Arte na Escola BNCC. É muito importante participar desses cursos, pois propiciam novos conhecimentos, refletir e repensar sobre as práticas pedagógicas utilizadas, troca de experiências entre os professores, além de melhorar o processo de ensino e aprendizagem* (Professora 7, 2021, entrevista).

Com efeito, a ideia de agregação de novos conhecimentos à formação profissional das professoras foi ressaltada em importância na formação continuada oferecida pela instituição municipal, conforme declarou a Professora 8 (2021, entrevista).

> *Participo dos encontros mensais de formação continuada em Arte no Cemepe. É muito importante participar da formação continuada para adquirir novos conhecimentos, refletir sobre as práticas pedagógicas utilizadas no cotidiano escolar e troca de experiências entre os professores de Arte.*

A Professora 9 (2021, entrevista) aponta uma formação continuada propícia ao desenvolvimento profissional.

> *Durante minha vida profissional, participei dos encontros de formações continuada em Arte no Cemepe. Foram importantes*

> *para meu desenvolvimento profissional, como, por exemplo, as trocas de experiências entre os profissionais de Arte; e dava visibilidade aos trabalhos artísticos realizados pelos professores de Arte com os alunos através de exposições itinerantes nas escolas municipais e no Cemepe.*

A Professora 14 (2021, entrevista) reafirmou a percepção de que a oferta de formação pelo município é bem recebida pelo professorado de Arte.

> *[...] participo dos encontros das formações continuada de Arte no Cemepe, curso de Arte na Escola e de outros cursos de interesse que envolvem o ensino de Arte e que possam agregar e contribuir para minha formação profissional. Os cursos de formação continuada são importantes, pois realizamos trocas de experiências entre os colegas da área de Arte e estudos de teóricos da educação.*

A importância dos cursos da formação continuada foi dita com uma ênfase adjetiva pela Professora 11 (2021, entrevista).

> *Todos os cursos foram de suma importância na formação de uma educação* emancipatória, investigativa, reflexiva, sensível, democrática, acolhedora, *que tem como objetivo principal a contribuição no desenvolvimento de cidadãos* éticos, amorosos, felizes, fraternos, solidários, e conectados com o mundo: *as pessoas, o meio ambiente, as linguagens artísticas e seu potencial de contribuição na sensibilização e agente transformador positivo, nas relações de harmonia e paz da construção de um mundo mais justo e feliz* (grifo meu).

Evidentemente, há visões distintas. Nem todas as professoras de Arte têm esse pensamento, conforme a declaração da Professora 1 (2021, entrevista): "*participei do núcleo de pesquisa em arte da Universidade Federal de Uberlândia; mas nunca houve, de fato, uma formação de grande importância*". Haja vista que as perguntas que levaram às respostas das professoras informantes não presumiam exemplificação, explicação, elucidação e outros procedimentos de compreensão, fica aberta a noção de *importância* para a professora, ou seja, o que poderia ser mais importante que a formação continuada de Arte ofertada pelo município em associação a um núcleo universitário de arte. Não se duvida que não haja; a questão é que não ficou clara a concepção de importância.

Dito isso, os resultados da pesquisa subjacente a esta tese apontam que todas as professoras informantes participam da formação continuada para aprimoramento profissional. Aproveitam as ofertas de formação continuada fornecidas pelas instituições onde trabalham ou outras formações de interesse direcionadas à qualificação profissional. Portanto, a formação inicial e continuada de docentes de Arte alicerça a tarefa de formar cidadãos e profissionais mais competentes, éticos e humanos; em certo sentido, a formação inicial e continuada traduziria o pensamento de Gadotti (2004, p. 43): "é um lugar onde toda a nossa sociedade se interroga a respeito dela mesma – ela se debate e se busca".

5.7.4 Categoria "professor e escola"

Pela categoria analítica "professor e escola", foi possível compreender a visão dos professores sobre diferenças perceptíveis ou não entre escola urbana e escola rural no município de Uberlândia. Mais que isso, quando foram apontadas, foi possível saber por quê. Assim, pôde-se constatar que todas as professoras veem diferenças: seja a participação discente maior nas atividades artísticas das aulas ou a participação da família na escola; seja o envolvimento estudantil maior com a cultura da comunidade ou a cultura do campo que inscreve o rural na caracterização da escola. Para esse sentido, converge o que disse a Professora 3 (2021, entrevista).

> *Percebo algumas diferenças sim, entre elas [está a de que] os alunos da zona rural são mais envolvidos na questão cultural. Acontecem vários momentos culturais em torno da escola, como cavalhada, cavalgada, festa junina e festa de nossa do Rosário. Muitas vezes utilizo esses elementos culturais para serem trabalhados em sala de aula.*

Como se lê, a questão cultural parece ser levada à sala de aula pelo alunado, o que confirma a Professora 4 (2021, entrevista) ao dizer isto:

> *Percebe-se um maior envolvimento dos alunos nas atividades artísticos propostas nas aulas de Arte da escola rural. Outro fato é que o aluno da escola rural traz sua própria identidade e vivências culturais para debater nas aulas de Arte, numa interculturalidade.*

Também o confirma a Professora 5 (2021, entrevista): *"nota-se um convívio e envolvimento cultural forte das crianças na comunidade em que vivem"*. Compreende-se, assim, que a cultura trazida pelos discentes para a escola é constatada como diferencial.

Entretanto, a Secretaria Municipal de Educação não explora tal diferencial, pois a proposta pedagógica trabalhada nas escolas urbanas é prescrita para as rurais, como afirma a Professora 7 (2021, entrevista):

> *A proposta pedagógica de ensino da Secretaria Municipal de Educação é única para todas as escolas de Uberlândia, tanto para escolas rurais e escolas urbanas, mas nota-se diferenças como muitas vezes o professor ao ensinar parte das vivências dos alunos para que eles compreendam o mundo em que vivem e se desenvolvam como cidadãos críticos e exploradores do mundo.*

Também foi expressivo o que disse a Professora 9 (2021, entrevista):

> *Apesar de ser única a proposta pedagógica do município, na sua prática se diferencia por sua aplicabilidade, isto é, o aluno da zona rural carrega identidade cultural e na sua história preconceitos que permeiam a sociedade contemporânea. Os alunos da zona rural ainda são vistos como estereótipos de caipira, sem cultura, sem educação, sendo menosprezada pelo local em que residem. Nesse sentido, é importante que se entendam e se reconheçam as necessidades específicas que a educação na zona rural precisa, para que a mesma tenha qualidade e equidade.*

Como se lê, a prefeitura de Uberlândia adota o mesmo programa pedagógico para escolas rurais e escolas urbanas; embora sua aplicabilidade dependa do professor na prática de sala de aula, ou seja, docentes podem respeitar ou não a identidade cultural de cada aluno. Portanto, o modo de lecionar é que pode ser o diferencial na questão cultural, como sugere, a seguir, a Professora 8 (2021, entrevista).

> *Apesar das propostas pedagógicas e curriculares serem as mesmas das escolas municipais de Uberlândia, tanto para escolas rurais e urbanas, sinto diferenças nas aplicabilidades dessas propostas. O discente da escola rural já traz consigo experiência e vivência daquele lugar, pois vivencia esse processo diariamente, e o docente tem que estar aberto a esse diálogo com eles, numa*

> *adequação das propostas pedagógicas que advêm da Secretaria Municipal de Educação.*

Diante da diversidade cultural na sala de aula e dos desejos e anseios estudantis de aprender, a Professora 1 (2021, entrevista) apresentou questão diversa: "*os alunos são mais diversificados e com necessidades bem específicas. Percebo que há um maior empenho em aprender*". Com efeito, apesar de todos os problemas da educação, que é complexa, há esforços de promoção da aprendizagem pró-diversidade cultural. De fato, aprender na escola requer do estudante muitos esforços e muita disciplina nos estudos; e, para que possa fazê-lo com êxito, é necessário que o processo de ensino seja não só significativo, mas também divertido. Isso porque objetos e significados que se aprendem em associação ao prazer tendem a se tornarem não só experiências discentes, mas ainda memória conceitual disponível para ser acionada quando dada situação demandar.

Também a Professora 11 (2021, entrevista) tratou das distinções do discente de escolas rurais, como na passagem a seguir.

> Os alunos da zona rural têm experiências diferentes de vida, um contato maior com a natureza, alguns passam por privações de recursos materiais, alguns têm experiência no trabalho rural, alguns têm conhecimentos específicos sobre o meio ambiente (animais, plantas etc.).

Como se infere, a bagagem cultural do aluno não deve ser desprezada pelo professor, que pode até trabalhá-la em sala de aula, seja como experiência ou conhecimento sistematizado, mas sempre em correlações de saberes. De fato, a Professora 13 (2021, entrevista) se referiu à possibilidade de que algumas características de escolas rurais influenciem na qualidade do ensino.

> [...] algumas características próprias do meio rural acabam se sobressaindo nesse espaço, como por exemplo: menor número de alunos em algumas turmas, maior contato com a vida no campo, convivência com as narrativas do mundo rural e com o espaço geográfico do campo.

A Professora 6 (2021, entrevista) reafirma essas diferenças entre escola rural e escola urbana.

> *Após lecionar também nas escolas urbanas, percebi grandes diferenças entre a escola rural e escola urbana. A escola rural tem poucos alunos por sala, mais envolvimento dos alunos nos conteúdos lecionados, maior participação dos pais na educação dos filhos e a influência da cultura local na vida escolar. Alunos da zona urbana têm mais recursos tecnológicos, vivenciam passeios em cinema, shopping, etc. Alguns têm pouco contato com a natureza.*

A Professora 14 endossou as colegas, mas tocou num ponto não citado no quesito diferença entre escolas urbanas e rurais: a visão da Secretaria Municipal de Educação.

> *Existem diferenças, apesar da Secretaria Municipal de Educação da Prefeitura de Uberlândia adotar somente uma estrutura curricular e proposta pedagógica para todas as escolas urbanas e rurais. O aluno da zona rural traz consigo sua própria identidade cultural, suas experiências e vivências do lugar que nasceu e vive para dentro da sala de aula, e o professor tem que saber lidar com essa bagagem do aluno e trabalhar na sala de aula.*

Feitas essas considerações, convém ressaltar que as escolas rurais têm características relevantes e que os professores de Arte têm de se adaptar à realidade local para conseguirem sucesso na aprendizagem discente. Além disso, fica claro que as professoras informantes veem as escolas rurais do município de Uberlândia – as escolas onde atuam – como instituições de características próprias e como lugar de trabalho onde podem desenvolver uma *pedagogia da criatividade* com expectativas plausíveis de ser bem-sucedida.

5.8 PRÁTICAS DE ENSINO E INTERCULTURALIDADE

Com base nas últimas quatro perguntas do questionário da pesquisa (respondido por professoras de Arte), foi definido outro conjunto de categorias que aludem às práticas pedagógicas poético-docentes das relações interculturais a fim de auxiliarem na organização e análise dos dados. A seguir se apresenta cada uma.

- Critérios: modos que professores de Arte adotam para relacionarem conteúdos de Arte com o de outras disciplinas ou com outros assuntos.

- Livro didático e conteúdos de Arte: como docentes de Arte fazem ligações com a cultura local nas aulas de Arte ao trabalharem com livros didáticos que apresentam só a cultura brasileira mais divulgada e a cultura europeia.
- Procedimentos pedagógicos: o que educadores de Arte pensam ou proferem sobre seus procedimentos pedagógicos trabalhando com as relações interculturais dos discentes.
- Práticas pedagógicas na diversidade cultural: como são as relações do professor de Arte com a prática da diversidade cultural dos estudantes na sala de aula.

Portanto, em torno desses quesitos foi feita a análise dos dados obtidos via questionário e à luz da teoria crítica da sociedade. A análise se apresenta conforme a sequência disposta anteriormente.

5.8.1 Critérios

A categoria analítica sobre critérios dos docentes de Arte para relacionarem conteúdos de Arte com outras se refere a quesitos usados para se dinamizar o ensino de Arte e fazê-lo dialogar não só com outras matérias escolares, mas também com matérias extraescolares: assuntos que afetam a vida do alunado em alguma medida: política, sociedade, cidadania, relações interpessoais, comunidade, emprego e outros. Portanto, trata-se de uma questão de interdisciplinaridade no ensino escolar de Arte.

A interdisciplinaridade busca a intersecção de conteúdos de duas disciplinas ou mais para se permitir que o aluno elabore uma visão mais ampla das temáticas trabalhadas. Trabalhar com ela é comum a áreas e disciplinas diversas, e a Arte aí entra como possibilidade privilegiada. O ponto crítico é a capacidade de o professor trabalhar adequadamente. Nesse contexto, é fundamental que, para os alunos construírem saberes afins à arte, seus professores tenham (e trabalhem com) um senso interdisciplinar forte e sempre presente. Assim se pode utilizar materiais diferentes e produções de conteúdos diversos numa forma híbrida que permita reconhecer saberes disciplinares e suas relações críticas com conteúdos de Arte.

Evidentemente, trata-se de tarefa complicada, de execução pouco fácil – como se nota no que disse a Professora 2 (2021, entrevista); a tarefa se apresenta

> *[...] com dificuldade, porque trabalhar dessa forma requer um conhecimento que não nos foi ofertado na graduação. Infelizmente os conteúdos estão em gavetas isoladas e há bastante resistência por parte de toda comunidade escolar para mudar essa prática.*

Como se lê, uma dificuldade primeira estaria na base da formação docente: a inicial – a licenciatura em Artes. Logo, é preciso que o professorado que queira fazer tal relação aprenda, quase que por si só, como fazê-lo. Por outro lado, haja vista não estar na base, o trabalho interdisciplinar com o ensino de Arte seria estranho demais a muitos educadores e à comunidade escolar, a ponto de gerar resistência. Portanto, a tentativa de trabalhar conteúdos de Arte com o de outras disciplinas esbarra na separação disciplinar no próprio currículo.

Contudo, há outros entraves, conforme disse a Professora 6 (2021, entrevista): "*Realizei poucos trabalhos pedagógicos de Arte interdisciplinar com as outras disciplinas. Nem sempre os professores de outras disciplinas estão abertos para essas parcerias com Arte*"; e como anotou a Professora 9:

> *Poucas vezes consigo fazer um trabalho interdisciplinar com as outras disciplinas do currículo escolar. Somente trabalhei interdisciplinarmente nas comemorações festivas como o Carnaval na escola, Dia do Índio, festa junina e Dia da Consciência Negra.*

Como se lê, as duas professoras projetam a medida da dificuldade: falta de abertura entre pares.

Com efeito, essa razão foi explicitada pela Professora 14 (2021, entrevista); ela declarou ter certa dificuldade em trabalhar conteúdos de Arte com colegas: "*Não consigo fazer um trabalho indisciplinar com outras disciplinas pela falta do entrosamento entre os próprios colegas do trabalho, também muitas vezes os colegas de trabalho não valorizam o ensino de Arte dada na escola*". Segue nessa linha a Professora 11 (2021, entrevista): "*Sem dúvida. A maioria dos outros professores não tem disponibilidade de tempo para estabelecer estas parcerias, pois tem jornada dupla ou tripla de trabalho, infelizmente*".

A dificuldade de trabalhar com conteúdos variados na disciplina Arte ao lado de pares e a falta de formação para tal ocasionam ainda mais dificuldades; mas nem por isso impedem o professorado de ver o valor de tal trabalho, como no caso da Professora 5 (2021, entrevista):

> A disciplina Arte contribui como nenhuma outra disciplina porque é um caminho que traz liberdade de expressão e criatividade com os discentes. Os conteúdos de Arte podem permear interdisciplinarmente com todas as disciplinas do currículo escolar. Às vezes contava história de um livro literário, e o aluno tinha que ter a capacidade de sintetizar contos ou outras histórias em formas de imagens, percebendo-se assim como cada aluno tem diferentes percepções sobre o que lhes é contado. Muito vezes, os professores não estão preparados para trabalharem interdisciplinarmente, com parcerias, por falta de conhecimento.

Como se lê, há uma defesa aguerrida do potencial interdisciplinar dos conteúdos de Arte: contribuem muito para as outras disciplinas; e assim é porque, talvez, a prática interdisciplinar procure romper com padrões tradicionais que priorizam a construção fragmentada do conhecimento, ou seja, revelar pontos em comum e favorecer análises críticas das abordagens diversas de um mesmo assunto. A Professora 12 (2021, entrevista) foi enfática nesse ponto:

> Não há como elaborar um bom planejamento diário, semanal, mensal ou anual de arte sem fazermos conexões, associações, relações de diferentes modos e contextos, com as outras áreas do conhecimento social, histórico, filosófico, científico, acadêmico, educacional e escolar. A arte transita no meio de outras disciplinas do currículo escolar. Exemplo: para lermos os dados de uma ficha técnica (nome do artista, título da obra, data, dimensões/medidas e local onde a mesma encontra-se) de uma obra de arte (pintura), temos que explicar o que significa o "X" entre os números, assim como os números separados por vírgulas. Consequentemente, estaremos falando de tamanhos, lados, medidas, assim como, de tantos outros conteúdos que envolvem a Matemática. Outro exemplo: ao contemplarmos uma obra de arte (pintura) da "Missão Artística Francesa", não há como fazermos isso corretamente sem explicarmos o que esta frase quer dizer. Assim, temos que abordar este conteúdo da disciplina de História. O mesmo ocorre quando abordamos as questões indígenas e afrodescendentes no Brasil. Da mesma

> *forma, não há como falarmos sobre a teoria da cor-luz sem que adentremos na disciplina de Ciências. E assim, segue-se: como falar da Semana de Arte Moderna sem abordarmos os poetas e escritores modernistas, que também ajudaram a fundar este movimento? Sendo assim, podemos verificar que este movimento não envolve apenas a Arte, mas ainda a história.*

A arte permeia todos os conteúdos, mas depende do planejamento do professor a forma de fazer as relações entre conteúdos e disciplinas diversos. Nesse sentido, cabe dizer que a intenção do trabalho interdisciplinar é estabelecer conexões de conteúdos e ferramentas distintos para ampliarem a visão de mundo do alunado. Nessa abordagem, os estudantes terão a possibilidade de compreenderem que um mesmo fato ou tema pode ser observado e estudado segundo pontos de vista variados. Essa possibilidade de ação foi citada pela Professora 7 (2021, entrevista) nos termos que se seguem.

> *Trabalho interdisciplinar quando é possível, com conteúdo História da Arte que dá para relacionar Arte e disciplina de História, contações de histórias que envolvem Arte e Literatura e conteúdo de formas geométricas envolvendo Arte e Geometria. Muitas vezes as professoras estão abertas a fazer o trabalho interdisciplinar e tem outros momentos que não. Isso depende muito do contexto escolar.*

Assim, apostar na interdisciplinaridade auxilia a compreensão e aplicação de conteúdos de um jeito prático e mostra motivos que os levaram a se encaixarem na matriz curricular. Essa é uma maneira de demonstrar a importância de cada disciplina, em especial as matérias mais teóricas, a fim de se formarem profissionais competentes e preparados para o mercado de trabalho. Nessa linha de pensamento, está a fala a seguir da Professora 13 (2021, entrevista).

> *No período em que atuei como professora de Arte, buscava fazer essa ligação com outras disciplinas e outros professores. Em alguns momentos, essa relação acontecia de maneira tranquila, de modo que ambas as partes envolvidas procuravam o melhor para a aprendizagem dos alunos. Muitas vezes, ao tentarem fazer esse trabalho, alguns professores de outras disciplinas demonstravam uma visão limitada do ensino de Arte. É como se o trabalho com Arte fosse um "enfeite" para outros conteúdos e*

> *tivesse que acontecer em função das matérias consideradas mais importantes. Esse era um grande desafio, pois mostrar que todos têm a mesma importância dentro do espaço de aprendizagem nem sempre é tarefa fácil.*

As ligações de conteúdos da Arte com os de outras disciplinas propostas pelo docente dependerão de seu trabalho pedagógico, conforme disse a Professora 3 (2021, entrevista):

> *Trabalho muitos com alunos com leitura de imagens de diversos artistas de diversas épocas artísticas. Muitas vezes, faço uma correlação com disciplina de História. Também faço um trabalho de interpretação de textos com relação à disciplina Língua Portuguesa de diversas obras e vidas de artistas nacionais e internacionais, enfocando o entendimento pessoal de cada aluno.*

Também a Professora 1 (2021, entrevista) adentrou esse terreno ao dizer que correlaciona conteúdos de Arte com os de outras disciplinas "*através de artistas que são apresentados aos alunos*"; mas ela ressalva um ponto: "*Não consigo falar sobre os outros professores pois eles não conversam sobre as suas aulas*". Isso, porém, não quer dizer que não haja interações e trabalho docente conjunto; ou seja, a proposta de se fazerem trabalhos pedagógico-interdisciplinares com pares se mostrou na passagem a seguir do relato da Professora 4 (2021, entrevista).

> *Trabalhei com História de Arte nas aulas de Arte sem fazer parceria com a professora de História. Realizei vários trabalhos pedagógicos e artísticos do Dia da Consciência Negra que proporcionava parcerias com as professoras de História, Geografia e Língua Portuguesa, numa interdisciplinaridade.*

Nessa linha de pensamento, a Professora 10 (2021, entrevista) disse que relacionava sua matéria com conteúdos de outras disciplinas: "*às vezes, dependendo do conteúdo aplicado dá pra relacionar às demais disciplinas*". Logo, pensar nas relações de conteúdos da disciplina Arte com os de outras disciplinas é permitir o diálogo de qualquer disciplina com as demais do currículo para se promover um trabalho contextualizado. Mesmo com disciplinas e conhecimentos fragmentados, pode-se unificar o aprendizado e torná-lo mais efetivo, ou seja, mais aplicável à vida discente extramuros, na sociedade onde vive, em que se pode lidar com situações que demandam capacidade de agir com senso de totalidade, por exemplo, nos ambientes laborais, onde é preciso pensar em si e no outro. Cabe aqui a fala de Rizolli (2007, p. 923):

> A arte e o seu conhecimento semiótico são traduzidos em atitudes interdisciplinares que, do todo às partes e das partes ao todo, forma um universo paralelo de compreensão da existência humana — e que, às vezes, apresenta-se com tal legitimidade que ocupa o espaço do real: aqui e agora, na linguagem.

Diante disso, a interdisciplinaridade no mundo contemporâneo tem sua importância e seus desafios, e, para que se desenvolva no espaço escolar, relacionar saberes se faz necessário, ou seja, promover encontro entre teoria e prática, visto que a arte trabalha com significados diversos da expressão humana e com proximidade das relações sociais cotidianas. O ideal é que os professores compreendam que levar a interdisciplinaridade à sala de aula é criar condições para se relacionarem saberes distintos *com o* trabalho educacional e *como* trabalho pedagógico.

De fato, algumas professoras participantes da pesquisa disseram que trabalhavam interdisciplinarmente o conteúdo de Arte com conteúdos de outras disciplinas escolares; e os resultados da pesquisa apontam isso em atividades de comemoração (festa junina, folia de reis) e em datas comemorativas (Dia da Consciência Negra e outras). Mas parece ter ficado mais patente o fato de que muitas não conseguem fazê-lo e de que as que o fazem não o fazem sem dificuldades, em geral encontradas na aplicabilidade. Sobretudo, as dificuldades ditas pelas professoras quanto a não trabalharem arte interdisciplinarmente têm uma raiz comum: a falta de formação inicial apropriada. Assim, o professorado precisa ter mais participação na formação continuada, sobretudo nas especializações de pós-graduação.

5.8.2 Categoria "livro didático e conteúdos de Arte"

A categoria analítica que considera o livro didático e os conteúdos de Arte na forma como docentes vinculam, nas aulas, culturas locais, cultura brasileira mais divulgada e cultura europeia alude às relações entre culturas de prestígio social reconhecido e culturas desprestigiadas. Essa referência se traduz na relação que se pode estabelecer entre: conteúdos do livro didático de Arte com exemplos da cultura artística europeia/

cultura brasileira vista como elevada e a cultura rural que se expressa na escola onde o livro é usado. Ou seja, importa saber de que modo o professorado de Arte liga uma coisa a outra em suas práticas de sala de aula. Nesse sentido, tal categoria se abre à compreensão do livro didático como instrumento de ensino e aprendizagem que seria complementar a práticas docentes de sala de aula.

No entanto, o livro não é o único material didático no universo dos alunos, que podem fazer uso de outros impressos como quadros e mapas de parede, mapas-múndi, diários de férias, coleções de imagens de obras, enciclopédias escolares e outros. Também pode haver outros suportes: audiovisuais, softwares didáticos, CD-ROM, internet etc.; podem até ser funcionalmente indissociáveis, como o CD-ROM, os vídeos e as imagens de obras de arte em métodos de aprendizagem de línguas e releituras de imagem de obras artísticas. Em tais situações, o livro didático não tem mais existência independente; torna-se um elemento constitutivo de um conjunto multimídia, ou seja, é *um* elemento didático dos vários e múltiplos materiais de uso escolar em sala de aula.

Os livros didáticos correspondem a uma reconstrução dos conhecimentos que obedece a motivações diversas como época e local. Igualmente, têm como característica comum apresentar a sociedade, porém do modo que aqueles que, em sentido amplo, conceberam o livro didático gostariam que fosse apresentada, e não como realmente é. Autores de livros didáticos não são simples espectadores de seu tempo: têm interesses, e um deles é vender cada vez mais.

Os livros didáticos de Arte não fogem a essa regra quando se pensa em seu conteúdo. Sua ênfase é na cultura europeia: seus artistas e seus movimentos artísticos, supostamente mais atrativos. A ênfase na cultura brasileira não é tão expressiva e o é menos ainda na cultura e arte popular das várias regiões, assim como na cultura do campo. Não por acaso, das várias linhas de compreensão crítica do livro didático, uma recorrente é a sua função ideológico-cultural, ou seja, aculturante, quando se pensa na cultura brasileira. Essa compreensão tem endosso em Choppin (2004, p. 553):

> A partir do século XIX, com a constituição dos estados nacionais e com o desenvolvimento, nesse contexto, dos principais sistemas educativos, o livro didático se afirmou como um dos vetores essenciais da língua, da cultura e dos

> valores das classes dirigentes. Instrumento privilegiado de construção de identidade, geralmente ele é reconhecido, assim como a moeda e a bandeira, como um símbolo da soberania nacional e, nesse sentido, assume um importante papel político. Essa função, que tende a aculturar – e, em certos casos, a doutrinar – as jovens gerações, pode se exercer de maneira explícita, até mesmo sistemática e ostensiva, ou, ainda, de maneira dissimulada, sub-reptícia, implícita, mas não menos eficaz.

Feitas estas considerações, cabe dizer dos resultados obtidos da pesquisa sobre o trabalho do docente de Arte com livros didáticos de Arte na sala de aula; ou seja, saber se fazem ligações interculturais da cultura local na sala de aula, ou seja, se o educador liga a cultura local/regional ao livro. Nesse sentido, a Professora 12 (2021, entrevista) vê o livro didático de Arte como recurso a ser usado em sala de aula, mas que pede adaptações como a inclusão de artistas não representados na obra.

> *[O livro didático serve] Para desenvolvermos um bom trabalho didático/pedagógico em Arte, precisamos iniciá-lo a partir de uma referência: imagem qualquer, obra de arte, artista e/ou movimento artístico, etc. Por isso, com este objetivo, eu já utilizei como referência obras de artistas uberlandenses e, até brasileiros como Portinari, Siron Franco, Tarsila do Amaral etc.*

A Professora 2 (2021, entrevista) disse que usava o livro didático com intenção de relacioná-lo com a cultura local: "*Procurava sempre fazer, principalmente usando as datas comemorativas*". Essa perspectiva seguiu a Professora 9 (2021, entrevista):

> *Eu utilizava os livros didáticos de Arte como referência dos artistas brasileiros e internacionais. Como professora, realizei adaptações para o contexto e complementos ao uso do livro em sala de aula, como por exemplo, realizar leitura de imagens das obras de arte dos artistas. As imagens nos livros didáticos que tinham contextualização do artista e de produção abrem brechas para interpretações e reflexões críticas da obra. Entretanto, o livro didático faz referência à cultura brasileira, mas não faz menção à cultura local e regional.*

Nessa possível relação do livro didático com a cultura local, é preciso lidar com a cultura europeia, apresentada nos livros com uma ênfase que exige, do planejamento docente, meios de sobrepor, a esse contexto, a intersecção de saberes e culturas. É expressiva nesse sentido a declaração a seguir, da Professora 6 (2021, entrevista).

> *Sempre trabalhei muito a cultura local com alunos, com artistas brasileiros e pouco trabalhei com as artistas da cultura europeia. Os trabalhos pedagógicos desenvolvidos nas aulas de Arte eram voltados para a cultural local, como cavalgada, cavalhada, folia de reis, congado e festa junina. Os trabalhos artísticos envolviam muito a cultura local, pois era a vivência dos alunos.*

A Professora 13 (2021, entrevista) endossou a colega ao dizer que procurou explorar as relações entre livro, cultura de prestígio e cultura local. Em suas palavras,

> *[Trabalho] Sim [com a relação]. Principalmente no meio rural, onde muitas famílias trazem conhecimentos e fazeres que fazem parte de sua sobrevivência e de suas atividades diárias. Um jeito de bordar, de tingir, de pintar, de esculpir um pedaço de madeira, de modelar o barro... São exemplos de práticas artísticas e artesanais que fazem parte da vida de muitos no campo e que procurava trazer para as aulas através de debates, entrevistas e interpretações.*

Situar o livro didático na cultura do meio rural permite ao professorado trabalhar a cultura local conforme a lógica da Professora 11 (2021, entrevista): "*Realizo pesquisa cultural para conhecer a realidade dos alunos e suas famílias. Planejo atividades que valorizem o conhecimento que trazem e a cultura local e brasileira*".

Contudo, há um uso limitado do livro didático na sala de aula, o que seria, para participantes da pesquisa, uma consequência de predicados diversos, como disse a Professora 3 (2021, entrevista):

> *Utilizo muito pouco o livro didático de Arte oferecido pelo MEC [Ministério da Educação] à escola. Meu trabalho enfoca muito em obras e vidas de artistas, datas comemorativas e também nos momentos culturais que acontecem no entorno da escola. A cavalhada, cavalgada e as festas juninas são momentos culturais que tendo a trazer para sala nas aulas de Arte para serem discutidas e trabalhadas artisticamente com os alunos.*

O livro didático é um material didático-pedagógico importante para auxiliar o professor de Arte, mas não é o único. Pode-se utilizar outros vários recursos materiais, como disse a Professora 4 (2021, entrevista):

> Eu utilizava muito pouco o livro didático nas aulas de Arte, mas usava mais as imagens dos livros didáticos para fazer leituras de imagens nos trabalhos artísticos realizados com os alunos. Também dava ênfase nas culturas trazidas pelos alunos e nos acontecimentos culturais da comunidade como festa junina e cavalhada.

Nessa linha de trabalho com o uso do livro didático, a Professora 5 (2021, entrevista) disse o que se segue.

> Às vezes utilizava o livro didático nas aulas de Arte. Não era de muito costume. Eu utilizava as imagens dos livros didáticos como informações ou propostas de atividades artísticas em sala de aula. Trabalhava também as culturas locais como congado e festa junina, desenvolvendo diversas atividades artísticas com alunos.

Outras três informantes endossaram essa lógica de uso do livro didático de Arte em sala de aula; ou seja, da exploração de conteúdos específicos locais e regionais ausentes nele. Houve relatos expressivos nesse sentido, como os que se seguem.

> Utilizo muito pouco os livros didáticos de Arte na sala de aula, pois percebo a predominância do texto verbal, e o esquecimento da imagem configura um entrave para as interrogações que focam na arte. O livro didático não traz em seu conteúdo a cultura local e regional, com pouco enfoque na cultura brasileira (Professor 8, 2021, entrevista).

> Utilizo poucos os livros didáticos de Arte. [...] o texto dos livros de Arte não traz referências explícitas à cultura local e regional, pois o foco são os lugares de criação de obras de arte, dos artistas nacionais e internacionais e arte indígena (Professor 14, 2021, entrevista).

A Professora 10 (2021, entrevista) foi na mesma linha de compreensão das colegas, mas revelou o quanto prioriza as *suas* escolhas de material em detrimento do uso do livro didático de Arte; eis o que disse:

> *Sinceramente falando, os livros didáticos de Arte, ao meu olhar, no quesito escola pública e dentro da dinâmica diária da escola, [...] são atividades muito poluídas de imagens, o que acaba acarretando ao professor reelaborar uma outra atividade em cima de tal conteúdo. Ou seja, utiliza-se muito pouco o livro didático de Arte, pois, no meu olhar, as atividades deveriam vir como práticas para a sala de aula.*

Mais que ser pouco usado, o livro didático chega a não ser empregado em sala de aula, como disse a Professora 1 (2021, entrevista): "*Eu não utilizo muitos livros em sala de aula, prefiro buscar referências locais e principalmente relacionando a História da Arte com as questões atuais*".

Dada essa diversidade de opiniões em meio às professoras informantes sobre uso e não uso do livro didático, sua utilidade em sala de aula parece depender de cada planejamento de ensino, de cada prática pedagógica, de cada docente de Arte. Isso porque não é o único material – ou seja, é um material a mais – para ajudar no planejamento ao sugerir caminhos e sequências de aprendizagem discente. Nesse sentido, pode ser o livro didático um ponto de apoio ao professor, algo que lhe ajuda a cobrir lacunas na apresentação do conteúdo sem tirar necessariamente sua autonomia e liberdade para inovar nas estratégias de ensino. Essa questão se faz importante porque o livro didático tende a não conter exemplos de arte de culturas locais/regionais; o que, às vezes, pode desorientar o professor que o usa quanto a saber o que fazer, assim como pode frustrar expectativas de aprendizagem em meio ao alunado. Portanto, o aproveitamento do livro didático pelo docente de Arte depende de sua atitude pedagógica, ou seja, compõe um campo maior da docência profissional: os procedimentos pedagógicos de ensino e sua escolha.

5.8.3 Categoria "procedimentos pedagógicos"

A categoria analítica que abrange procedimentos pedagógicos pensados ou proferidos por professores de Arte como parte das relações interculturais de seu corpo discente foi eleita para se identificar o que as professoras de Arte participantes da pesquisa pensam ou dizem de suas atitudes e ações pedagógicas para trabalharem relações interculturais com seu alunado. Assim, discutem-se procedimentos pedagógicos utilizados por elas para ensinarem conteúdos de Arte trabalhando relações interculturais discentes em sala de aula.

Entende-se que os procedimentos pedagógicos das entrevistadas são meios de ensino de certos conteúdos relacionados ao ensino de Arte. O próprio meio de difusão do conhecimento expressa elementos afins aos modos pelos quais elas pensam e entendem o funcionamento do processo de ensino e aprendizagem. Assim, os procedimentos pedagógicos seriam expressão da ação intencional docente, posto que são atividades planejadas pelos professores para serem desenvolvidas na escola em prol da aprendizagem estudantil. Por isso, ao se discutirem procedimentos pedagógicos realizados pelos professores ou o entendimento que têm de suas ações pedagógicas, deve-se considerar as condições sociais e históricas em que essas ações foram e são realizadas; também tentar analisá-las mediante a constelação de fatores que fazem parte das relações culturais e sociais.

Dito isso, cabe replicar a declaração da Professora 2 (2021, entrevista): as relações interculturais "*são fundamentais porque dizem respeito à identidade do aluno e de sua comunidade*". Dito de outro modo, trabalhar com a identidade cultural do estudante deve levar em conta debates e diálogos em sala de aula. Nessa mesma direção de trabalho intercultural na sala de aula está a Professora 3 (2021, entrevista), que declarou isto:

> *Sim. [Eu] Trabalho muito essas relações interculturais com os alunos em sala de aula, pois a cavalhada, cavalgada e as festas juninas são momentos que trazem elementos culturais que fazem parte da identidade dos alunos e da comunidade local.*

Também a Professora 4 (2021, entrevista) declarou explorar as relações interculturais na escola rural:

> *Trabalhei muito com alunos os aspectos culturais da comunidade local, as festas juninas, cavalhadas e o congado. Como professora de Arte proporcionava aos alunos fazerem pesquisas das culturas locais da comunidade e trazerem suas histórias e vivências culturais para debater e trabalhar pedagogicamente nas aulas de Arte.*

Sobre tal proposta – explorar em sala de aula de Arte as relações interculturais de discentes –, houve professoras que expuseram o que se segue.

> *Proponho diversas atividades artísticas que remetem à importância da cultura local e regional, com referências aos festejos culturais como: festas juninas, congado, cavalgada, cavalhada*

> *e folia de reis. Ao propor esses conteúdos culturais dentro da sala de aula para podermos discutir, depois estudar e analisar essas relações interculturais dos discentes* (Professor 8, 2021, entrevista).

> *Proponho atividades do fazer artístico trazendo questões da cultura local e regional. Os festejos culturais são fortes, e a escola sofre influência dessa cultura local como festa junina, folia de reis e cavalhada. Como professora, trago para dentro da sala de aula as discussões sobre essa diversidade cultural, que é forte no ambiente da zona rural* (Professor 14, 2021, entrevista).

Outras professoras disseram que trabalham as relações de interculturalidade numa lógica que respeita a bagagem cultural do alunado e numa discussão de sala de aula desses saberes, como se lê a seguir.

> *Minhas propostas de trabalho em sala envolviam muito as relações interculturais dos alunos, pois eles trazem seu convívio e identidade cultural para dentro da escola, e como professor de Arte [eu] trabalhava as culturas locais como congado, as festas juninas e as cavalhadas* (Professora 5, 2021, entrevista).

> *Meu trabalho pedagógico em sala de aula envolvia muito as relações interculturais dos alunos, pois os alunos traziam suas culturas para dentro da escola. Os professores de arte precisam intervir criticamente nas relações de poder que trabalham com as diferenças culturais na sala de aula, tanto da cultura local como a cultura dominante.* (Professora 6, 2021, entrevista).

> *Sim. Principalmente quando percebia que alguma manifestação cultural era importante para a aquela comunidade. Ao trazer esses assuntos para a sala de aula, procurava fazer uma ligação com outras manifestações artísticas atuais e/ou históricas, com trabalhos de artistas reconhecidos e artistas locais* (Professora 13, 2021, entrevista).

Nessa relação de trabalhar a interculturalidade, o professor lida com diversidade de atividades pedagógicas em sala de aula, conforme as declarações que se seguem.

> *Desenvolvo diversas atividades pedagógicas e artísticas a partir da cultura local e dos festejos culturais como: festas juninas, cavalhadas, congado e folia de reis. Tendo a trazer esses conteúdos culturais locais para dentro da sala de aula e discutirmos as*

> *relações culturais, a diversidade e o respeito a elas* (Professora 7, 2021, entrevista).

> *Realizei diversas propostas de atividades do fazer artísticos trazendo questões culturais a partir da identidade cultural dos alunos e as diversidades culturais. A riqueza da cultura local é importante a ser trabalhado nas aulas de arte* (Professora 9, 2021, entrevista).

O enfoque na diversidade como medida do trabalho docente (no fazer artístico escolar com diversidade de conteúdos) se projetou na declaração da Professora 11 (2021, entrevista): "*Sempre trabalho o Congado, que é a principal festa da cultura popular de Uberlândia. Patrimônio Imaterial*". A obrigatoriedade de trabalhar a proposta pedagógica da secretaria de Educação na escola urbana e na rural faz algumas educadoras segui-la, tal qual declarou a Professora 1 (2021, entrevista): "*Sim, sou obrigada pela SME [secretaria] a trabalhar*"; e a Professora 10 (2021, entrevista): "*Sim. Trabalho de acordo com o que a escola propõe dentro de cada contexto*".

Em meio a essas concepções, há docente que nunca trabalhou com a interculturalidade em sala de aula, mas que, à época da pandemia de covid-19, realizou a "*proposta educacional de trabalho*", envolvendo temas da cultura local, como se lê a seguir em sua declaração.

> *Não, eu nunca desenvolvi com afinco este tipo de trabalho com os meus alunos. Mas não foi porque eu não quis ou porque eu não concorde em trabalhar com estas questões no cotidiano escolar. Na verdade, como o ensino de Arte pode abranger incontáveis temáticas, eu nunca elaborei um planejamento/projeto que tivesse este objetivo específico. Contudo, neste ano, assim como em outros anos letivos, as comidas tanto típicas quanto as atípicas, assim como a decoração (flores de papel, balões e bandeirinhas) das festas juninas, foram os temas de muitas aulas que eu ministrei. Além disso, durante o período pandêmico, eu também elaborei um PET (Programa de Estudos Tutorados) voltado às Festas Populares Brasileiras: Círio de Nazaré, Carnaval, Congada, etc. Agora, eu não lembro todas as manifestações culturais que foram citadas por mim. Se eu não estou enganada, neste mesmo PET, eu falei até sobre as festas de aniversário, que por sua vez, também fazem parte da nossa cultura* (Professora 12, 2021, entrevista).

Com base na citação da Professora 12, para o objetivo de ampliar as experiências dos discentes, não basta trabalhar a diversidade cultural local/regional; é preciso, ainda, proporcionar reflexão sobre culturas produzidas pela indústria cultural. Dessa forma, seria possível fomentar momentos de resistência à ação de tal indústria e a tomada de consciência crítica. De acordo com Adorno (2000, p. 182),

> [...] a única concretização efetiva da emancipação consiste em que aquelas poucas pessoas interessadas nesta direção orientem toda a sua energia para que a educação seja uma educação para a contradição e para a resistência. Por exemplo, imaginaria que nos níveis mais adiantados do colégio, mas provavelmente também nas escolas em geral, houvesse visitas conjuntas a filmes comerciais, mostrando-se simplesmente aos alunos as falsidades aí presentes; e que se proceda de maneira semelhante para imunizá-los contra determinados programas matinais ainda existentes nas rádios, em que nos domingos de manhã são tocadas músicas alegres como se vivêssemos num "mundo feliz", embora ele seja um verdadeiro horror; ou então que se leia junto com os alunos uma revista ilustrada, mostrando-lhes como são iludidas, aproveitando-se suas próprias necessidades impulsivas; ou então que um professor de música, não oriundo da música jovem, proceda a análises dos sucessos musicais, mostrando-lhes por que um *hit* da parada de sucessos é tão incomparavelmente pior do que um quarteto de Mozart ou de Beethoven ou uma peça verdadeiramente autêntica da nova música. Assim, tenta-se simplesmente começar despertando a consciência quanto a que os homens são enganados de modo permanente, pois hoje em dia o mecanismo da ausência de emancipação e o *mundus vult decipi* em âmbito planetário, de que o mundo quer ser enganado. A consciência de todos em relação a essas questões poderia resultar dos termos de uma crítica imanente, já que nenhuma democracia normal poderia se, dar ao luxo de se opor de maneira explícita a um tal esclarecimento.

Dessa citação se destaca a importância da reflexão sobre obras culturais e produtos veiculados pela indústria cultural. Nesse sentido, contrapor e tencionar ambas as culturas (a local/regional e a de produtos de uma indústria da cultura) pode ser um procedimento pedagógico profícuo. Os níveis de discussão poderiam ser aprofundados conforme a idade do alunado, ou seja, considerar capacidades e possibilidades de cada faixa etária e ano escolar. No entanto, é importante lembrar sempre que é fundamental não se simplificarem os conteúdos apresentados aos discentes – sua experiência formativa – a fim de que possam desenvolver suas capacidades intelectuais.

Dito isso, delineia-se a compreensão de que uma maioria das professoras participantes da pesquisa tem duas ações escolares como procedimento pedagógico recorrente: desenvolver atividades do fazer artístico e discutir a diversidade cultural, local e regional numa lógica de trocas interculturais de saberes.

5.8.4 Categoria "práticas pedagógicas na diversidade cultural"

A categoria sobre práticas pedagógicas e diversidade cultural se refere às relações do professor de Arte com a prática da diversidade cultural estudantil em sala de aula. Com efeito, a lógica intercultural forma tal categoria, desdobrada neste item, que visa discutir as práticas das professoras informantes para o ensino de conteúdos de Arte trabalhando práticas da diversidade cultural discente em sala de aula. Entende-se que o fazer prático-pedagógico se organiza intencionalmente para atender a certas expectativas educacionais solicitadas/requeridas por dada comunidade local; e em seu sentido de *práxis* se configura sempre uma ação consciente e participativa mediada pela interação do professor com o aluno e o conhecimento. Como dizem Carvalho e Netto (1994, p. 59),

> A prática pedagógica nessa perspectiva é uma prática social e como tal é determinada por um jogo de forças (interesses, motivações, intencionalidades); pelo grau de consciência de seus atores; pela visão de mundo que os orienta; pelo contexto onde esta prática se dá; pelas necessidades e possibilidades próprias a seus atores e própria à realidade em que se situam.

Para Caldeira e Zaidan (2010), a prática pedagógica significa um ato social de que todos possam participar conscientemente em prol de mudanças. Assim, visando à realidade de cada educando, ela é construída no cotidiano docente e presume, ao mesmo tempo, ações práticas de orientação mecânico-repetitiva que o desenvolvimento do trabalho docente demanda; assim como as demandas, a permanência do professor nos limites de tal fazer, por exemplo, recorrendo à criatividade para enfrentar desafios laborais cotidiano. As ações práticas criativas abrem caminho ao professor para refletir teoricamente sobre a dimensão criativa de sua atividade – sua práxis. Portanto, as práticas pedagógicas são as atividades docentes realizadas na sala de aula, e suas ações são o modo de se desenvolverem atividades de aula, são as ferramentas pedagógicas.

A prática pedagógica está relacionada às ações dos professores e alunos no meio sociocultural que envolvem produção de conhecimento, ou seja, produção social, histórica e cultural. Com efeito, para Freire (2003, p. 47), "Ensinar não é transferir conhecimento, mas criar as possibilidades para sua própria produção ou a sua construção". Assim, o educador tem de ser criativo para renovar sua prática de acordo com a realidade discente, ou seja, tendo em vista os conhecimentos prévios e as formas culturais que entram na escola e na sala de aula por meio do alunado. Nessa perspectiva, a prática pedagógica é *práxis*, pois nela estão presentes a concepção e ação que buscam transformar a realidade, ou seja, há unidade entre teoria e prática. Nesse sentido, a prática e a reflexão sobre a prática se colocam na condição de parte do fazer docente, num movimento contínuo de construção/reconstrução da experiência vivida pelos sujeitos em nome da transformação da realidade (educacional).

Pelo que se pode depreender do que disseram as professoras informantes da pesquisa, as práticas pedagógicas na diversidade cultural estão atreladas aos objetivos do ensino de Arte, que estão ligados e subordinados a possibilidades de aprendizagem. Nesse sentido, é esta que determina as finalidades do ensino escolar. Nas palavras da Professora 3 (2021, entrevista), ao se trabalharem as práticas da diversidade cultural, são necessários diálogo e conhecimento da bagagem cultural do discente:

> *[...] procuro sempre dialogar com alunos na sala de aula para que eles tragam para dentro da aula de Arte elementos culturais de sua identidade para serem debatidos, discutidos e estudados com todos, logicamente com respeito às diferenças que cada um possam ter. Em torno da escola acontecem momentos culturais como a cavalhada, cavalgada e as festas juninas. Uma vez, propomos uma atividade cultural na escola no qual o pessoal do Congado para que fizessem uma apresentação para os alunos da escola. Foi um momento cultural enriquecedor para todos da escola.*

Dessa citação se depreende que o diálogo professor-aluno é importante para se conhecerem os elementos culturais que os estudantes podem trazer para sala de aula, para o trabalho pedagógico da identidade cultural e para o respeito às diferenças culturais, que se tornam instância de conhecimento, como se lê na passagem seguinte do relato da Professora 4 (2021, entrevista).

> *Percebe-se que cada aluno tem sua identidade e vivência da comunidade na qual vive e convive. Trabalhei pedagogicamente os aspectos e as características culturais nas aulas de Arte através de debates e estudos das culturas locais, pedindo muitas vezes que os alunos fizessem pesquisas com os pais, parentes e avós sobre as culturas que vivenciavam e colocassem isso no papel como pesquisa. A partir desse fato, discutimos essas pesquisas culturais trazidos pelos alunos, com respeito às culturas locais da comunidade rural, trabalhando a interculturalidade na sala de aula.*

Com efeito, a valorização da identidade estudantil na sala de aula pelo professor de Arte se torna ocasião para se fazerem experiências relevantes ao alunado, como sugere a passagem a seguir, dita pela Professora 8 (2021, entrevista).

> *Trabalho a identidade cultural, o respeito à diversidade do discente e promovendo visibilidade dos trabalhos artísticos. O docente tem que valorizar a experiência e identidade cultural do discente na sala de aula para depois dar visibilidade à capacidade de envolvimento nos temas de arte debatidos e discutidos na sala de aula, no respeito à diversidade cultural. Sendo assim, o docente demonstra sua capacidade de demonstrar que arte envolve todos os aspectos da vida do discente, para formar pessoas capazes de pensarem de maneira crítica.*

Nessa linha de trabalho, a Professora 2 (2021, entrevista) diz que "*sempre procurava fazer essa ponte através de muita conversa onde procurava incentivar os alunos a contar sua vivência e depois procurava trabalhar um artista que tivesse mais clara essa relação*". O diálogo e debate proporcionados pelo ensino de Arte nas aulas se voltam ao entendimento da bagagem cultural que o aluno traz para sala de aula numa perspectiva de envolver e conhecer artistas. Assim, trabalhar pedagogicamente a identidade cultural estudantil, conforme a fala a seguir da Professora 6 (2021, entrevista), proporciona a todos – discentes e educadores – produções artísticas e conhecimentos relevantes à produção social, à reflexão e à aprendizagem.

> *Trabalhei pedagogicamente com a identidade cultural dos alunos, respeitando as diversas culturas, local, regional e outras. Realizei trabalhos artísticos diversos como exposições de trabalhos de arte dos alunos nas escolas, grupos de danças, apresentações de cantores de viola e de peça de teatro (grupo folclórico)* (Professora 6, 2021, entrevista).

O respeito à identidade cultural discente por todos deve ser trabalhado como repertório pedagógico para sala de aula; e a docência de Arte deve ter essa maleabilidade profissional, conforme disse uma entrevistada.

> *Trabalho a identidade cultural, o respeito à diversidade do docente promovendo visibilidade dos trabalhos artísticos. O docente tem que valorizar a experiência e identidade cultural do discente na sala de aula para depois dar visibilidade à capacidade do envolvimento dos temas de arte debatidos e discutidos na sala de aula, no respeito à diversidade cultural. Sendo assim, o docente demonstra sua capacidade de mostrar que arte envolve todos os aspectos da vida do discente, para formar pessoas capazes de pensar de maneira crítica* (Professora 8, 2021, entrevista).

Houve outros entendimentos como o que se segue.

> *Trabalhava muito com a identidade cultural dos alunos, em que cada aluno respeitasse as diversas culturas tanto locais e regionais nas aulas de Arte. A multiculturalidade na sala de aula fazia com que existisse uma diversidade cultural, e ao trabalhar pedagogicamente e artisticamente essa diversidade proporcionavam em excelentes trabalhos artísticos, no qual no final de cada ano letivo resultava em exposições na escola das atividades artísticas realizadas pelos alunos* (Professora 6, 2021, entrevista).

O professor de Arte, ao trabalhar a identidade cultural, deve respeitar e dialogar com gestos elementares da relação com a diversidade em sala de aula. Discentes estão entrelaçados com formações sociais de convívio e experiências, afinal, por meio da educação apreendem signos que caracterizam culturas e a formação da identidade social. Uma fala, a seguir, foi expressiva nesse sentido.

> *Trabalho pedagogicamente as características culturais dos alunos nas aulas de Arte através de pesquisas inicialmente, para depois fazer debates e discussões das culturas locais, pedindo muitas vezes que os alunos tragam de suas casas alguns aspectos relevantes da cultura local que possam envolver seus pais, avós e parentes, e a partir desses fatos e contextos levantados por eles, discutimos essas pesquisas culturais. Após essas discussões e estudos da diversidade cultural realizamos diversas atividades artísticas envolvendo os temas culturais das vivências dos alunos (Professora 7, 2021, entrevista).*

Valorização, respeito e visibilidade para a diversidade cultural são pontos que chegam à sala de aula na coletividade e individualidade estudantil, conforme a fala a seguir de uma participante da pesquisa.

> *Valorização, respeito e visibilidade. Ao valorizar as experiências e conhecimentos dos alunos o professor demonstra respeito pela cultura e pela história de vida que cada um traz para o espaço escolar. Ao dar visibilidade para o saber e a capacidade do aluno, o professor consegue mostrar que a Arte permeia toda a nossa vida, nossa cultura, nossa história e nossa sociedade (Professora 13, 2021, entrevista).*

A proposição de discussão e debate sobre diversidade cultural advindos dos discentes traz à tona estudos e pesquisas sobre o tema proposto pelo professor em sala de aula; e isso se torna prazeroso ao permitir adquirir e construir conhecimentos culturais. É o que se pode ler na passagem a seguir.

> *Trazer para a escola um pouco dessas culturas, como as crenças, danças e músicas, mitos e lendas, culinárias, vestimentas, comidas típicas e formas de comunidade é uma maneira de estreitar os saberes sobre história local, fazendo valorizar a diversidade e promover o respeito a diferentes culturas e modos de ser. Trabalhar a identidade cultural do aluno se torna importante, e o respeito às diferenças culturais e conhecê-las se torna importante como proposta pedagógica a ser desenvolvida no contexto do ensino e aprendizagem (Professora 9, 2021, entrevista).*

A escola se torna palco de várias manifestações culturais, a começar do trabalho docente em sala de aula com a identidade cultural discente. Eis, a seguir, o que disse uma entrevistada.

> *A partir das respostas da pesquisa cultural trazida pelos alunos e pesquisa que faço do local e suas culturas. Atividades que convidem a comunidade a participar de forma direta ou indireta através das linguagens artísticas* (Professora 11, 2021, entrevista).

Dessa forma, não se pode esquecer a interferência da cultura urbana nas culturas locais se mudando os modos de vida, os tipos de músicas e o modo de agir. A identidade cultural deve ser trabalhada na docência de Arte em prol de uma compreensão mais refletida e fundamentada de cultura e de culturas, como é possível inferir da passagem a seguir.

> *O ensino de Arte deve fazer a "ponte de ligação" da cultura local e regional com a cultura forte que advém da cultura urbana, que é enlatada e midiática. A identidade cultural do aluno da zona rural deverá ser respeitada, por trazer consigo sua vivência e experiência do local, e na escola o professor deverá trabalhar essa diversidade cultural. As diferenças culturais nas escolas, ele deverá conhecê-las e estudá-las no ensino da Arte, pois se tornam como propostas pedagógicas a serem desenvolvida pelos professores de Arte* (Professora 14, 2021, entrevista).

Dois relatos relativizam essa ideia. Um relato diz da existência de poucas diferenças.

> *Sinceramente não vejo muitas diferenças culturais dentro do contexto cidade e zona rural. Uma: o aluno de zona rural, de um modo ou de outro, consegue acesso à internet, à TV e a outros modos do mundo digital. O diálogo entre tais não é diferente dos alunos de cidade. Assim como tem na cidade alunos simples, humildes, disciplinados e/ou indisciplinados, na zona rural encontramos tais alunos. Trabalhei em duas escolas de zona rural. Essa história de que aluno de zona rural é mais calmo, simples, humilde, não consigo ver assim. Como disse na Escola Municipal Freitas Azevedo são cerca de 35 alunos por turma, e com alunos também humildes e indisciplinados. Na Escola Municipal Sobradinho as salas de aula são um número menor de alunos, todavia também tem alunos indisciplinados e humildes, simples. Eu, sinceramente falando, vejo que a clientela de hoje de alunos está totalmente dispersada quanto ao quesito estudo, estão desatentos, alguns desinteressados, poucos são os que demonstram interesses ativos e com completas responsabilidades das atividades propostas em sala de aula. Para a realização*

das atividades é preciso, por parte do professor, muita conversa e até mesmo exigir que realizem as mesmas (Professora 10, 2021, entrevista).

Outro relato diz da extensão das discrepâncias culturais entre meio urbano e meio rural: os discentes consomem a cultura por causa do avanço da tecnologia da comunicação virtual.

[...] até hoje eu não consegui perceber essas discrepâncias culturais. Com a globalização e, consequentemente, com os avanços tecnológicos, os gostos musicais, por exemplo, são os mesmos. Ou seja, ambos os grupos de adolescentes consomem o mesmo tipo de cultura. Todos ou quase todos os estudantes matriculados na escola da zona rural em que atuo possuem celulares, televisores e acesso à internet. Se não fosse por esse motivo, eu acredito que, realmente, existiriam infinitas divergências culturais entre os alunos da zona urbana e rural. O vestuário também não diverge entre esses grupos. A única diferença que eu percebi até hoje é que os alunos da zona rural são mais adeptos à moda dos peões norte-americanos: botas que apresentam modelos específicos e arrojados e cintos com proporções exageradas. Outra coisa que eu percebi é que os alunos que moram em fazendas, sítios e chácaras distantes do distrito de Tapuirama, às vezes, não têm acesso fácil a itens comprados em supermercados como refrigerantes, por exemplo. Além disso, os alunos da zona rural têm muito mais contato com o quotidiano rural e com a natureza: gostam de cavalos, tratores, entendem mais de cultivo etc. A maioria dos alunos que residem no distrito onde a escola localiza-se frequenta a cidade de Uberlândia com facilidade, pois dispõem de veículos automotivos e/ou usam o transporte público. Com exceção dos alunos mais pobres e que, realmente, encontram-se distantes da população urbana, realmente pode haver muitas diferenças culturais e comportamentais. Mas eu não disponho de subsídios concretos para responder a esta pergunta com proficiência, pois tenho muito mais experiência com os alunos da zona urbana do que com os da zona rural. Este ano é a primeira vez que eu tive mais contato com os alunos da zona rural, pois o cargo é inteiro. Por isso, eu vou quatro vezes por semana à escola. No primeiro ano que trabalhei na zona rural, eu ministrava aulas de Arte em duas escolas diferentes, porém próximas, e, por isso, não tinha muito contato com todos os alunos. Assim, eu não as frequentava durante todos os dias letivos de uma mesma semana (Professora 12, 2021, entrevista).

Em direção contrária a esses comentários, houve esta fala: *"Prefiro ignorar as diferenças e focar apenas na questão artística"* (Professora 1, 2021, entrevista). Nota-se que a prática docente é subjetiva e não unânime: todos podem trabalhar distintamente a diversidade cultural discente, até ignorá-la na sala de aula. Entretanto, segundo as falas, o ensino de Arte pode resultar em desenvolvimento da criatividade e conhecimento da diversidade cultural local/regional, sobretudo com o trabalho em grupo, a exemplo de atividades teatrais. Projeta-se a possibilidade de a expressão individual ampliar a forma de perceber, compreender e traduzir o mundo, em representações visuais como a pintura e o desenho da/na cultura local.

Cabe notar a ausência de objetivos relativos ao ensino de Arte e à visão de tomada de consciência dos discentes, que pode favorecer o desenvolvimento da crítica. Os objetivos do ensino de Arte ficam reduzidos à ampliação do conhecimento do mundo e da percepção, mas podem ser ampliados de acordo com base nacional curricular comum. Com isso se deixa de levar em consideração que por meio do ensino de Arte é possível se desenvolverem capacidades intelectuais como a crítica e a reflexão sobre o conhecimento, o mundo e a própria percepção.

À luz de uma análise dos dados produzidos com a fala de entrevistados, foi possível realizar, com auxílio do software Iramuteq,[41] uma "nuvem de palavras" com os vocábulos mais repetidos (Figura 2).

Com efeito, cultura foi a palavra mais citada nas falas usadas aqui como dados de pesquisa. Outros vocábulos mais recorrentes foram: arte, professor, criatividade, escola, disciplina e ensino, relacionados à formação e prática poética intercultural dos docentes.

Entretanto, como um dos motivos para se realizar uma pesquisa é a desestabilização de certezas, o que se pensa de início tende a não acontecer de fato. A única certeza é a da contingência.

---

[41] O Iramuteq é um software que viabiliza diferentes tipos de análise de dados textuais: de simples (cálculo de frequência de palavras) a multivariadas (classificação hierárquica descendente, análises de similitude).

Figura 2 – Nuvem de palavras das narrativas das professoras

[nuvem de palavras com destaque para: cultura, professor, escola, arte, educa, ensino, criatividade, cotidiano, leitura, atividades, aprendizagem, habilidades, cotidiano, escolar, disciplina, fundamental, acuturar, música, educação, interculturalidade, multicultural, interdisciplinar, sociedade, transforma, raciocinar, diversidade, entre outras]

Fonte: dados da pesquisa. Elaboração: Sergio Naghettini

A prática poética docente pressuposta como visível, informativa e frequente não foi como a medida da expectativa. Mesmo assim, percebeu-se o esforço do trabalho da prática pedagógica intercultural pelo professor de Arte em sala de aula, conforme se pôde ler nas falas motivadas por perguntas de roteiro.

Dito isso, por meio da arte, professoras e professores conseguem perceber elementos da sociedade que, mediante o contato com outros saberes, se somam numa interdisciplinaridade e/ou transdisciplinaridade.

Pelo estudo da arte, os alunos podem usar mais – e com mais proveito e lógica – sua imaginação e criatividade. No espaço da escola, podem ser mais criativas caso se veja a arte como promotora de deslocamentos do modo de se enxergar a vida e de ser criativo. Mesmo de forma não tão visível, informativa e/ou direta, pôde-se perceber na análise que propostas de fazeres artísticos habitam, indistintamente, fazeres prático-pedagógicos numa lógica de interculturalidade de saberes. Os relatos aqui considerados como dados de pesquisa revelam práticas instigantes. Ligadas ou não à poética individual ou coletiva, mostram como o fazer artístico, e tudo o que envolve, pode contribuir para práticas pedagógicas capazes de abrirem possibilidades de se pensar na relação entre arte e vida e entre arte e experiência cultural entre os alunos. Portanto, uma compreensão que fica é a de que a arte possibilita perceber de maneiras distintas o universo circundante; mas ainda falta incluir nelas elementos que possibilitem a reflexão e o exercício da crítica.

CONSIDERAÇÕES FINAIS

Ao longo desta obra, apresentou-se um estudo interessado em compreender as potencialidades do ensino escolar de arte como prática poético-docente e na formação do professorado de Arte. O livro guiou-se por um argumento central: a cultura do alunado levada à sala de aula é matéria para o trabalho de ensino e aprendizagem escolar numa relação de interculturalidade aberta ao universo da tradição – por exemplo, ao livro didático e ao pensar dominante da escola. O desenvolvimento desse argumento foi orientado por questões e objetivos, elementos estruturantes da pesquisa apresentada neste texto. Portanto, faz-se necessária uma retomada sintética de tais elementos como medida da compreensão construída ao longo do processo.

Com efeito, a pesquisa permitiu compreender que os sentidos que os docentes de Arte – representados por um grupo de *professoras* – atribui às suas práticas educacionais convergem à facilitação e atribuição de significância ao processo de aprendizagem, em que procuram articular práticas pedagógicas para fazerem evoluir o processo de construção do conhecimento escolar de arte. Nesse sentido, busca-se se inter-relacionarem práticas docentes com expectativas discentes e se contextualizar o ensino de Arte. Isso é feito em medidas como esta: introduzir o corpo estudantil no ato de querer significar as culturas e imagens diversas que compõem seu mundo e, como tal, participar do processo de maneira crítica – com comentário e argumentação. Um trabalho que discuta a pluralidade da ideia de cultura segundo as vivências de estudante levadas à escola.

A relação docente-discente no debate sobre a diversidade cultural em sala de aula vai depender, fundamentalmente, do grau de empatia e respeito pela cultura do outro (o aluno), da capacidade de ouvir, refletir e discutir sobre o nível de compreensão das culturas de cada estudante; também dependerá da criação de pontes entre o conhecimento docente, o conhecimento dos alunos e o conhecimento que os une em sala de aula: o conhecimento escolar de arte a ser construído. Nesse sentido, ficou claro pela pesquisa que o professor de Arte aborda e (re)conhece a cultura dos estudantes do ensino fundamental por meio do debate e entendimento daquela cultura na qual o aluno está inserido. Procura trabalhar com questões da diversidade cultural e tematizar as aulas para que possam ajudar a desenvolver o entendimento crítico da sociedade de que o estudante é parte, além de levá-lo a conhecer outras culturas para aprender a lidar com as diferenças e se ver com uma identidade num exercício que pode gerar novas concepções de mundo e novas atitudes pedagógicas.

Assim, é preciso que o corpo docente de Arte oportunize contatos com a diversidade cultural e artística para favorecer o debate e a construção do conhecimento escolar sobre culturas e arte com base na experiência com materiais, técnicas e expressões familiares aos alunos, compatíveis com seus conhecimentos de mundo extraescolar: o da criação familiar, o da criação no meio rural, e assim por diante. Tal atitude se projeta como central ao professorado de Arte do meio rural, que precisa construir um repertório de conhecimentos sobre cultura, culturas e diversidade cultural passíveis de se afastarem do padrão urbano-cêntrico com que se está mais acostumado.

Nessa perspectiva, é preciso se dispor a discussões e debates como parte das aulas de Arte sobre culturas trazidas pelos discentes ao meio escolar; ou seja, possibilitar a relação do alunado com o que vai ser ensinado e que deve ser aproveitado pelo docente. Aproveitado para fazer valer o sentido da escola como lugar do desenvolvimento de cidadãos *conscientes* das diferenças culturais, aptos à convivência com a comunidade ao redor. No caso deste estudo, em escolas municipais do meio rural na dimensão da interculturalidade, o ensino de Arte ocorre como proposta de prática educativa que procura relacionar o processo de educação com o público-alvo (alunos do meio rural) e integrar, às aulas, elementos das relações interculturais discentes. Ficou claro que com culturas diferentes em sala de aula se pode fazer da prática docente de Arte um momento de descoberta, de construção de conceitos afins a uma estética do cotidiano paralela à observação de culturas locais e regionais; também contribuir para o debate sobre novas concepções de prática de ensino da Arte numa proposta pedagógica que integra arte, cultura e ruralidade.

Nessa lógica, a sistematização de fatos sobre a formação docente mostra que a relação desta com o processo de ensino e aprendizagem no ensino fundamental de Arte é de importância para aperfeiçoamento, aprimoramento e capacitação de professores em suas práticas profissionais; práticas cuja caracterização tem como marca o debate nas aulas de Arte proporcionado pelos docentes. A descrição das concepções docentes de

Arte mostra que ensiná-la se torna um ato e gesto responsáveis por um processo de ensino que possa ajudar o alunado a melhorar seu processo de aprendizagem pela ampliação da sensibilidade e da cognição, pelo exercício da prática e da teoria em nível elementar.

O desafio do professor de Arte parece ser organizar seu trabalho de maneira compromissada com a elevação da qualidade do seu ensino. Em escolas municipais rurais de Uberlândia, tendo em vista a dimensão da interculturalidade, ficou claro que o ensino de Arte ocorre como proposta de prática que procura relacionar e integrar o processo educacional estudantil no meio rural às relações interculturais discentes nas aulas. Nessa perspectiva, a sala de aula é onde se faz necessário o diálogo intercultural entre a compreensão das culturas do alunado, o pensamento sobre cultura nos docentes e a cultura que transita na vivência destes: obras de arte, práticas sociais e fazeres artísticos transmitidos, linguagens e gestos. O professor se torna, então, agente-chave da promoção de mudanças.

Com essa condição do docente de Arte coaduna o que a pesquisa apontou: a opção de atuar como professor de Arte nas escolas rurais é decisão subjetiva; ou seja, a vontade das professoras informantes da pesquisa de trabalharem da forma como fazem vem de dentro para fora. Ainda assim, é condicionada pelo externo, pelo objetivo: as condições materiais do laboral para desenvolverem uma prática pedagógica com mais qualidade. Além disso, experiências pedagógicas relatadas pelas educadoras entrevistadas sugerem demandas por aperfeiçoamento profissional, ou seja, para supri-las com competências suscetíveis de atenderem aos processos de ensino e aprendizagem de Arte e fortalecerem quadros curriculares compatíveis com propostas e metas elaboradas para a escolarização de alunado do *meio rural*.

Isso porque, no município de Uberlândia, são nítidas as diferenças entre as escolas urbanas e as rurais: cada uma tem peculiaridades. A pesquisa indicou que o professorado de Arte atuante em escola rural percebe a necessidade de formação específica, mas não possui recursos para desenvolver uma proposta (curricular, pedagógica) alternativa que busque reconhecer as especificidades. Organizações de trabalhadores rurais e comunidades do entorno da escola, por exemplo, não conseguem se estruturar de modo a se influenciar na construção do projeto político-pedagógico. Além disso, os professores percebem que necessitam mudar a prática de sala de aula e o fazem; tanto é que as experiências de vida cotidiana dos estudantes fora da escola são exploradas em sala de aula como conhecimento a ser debatido e assimilado como tal. Portanto, na necessidade de se valorizar a experiência discente, pesa a especificidade do campo educacional tratado aqui: o ensino de Arte na escola rural, instituição frequentada por representantes de culturas distintas daquelas que representam os professores em geral e o alunado urbano.

Igualmente, pesa na atuação prática dos docentes de Arte a formação. A ação de se formar e de formar o outro pela prática de professor são momentos não dissociáveis da *práxis* profissional: não se forma só com o fazer cotidiano, só com a licenciatura, só com a formação continuada; mas também envolver e buscar interações que se vão estabelecendo entre o universo profissional. No caso do professor de Arte, suas necessidades de formação se projetam como mais complexas ainda por causa das fragilidades do currículo das licenciaturas de Pedagogia e de Artes quando se trata do ensino de Arte. Resta uma compreensão conceitual frágil do que sejam a arte e o seu ensino, da função da arte na vida e da função do docente de Arte na escola, na sala de aula – numa palavra, na vida do aluno; tão frágil é, que as professoras informantes não hesitaram em falar o quanto sua formação inicial lhes valia pouco, ou seja, o quanto as especializações lato sensu lhes eram mais úteis como conhecimento para a prática de ensino de Arte.

Assim, fica a síntese compreensiva: se a origem dos desafios pedagógicos à aprendizagem escolar e à formação docente for o fazer de sala de aula cotidiano, então será na sala de aula – também na sala dos professores – que se deverá caracterizar as necessidades dos discentes e *com* eles, para que partilhem das possibilidades e dos limites não só da aprendizagem, mas também do ensino. Tal possibilidade contém a expectativa de que se possa desmitificar a educação escolar generalista, que homogeneíza a educação, que a oferece numa perspectiva assistencialista e direcionada ao/pelo mercado. Em tal esperança, pensar com a teoria crítica da educação parece ser gesto útil à valorização de cada grupo cultural segundo suas capacidades, habilidades e humanidades; as quais cabe à educação evidenciar e valorizar pelo estímulo, pelo incentivo e pela facilitação, num trabalho de formação omnilateral[42] do indivíduo.

---

[42] Relativo a todos os lados ou dimensões, isto é, educar em todas as dimensões que objetivam o homem completo pelo trabalho produtivo e pela vida em sociedade.

Quanto à reflexão sobre a licenciatura preparar ou não para a prática profissional escolar, está claro que licenciatura nenhuma será capaz de presumir toda a dinâmica do processo de ensino e aprendizagem em sala de aula; seria um desejo utópico demais. O que marca uma aula escolar é a incógnita, ou seja, a expectativa de que pode ocorrer algo inédito, inesperado e insólito, desconcertante, que desequilibra. Parece ser ingênua a crença de que uma aula vá ocorrer conforme o professor a imaginou. Assim, o que se defende aqui como pano de fundo da crítica é uma formação inicial que possa acompanhar minimamente as demandas que o ensino de Arte impõe no chão da sala de aula! Que o currículo inicial possa incluir muito do aperfeiçoamento que o professorado vai procurar em cursos especializações etc. (vale dizer que nem todos os docentes as procuram).

Com efeito, enquanto a formação inicial tende a ser alheia à prática profissional – a docência é uma *idealização* em debate –, a formação continuada pressupõe formandos que já são professores atuantes e que levam, aos cursos, inquietações advindas da docência como práticas cotidianas. Os problemas debatidos tendem a ser muito mais próximos do exercício da profissão do que da formação profissional, isto é, da prática do que reflexão sobre a prática. Portanto, o que se defende é que a formação inicial possa incorporar mais de como é a ação profissional, em vez de ficar no como deveria ser. Uma formação inicial mais calcada na prática real da sala de aula dispensaria, por exemplo, o professorado de Arte de cursos e mais cursos de especialização, que consomem investimento intelectual, financeiro e, sobretudo, de tempo – os dois últimos quase sempre exíguos ao professorado da educação básica, que se vê obrigado a dobrar a carga horária laboral para aumentar o salário.

Uma formação inicial mais capaz de munir o futuro professor (de Arte) com conhecimentos ainda mais relevantes da/para a prática profissional não dispensaria, de modo algum, a formação continuada; mas poderia direcionar mais os docentes a processos de formação mais complexa como o mestrado e o doutorado, que exigem de quem os faz um desenvolvimento intelectual e da consciência profissional que dificilmente a sala de aula e uma especialização exigem. Devo dizer que tal compreensão valorativa dos cursos de mestrado e doutorado não ignora que tais estágios de formação demandam tempo e, às vezes, dinheiro, o que influi nas decisões do professorado sobre como se dedicar à formação continuada.

É nesse sentido que são valiosas iniciativas como a da a prefeitura de Uberlândia de oferecer um centro para formação e capacitação profissional como parte do sistema educacional municipal. Oficializado em 1992, desde então oferece formação complementar para qualidade da educação. Visto ser um modelo genérico, que dá as mesmas condições de estrutura física, material, profissional a todas as escolas da rede, se reconhece a necessidade de se pensar em formação específica para as escolas rurais. A Secretaria de Educação se exime de ofertar formação para professores atuantes no meio rural; ou seja, deixa aos profissionais o direcionamento dos conteúdos, pois não há uma elaboração curricular específica, tampouco um setor destinado à gestão dessas escolas.

Como apontou a pesquisa, a formação teórica-prático-pedagógica contribui para ampliar a qualidade da escola, para fazer mudanças rumo a transformações que possam se traduzir em mais qualidade no processo de ensino e aprendizagem e qualificação profissional específica para professores de Arte. Cada vez mais parece se impor uma demanda por formação continuada específica para uma prática pedagógica que se especializa na atenção às demandas do corpo docente, em vez de cumprir um programa escolar padrão concebido por gente alheia à sala de aula. Nesse sentido, ao professorado de Arte a pesquisa aponta a visão da prática pedagógica como um processo de *poiesis*: de uma poética profissional orientada ao ensino de Arte na educação básica: à relação que os docentes estabelecem com o ensino de Arte e a diversidade cultural nas escolas rurais.

Nesse sentido, entendo ser sustentável a hipótese subjacente a esta tese: há lugar para a interculturalidade no ensino escolar de Arte como uma abordagem central à prática pedagógica de professores que lidam com universos culturais variados em razão das origens dos discentes, dos conteúdos de Arte e da arte mesma – que é variada. Cria-se a possibilidade de se desenvolver um potencial criativo e crítico, pois se propõem o ensino e a aprendizagem escolares de Arte como outro saber necessário ao desenvolvimento do senso crítico de si, de outrem e da realidade. Nesse contexto, o docente se alça à condição de agente não só formador, mas ainda gerenciador capaz de redirecionar o ensino de Arte em sala de aula. Como tal, vem compor, como representativo, um contexto maior de formação: o sistema educacional municipal, ou seja, o modelo de ensino de Arte implementado pela Secretaria de Educação nas escolas rurais.

Este estudo não ambicionou de forma alguma esgotar o assunto interculturalidade e ensino e aprendizagem de arte. Ao contrário, mostrou a necessidade de mais investigações sobre as escolas municipais de Uberlândia para se aprofundar e expandir o escopo; por exemplo, pondo no debate não a escola rural, mas *a escola da educação do campo*. Que o debate levantado aqui possa inspirar pesquisas sobre ensino de arte na educação básica! Ainda há muito a fazer em nome de uma compreensão fundamentada do sistema educacional que presuma a dimensão macro e micro da escola, para que a educação se torne realidade a quem ela se destina.

Ao mesmo tempo, cabe dizer que muito foi feito antes desta tese. A compreensão do Estado do Conhecimento que ela motivou aponta um corpus de estudos que ajudam a compor um corpus de saberes acadêmicos sobre ensino de Arte na escola básica: práticas educacionais e ações docentes, formação de professores de Arte. Tudo sugere evolução na reflexão. Mas pouco se estudou do *ensino escolar de Arte no meio rural*. Portanto, justifica-se esta tese como contributo de avanço no Estado do Conhecimento ao sistematizar um entendimento da questão.

O contributo pode ser visto na exposição do que ocorre em escolas rurais: *transmissão* de conhecimento sobre artes em vez da *construção* movida pela reflexão envolvendo o alunado. A transmissão é predominantemente informativa, manifesta-se reduzidamente à finalidade de ampliar a percepção e o conhecimento da cultura para possibilitar a reflexão sobre as culturas e o conhecimento. Não se considera que a arte medeia a realidade dos discentes, suas experiências de vida e seu repertório simbólico: valores, crenças e hábitos repletos de diversidade cultural. É claro, o inverso também acontece: há favorecimento ao desenvolvimento da criatividade que incide no desenvolvimento da concentração, da memória e da percepção da realidade. Também há respeito à diversidade cultural como condição central ao ensino de Arte na educação básica.

REFERÊNCIAS

ADORNO, T. W. Analytical study of the NBC music appreciation hour. **The Musical Quartely**, Oxford, v. 78, n. 2, 1994.

ADORNO, T. W. **Educação e emancipação**. 2. ed. Rio de Janeiro: Paz e Terra, 2000.

ADORNO, T. W. **Palavras e sinais**: modelos críticos. 2. ed. Petrópolis: Vozes, 1995.

ADORNO, T. W. Teoria de la seudocultura. *In*: HORKHEIMER, Max (org.). **Sociologia**. 2. ed. Madri: Taurus, 1971, p. 197-231.

ADORNO, T. W. **Teoria estética**. Lisboa: Edições 70, 1970.

ALBERTI, V. **Manual de história oral**. 2. ed. Rio de Janeiro: FGV, 2004.

ANDRADE, L. B. P. **Educação Infantil**: discurso, legislação e práticas institucionais. São Paulo: Cultura Acadêmica, 2016.

ANDRÉ, M. E. D. A. **Etnografia da prática escolar**. Campinas: Papirus, 1995.

ARAÚJO, C. M.; OLIVEIRA, M. C. S. L.; ROSSATO, M. O sujeito na pesquisa qualitativa: desafios da investigação dos processos de desenvolvimento. **Psicologia**: Teoria e Pesquisa, v. 33, p. 1-7, nov. 2016. Disponível em: https://www.scielo.br/j/ptp/a/chGpCqDwPprVkbyDXKXqWGj/abstract/?lang=pt. Acesso em: 15 jan. 2023.

ARROYO, M. **Ofício de mestre**: imagens e auto-imagens. Petrópolis: Vozes, 2000.

ARROYO, M. Políticas de formação de educadores(as) do campo. **Cadernos do CEDES**, Campinas, v. 27, n. 72, p. 157–76, maio-ago. 2007. Disponível em: http://www.cedes.unicamp.br. Acesso em: 10 jun. 2024.

BARBOSA, A. M. **A imagem no ensino da arte**. São Paulo: Perspectiva. 1999.

BARBOSA, A. M. **Arte-educação no Brasil**. São Paulo: Perspectiva, 1978.

BARBOSA, A. M. **Arte-educação**: conflitos e acertos. São Paulo: Max Limonad, 1984.

BARBOSA, A. M. As mutações do conceito e da prática. *In*: BARBOSA, A. M. (org.). **Inquietações e mudanças no ensino da arte**. São Paulo: Cortez, 2010.

BARBOSA, A. M. Parâmetros internacionais dos pesquisadores em arte educação. *In*: **ARTE-Educação**: leitura no subsolo. São Paulo: Cortez, 2002.

BARBOSA, A. M. Prefácio. *In*: MASON, R. **Por uma arte-educação multicultural**. Campinas: Mercado das Letras, 2001. p. 7-10.

BARDIN, L. **Análise de conteúdo**. Lisboa: Edições 70, 2010.

BARROS, A. J. P.; LEHFELD, A. S. **Projeto de pesquisa**: propostas metodológicas. 8. ed. Petrópolis: Vozes, 1990.

BAUER, M. W.; GASKELL, G.; ALLUM, N. C. Qualidade, quantidade e interesses do conhecimento: evitando confusões. *In*: BAUER, M. W.; GASKELL, G. (org.). **Pesquisa qualitativa com texto, imagem e som**: um manual prático. 7. ed. Petrópolis: Vozes, 2008. [cap. 1].

BDTD – Biblioteca Digital Brasileira de Teses e Dissertações. Disponível em: https://bdtd.ibict.br/vufind/. Acesso em: 10 jun. 2024.

BELLO, A. A. **Introdução à fenomenologia**. Bauru: Edusc, 2006.

BENJAMIN, W. **A obra de arte na época de suas técnicas de reprodução.** 2. ed. São Paulo: Abril Cultural, 1983. (Coleção Os Pensadores).

BENJAMIN, W. Sobre alguns temas em Baudelaire. *In*: BENJAMIN, W. **Charles Baudelaire**: um lírico no auge do capitalismo. 3. ed. São Paulo: Brasiliense, 1994.

BICUDO, M. A. Pesquisa qualitativa: significados e a razão que a sustenta. **Pesquisa Qualitativa**, São Paulo: SEPQ, ano 1, n. 1, p. 7-26, 2005.

BICUDO, M. A. V. **Pesquisa qualitativa segundo a visão fenomenológica**. São Paulo: Cortez, 2011.

BICUDO, M. A. V. Sobre a fenomenologia. *In*: BICUDO, M. A. V.; ESPOSITO, V. H. C. A pesquisa qualitativa em educação: um enfoque fenomenológico. Sociedade de Estudos e Pesquisa Qualitativa. *In*: **Congresso Estadual Paulista sobre Formação de Educadores**. 2º. Piracicaba: Unimep, 1994.

BICUDO, M. A. V.; PAULO, R. M. Um exercício filosófico sobre a pesquisa em educação matemática no Brasil. **Bolema:** Unesp, Rio Claro, v. 25, p. 251-98, 2011.

BICUDO, M. A.; HIRATSUKA, P. I. Pesquisa em educação matemática em uma perspectiva fenomenológica: mudança na prática de ensino do professor de matemática. *In*: Seminário Internacional de Pesquisa em Educação Matemática, 3º, 2006, Águas de Lindóia. **Anais** [...]. São Paulo: Sociedade Brasileira de Educação Matemática, 2006.

BORGES, M. C.; AQUINO, O. F.; PUENTES, R. V. Formação de professores no Brasil: história, políticas e perspectivas. **HistedBR on-line**, Campinas, n. 42, p. 94-112, jun. 2011.

BRASIL. Conselho Nacional de Educação. **Resolução CNE/CP 1**, de 18 de fevereiro de 2002. Brasília, DF, 2002. Disponível em: http://portal.mec.gov.br/index.php?option=com_docman&view=download&alias=159261-rcp001-02&category_slug=outubro-2020-pdf&Itemid=30192. Acesso em: 25 maio 2023.

BRASIL. Ministério da Educação. **Base Nacional Comum Curricular**. Educação é a base. Brasília: Ministério da Educação, 1996.

BRASIL. Ministério da Educação. **Base nacional comum curricular**. Educação é a base. Brasília: Ministério da Educação, 1996.

BRASIL. Ministério da Educação. **Parecer CNE/CEB 36/2001**, aprovado em 4 de dezembro de 2001. Diretrizes Operacionais para a Educação Básica nas Escolas do Campo. Brasília, 2001. Disponível em: http://portal.mec.gov.br/cne/arquivos/pdf/EducCampo01.pdf. Acesso em: 20 maio 2023.

CALDEIRA, A. M. S.; ZAIDAN, S. Prática pedagógica. *In*: OLIVEIRA, D. A.; DUARTE, A. M. C.; VIEIRA, L. M. F. **Dicionário**: trabalho, profissão e condição docente. Belo Horizonte: UFMG/Faculdade de Educação, 2010. Cd-rom. Disponível em: http://www.gestrado.org/?pg=dicionario-verbetes&id=328. Acesso em: 30 jan. 2023.

CAMARGO, B. V.; JUSTO, A. M. Iramuteq: um software gratuito para análise de dados textuais. **Temas Psicol.**, v. 21, n. 2, p. 513-18, dez. 2013. Disponível em: http://dx.doi.org/10.9788/TP2013.2-16.ensin16&lng=pt&nrm=iso. Acesso em: 23 abr. 2023.

CAMPOS, M. R. Profissão docente: novas perspectivas e desafios no contexto do século XXI. *In*: BALZANO, S. (org.). **O desafio da profissionalização docente no Brasil e na América Latina**. Brasília: Consed, Unesco, 2007, p. 15-20.

CANEM, A.; XAVIER, G. P. M. Formação continuada de professores para a diversidade cultural: ênfases, silêncios e perspectiva. **Revista Brasileira de Educação**, [*s. l.*], v. 16, n. 48 set./dez. 2011. p. 641–13.

CAPES – Coordenação de Aperfeiçoamento de Pessoal de Nível Superior. **Catálogo de Teses & Dissertações**. Disponível em: https://catalogodeteses.capes.gov.br/catalogo-teses/#!/ Acesso em: 10 jun. 2024.

CARVALHO, M. C. B.; NETTO, J. P. **Cotidiano**: conhecimento e crítica. São Paulo: Cortez, 1994.

CENTRO UNIVERSITÁRIO INTERNACIONAL UNINTER. **Bacharelado em Artes Visuais**. Bacharel – A distância, 2022. Disponível em: https://www.uninter.com/graduacao-ead/curso-artes-visuais/. Acesso em: 30 maio 2023.

CERVERÓ, V. F. La crítica como narrativa de las crisis de formación. *In*: LARROSA, J. **Déjame que te cuente**. Barcelona: Laertes, 1995.

CHAMON, M. **Trajetória de feminização do magistério**. Ambigüidades e conflitos. Belo Horizonte: Autêntica, 2005.

CHOPPIN, A. História dos livros e das edições didáticas: sobre o estado da arte. **Educação e Pesquisa**, São Paulo, v. 30, n. 3, p. 549-66, set./dez. 2004.

COHN, G. A Sociologia como ciência impura. *In*: ADORNO, T. W. **Introdução à sociologia**. São Paulo: ed. Unesp, 2008.

COUTINHO, R. G. A formação de professores de arte. *In*: BARBOSA, A. M. (org.). **Inquietações e mudanças no ensino da arte**. São Paulo: Cortez, 2002.

COUTINHO, R. G. Vivências e experiências a partir do contato com a arte. *In*: COUTINHO, R. G. **Educação com arte**. São Paulo: FDE, Diretoria de Projetos Especiais, 2004, Série Ideias, n. 31, p. 143–58.

CUNHA, M. I. da. **Conta-me agora!** As narrativas como alternativas pedagógicas na pesquisa e no ensino. 2010. Disponível: https://www.scielo.br/j/rfe/a/ZjJLFw9jhWp6WNhZcgQpwJn/?lang=pt. Acesso em: 30 jan. 2023.

DARTIGUES, A. **O que é fenomenologia?** São Paulo: Moraes, 1992.

DENZIN, N. K.; LINCOLN, Y. S. Introdução: a disciplina e a prática da pesquisa qualitativa. *In:* DENZIN, N. K.; LINCOLN, Y. S. (org.). **O planejamento da pesquisa qualitativa**: teorias e abordagens. 2. ed. Porto Alegre: Artmed, 2006.

DEWEY, J. **A arte como experiência**. São Paulo: Martins, 2010.

DEWEY, J. **Experiência e educação**. Buenos Aires: Losada, 1958.

DORES, F. G. A memória como método de pesquisa. **Caderno de Campo**, n. 4, p. 113–31, 1999. Disponível em: https://periodicos.fclar.unesp.br/cadernos/article/view/10143/6642. Acesso em: 10 jun. 2024.

EZPELETA, J.; ROCKWELL, E. **Pesquisa participante**. 2. ed. São Paulo: Cortez; Autores Associados, 1989.

FACCI, M. G. D. **Valorização ou esvaziamento do trabalho do professor?** Um estudo crítico-comparativo da teoria do professor Reflexivo, do construtivismo e da psicologia vigotskiana. Campinas: Autores Associados, 2004.

FACHIN, O. **Fundamentos de metodologia**. 4. ed. São Paulo: Saraiva, 2005.

FERNANDES, B. M. **A formação do MST no Brasil**. Petrópolis: Vozes, 2000.

FERNANDES, B. M. Movimento social como categoria geográfica. **Terra Livre**, São Paulo: AGB, n. 15, p. 59-85, 2000.

FERNANDES, B. M. Questão Agrária: conflitualidade e desenvolvimento territorial. *In*: BUAINAIN, A. M. (ed.). **Luta pela terra, reforma agrária e gestão de conflitos no Brasil**. Campinas: ed. da Unicamp, 2005.

FERRAZ, M. H. T.; FUSARI, M. F. R. **Arte na educação escolar**. São Paulo: Cortez, 2001.

FERRI, M. B. **O trabalho docente e a formação do indivíduo**: limites e potencialidades do ensino de artes. Tese (Doutorado em Educação: História, Política, Sociedade) — Pontifícia Universidade Católica de São Paulo, São Paulo, 2013.

FLICK, U. **Introdução à pesquisa qualitativa**. 3. ed. Porto Alegre: Artmed, 2009.

FREIRE, P. **Pedagogia da autonomia**: saberes necessários à prática educativa. São Paulo: Paz e Terra, 2003.

FREIRE, P. **Pedagogia da autonomia**: saberes necessários à prática educativa. São Paulo: Paz e Terra, 2007.

GADOTTI, M. **Pedagogia da práxis**. São Paulo: Cortez/Instituto Paulo Freire, 2004.

GARCIA, C. M. **Formação de professores**. Para uma mudança educativa. Porto: Porto, 1999.

GARCIA, D. C. F.; GATTAZ, C. C.; GATTAZ, N. C. A relevância do título, do resumo e de palavras-chave para a escrita de artigos científicos. **Revista de Administração Contemporânea**, Curitiba, n. 2, v. 1, p. 33-39, 2019.

GARCIA, T. M. F. B. **Origens e questões da etnografia educacional no Brasil**: um balanço de teses e dissertações (1981–1998). Tese (Doutorado em Educação) — Faculdade de Educação, Universidade de São Paulo, São Paulo, 2001.

GIL, A. C. **Como elaborar projetos de pesquisa**. 5. ed. São Paulo: Atlas, 2010.

GIL, A. C. **Métodos e técnicas de pesquisa social**. 6. ed. São Paulo: Atlas, 2008. Disponível em: https://ayanrafael.files.wordpress.com/2011/08/gil-a-c-mc3a-9todos-e-tc3a9cnicas-de-pesquisa-social.pdf. Acesso em: 3 abr. 2023.

GIROUX, H. **Os professores como intelectuais**: rumo a uma pedagogia crítica da aprendizagem. Porto Alegre: Artmed, 1997.

GIROUX, H.; MacLAREN, P. Linguagem, escola e subjetividade: elementos para um discurso pedagógico crítico. **Educação e Realidade**, Porto Alegre, v. 18, n. 2, p. 21-35, jul./dez. 1993.

GODOY, A. S. A pesquisa qualitativa e sua utilização em administração de empresas. **Revista de Administração de Empresas**, São Paulo, v. 35, n. 4, jul./ago., 1995. p. 65–71.

GOLDENBERG, M. **A arte de pesquisar**. 12. ed. Rio de Janeiro: Record, 2011.

GRAMSCI, A. **Cadernos do cárcere**. 6. ed. Rio de Janeiro: Civilização Brasileira, 2011. v. 2.

HARTLEY, J. F. Case studies research. *In*: CASSELL, C.; SYMON, G. (ed.). **Qualitative methods in organizational research**: a practical guide. Londres: Sage, 1995.

HORKHEIMER, M. Teoria tradicional e teoria crítica. *In*: HORKHEIMER, Max. **Textos escolhidos**. São Paulo: abr. 1980. p. 117-61. (Coleção Os pensadores).

HUSSERL, E. **Idéias para uma fenomenologia pura e para uma filosofia fenomenológica**: introdução geral à fenomenologia pura. São Paulo: Idéias & Letras, 2006.

JAY, M. **As ideias de Adorno**. São Paulo: Cultrix, 1984.

LELIS, S. C. C. **Poéticas visuais em construção**: o fazer artístico e a educação (do) sensível no contexto escolar. Dissertação (Mestrado em Artes Visuais) – Instituto de Artes, Universidade Estadual de Campinas, Campinas, 2004.

LIBÂNEO, J. C. **Didática**. São Paulo: Cortez, 2016.

LOIOLA, R. Formação continuada. **Nova Escola**, n. 222, maio 2009.

LÜDKE, M.; ANDRÉ, M. E. D. A. **Pesquisa em educação**: abordagens qualitativas. São Paulo: Editora Pedagógica e Universitária, 1986.

MARCUSE, H. **A dimensão estética**. São Paulo: Martins Fontes, 1986.

MARCUSE, H. **Cultura e sociedade**. São Paulo: Paz e Terra, 1965. v. 2.

MARCUSE, H. **Tecnologia, guerra e fascismo**. São Paulo: ed. Unesp, 1999.

MARTINS, H. H. T. de S. Metodologia qualitativa de pesquisa. **Educação e Pesquisa**, São Paulo, v. 30, n. 2, p. 289-300, 2004.

MARTINS, J. *et al*. A fenomenologia como alternativa metodológica para pesquisa: algumas considerações. **Cadernos da Sociedade de Estudos e Pesquisa Qualitativos**, v. 1, n. 1, São Paulo: A Sociedade, p. 33–48, 1990.

MARTINS, M. C.; PICOSQUE, G.; GUERRA, M. T. T. **Didática do ensino de arte**: língua do mundo. São Paulo: FTD, 1998.

MATOS, O. **A escola de Frankfurt**: luzes e sombras do iluminismo. São Paulo: Moderna, 1993.

MEIHY, J. C. S. B. Definindo história oral e memória. **Cadernos CERU**, n. 5, série 2, 1994.

MEIHY, J. C. S. B. Definindo história oral e memória. **Cadernos CERU**, n. 5, série 2, 1994.

MEIHY, J. C. S. B.; HOLANDA, F. **História oral**: como fazer, como pensar. 2. ed. São Paulo: Contexto, 2017.

MEIHY, José Carlos S. B.; HOLANDA, Fabiola. **História oral**: como fazer, como pensar. 2. ed. São Paulo: Contexto, 2017.

MERLEAU-PONTY, M. **Fenomenologia da percepção**. 2. ed. São Paulo: Martins Fontes, 1999.

MIGUÉIS, A. *et. al*. A importância das palavras-chave dos artigos científicos da área das Ciências Farmacêuticas, depositados no Estudo Geral: estudo comparativo com os termos atribuídos na MEDLINE. **Revista de Ciência da Informação e Documentação**, v. 4, n. 2, ed. esp., p. 112-5, jul./dez. 2013.

MORIN, E. **A cabeça bem feita**: repensar a reforma, reformar o pensamento. 15. ed. Rio de Janeiro: Bertrand Brasil, 2008.

MOROSINI, M. C. Estado de conhecimento e questões do campo científico. **Educação,** v. 40, n. 1, p. 101-16, 2015. Disponível em: https://doi.org/10.5902/1984644415822. Acesso em: 20 abr. 2022.

NAGHETTINI, S. Ensino de arte e ruralidade: reflexões e apontamentos interculturais. **Novas Edições Acadêmicas**, 2. ed, v. 200, p.118-125, 2018.

NAGHETTINI, S. **Ensino de arte e ruralidade**: reflexões e apontamentos interculturais. Novas Edições Acadêmicas, 2018, v. 200.

NAGHETTINI, S.; SAMPAIO, A. A.; VASCONCELLOS, L. G. F. O ensino da geografia pelas imagens nos anos iniciais do Ensino Fundamental. *In*: VASCONCELLOS, L. G. F.; SAMPAIO, A. A. (org.). **Geografia e anos iniciais do Ensino Fundamental**. Curitiba: CRV, 2012, v. 1000, p. 11–174.

NAGLE, Jorge. **A reforma e o ensino**. São Paulo: São Paulo Livraria, 1976.

NÓVOA, A. A formação tem de passar por aqui: as histórias de vida no projecto Prosalu. *In:* NÓVOA, A.; FINGER, M. **O método (auto)biográfico e a formação**. Lisboa: Ministério da Saúde, Cadernos de Formação, n. 1, março de 1988.

PANSINI, F.; NENEVÉ, M. **Educação multicultural e formação docente**. [2018]. Disponível em: http://www.curriculosemfronteiras.org/vol8iss1article/pansini_neneve.pdf. Acesso em: 5 fev. 2022.

POLLAK, M. Memória e identidade social. **Estudos Históricos**, Rio de Janeiro, v. 5, n. 10, p. 200-12, 1992. Disponível em: http://www.pgedf.ufpr.br/memoria%20e%20identidadesocial%20A%20capraro%202.pdf. Acesso em: 10 jun. 2024.

RICHARDSON, R. J. **Pesquisa social**: métodos e técnicas. São Paulo: Atlas, 1999.

RIZOLLI M. Estudos sobre arte e interdisciplinaridade. *In*: **Encontro Nacional da Associação Nacional de Pesquisadores de Artes Plásticas Dinâmicas Epistemológicas em Artes Visuais**, Florianópolis, 16º, p. 24–8 set. 2007. Disponível em: https://anpap.org.br/anais/2007/2007/artigos/093.pdf. Acesso em: 30 maio 2023.

ROCKWELL, E. (org.). **La escuela cotidiana**. México: Fondo de Cultura Economica, 1987.

ROJAS, J.; BARUKI-FONSECA, R.; SOUZA, R. S. E. A trajetória do educador em formação: desafios afetivos e interdisciplinares sob a ótica da fenomenologia. *In*: Encontro de Pesquisa em Educação da Anped Centro Oeste, 9º, Brasília, 2008. **Anais** [...]. Brasília, cd-rom, 2008.

ROMANELLI, G. **A música que soa na escola**: estudo etnográfico nas séries iniciais do Ensino Fundamental. 213 f. Tese (Doutorado em Educação) – Faculdade de Educação, Universidade Federal do Paraná, Curitiba, 2009.

ROMANOWSKI, J. P. **Formação e profissionalização docente**. Curitiba: Ibpex, 2007.

ROMANOWSKI, J. P.; ENS, T. R. As pesquisas denominadas do tipo "Estado da Arte" em educação. **Diálogo Educacional**, 2006. Disponível em: https://periodicos.pucpr.br/dialogoeducacional/article/view/24176. Acesso em: 20 abr. 2023.

SAVIANI, D. **A nova lei da educação**: trajetória, limites e perspectivas. Campinas: Autores Associados, 1997.

SEVERINO, A. J.; PIMENTA, S. G. Apresentação da coleção. *In*: LIBÂNEO, J. C.; OLIVEIRA, J. F.; TOSCHI, M. S. **Educação Escolar**: políticas, estrutura e organização. 10. ed. São Paulo: Cortez, 2008.

SILVA, M. J. A.; BRANDIM, M. R. L. Multiculturalismo e educação: em defesa da diversidade cultural. **Diversa**, ano 1, n. 1, p. 51-66, jan./jun. 2008. Disponível em: https://leg.ufpi.br/subsiteFiles/parnaiba/arquivos/files/rd-ed1ano1-artigo4_mariasilva.PDF. Acesso em: 10 jun. 2024.

SKINNER, D.; TAGG, C.; HOLLOWAY, J. Managers and research: the pros and cons of qualitative approaches. **Management Learning**, Londres, v. 31, n. 2, p. 163-79, 2000.

SLATER, Philip. **Origem e significado da escola de Frankfurt**. Rio de Janeiro: Zahah, 1978.

TARDIF, M. **Saberes docentes e formação profissional**. Petrópolis: Vozes, 2002.

TEDESCO, J. C. (org.). **Educação e novas tecnologias**: esperança ou incerteza? São Paulo: Cortez; Buenos Aires: Instituto Internacional de Planejamento de la Educación; Brasília: Unesco, 2004.

TRIVIÑOS, A. N. S. **Introdução à pesquisa em ciências sociais**. São Paulo: Atlas, 1987.

UBERLÂNDIA. Prefeitura. Coordenadoria de Inspeção Escolar. Disponível em: https://docs.uberlandia.mg.gov.br/wp-content/uploads/2023/05/Educa%-C3%A7%C3%A3o-Fundamental-1.pdf. Acesso em: 2 jun. 2023.

UFPR – Universidade Federal do Paraná. **Curso de licenciatura em Artes Visuais.** Disponível em: https://prograd.unespar.edu.br/assuntos/graduacao/cursos/curitiba-ii/ppc-de-artes-visuais-curitiba-ii.pdf. Acesso em: 30 maio 2023.

VARELA, N. A. A formação do arte-educador no Brasil. *In*: BARBOSA, Ana M. (org.) **História da arte-educação**. São Paulo: Max Limonad, 1986.

VASCONCELLOS, S. T. **Entre (dobras) lugares da pesquisa na formação de professores de artes visuais e as contribuições da pesquisa baseada em arte na educação**. 223 f. Tese (Doutorado em Educação) – Faculdade de Educação da Universidade Federal do Paraná, Curitiba, 2015.

VYGOTSKY, S. **Psicologia da arte**. São Paulo: Martins Fontes, 2001.

WEBQDA. **webQDA** – Software de Análise Qualitativa de Dados. Disponível em: https://www.webqda.net. Acesso em: 2 jun. 2023.

XAVIER, L. N. A Construção social e histórica da profissão docente. **Rev. Brasileira de Educação**, Rio de Janeiro, v. 19, n. 59, p. 827-849, out./dez. 2014. Disponível em: https://www.scielo.br/j/rbedu/a/nPMpCfpNpMQjnNxnzJMmkQP/?lang=pt&format=pdf. Acesso em: 30 maio 2023.

YIN, R. K. **Estudo de caso**: planejamento e métodos. 4. ed. Porto Alegre: Bookman, 2010.